지하드
여전사가
되어

지하드
여전사가
되어

프랑스 여기자의
목숨 건
이슬람국가IS
잠입 르포

글항아리

에릭과 노엘, 그리고 폴린과 제롬에게

인류는 감정을 억제하는 차분하고도 자발적인 행동을 통해서만 세상에 만연한 물질주의의 사조를 넘어 성장할 수 있다. 전쟁의 공포에서는 벗어났다 해도, 스스로의 잘못 때문에 우리 삶이 사라지길 원치 않는다면 우리는 삶의 자세를 바꾸어야 한다.

알렉산드르 솔제니친
'의미 있는 변화를 위한 절대적 요구'

이 이야기는 IS가 이라크 제2의 도시인 모술을 함락하고 아부 바크르 알 바그다디가 스스로를 IS의 칼리프로 칭하기 두 달 전인 2014년 봄을 배경으로 전개된다.

— 내 말 들어봐! 나는 그 누구보다도 너를 사랑해. 내게서 멀리 떨어져 악의 무리 속에 있는 네 생각만 하면 정말 힘들어. 내가 너를 지켜줄게. 너를 둘러싼 세상의 모든 악에서 너를 빼내오고 싶어. 나를 만나면 너는 천국을 보게 될 거야. 여기서 나와 내 친구들이 만들어가고 있는 천국 말이야. 이곳 사람들은 서로 사랑하고 존경하지. 우리는 모두 한가족처럼 지내. 네 자리도 벌써 하나 만들어놨어. 우리 모두가 너를 기다리고 있어. 우리와 함께하는 여자들이 얼마나 행복하게 살고 있는지 상상도 못 할걸. 너처럼 어둠 속에서 살아왔던 여자들이지. 내 친구 아내가 네가 여기 오면 할 일을 전부 준비해놨어. 네가 사격 훈련만 마치면 그녀가 너를 이 나라에 하나밖에 없는 고급 의상을 파는 가게로 데려갈 거야. 옷값은 내가 다 낼게. 너는 여기 있는 여자친구들과 함께 너만의 세상을 만들어갈 수 있지. 네가　**11**

여기 올 날을 손꼽아 기다리고 있어. 나의 사랑 멜로디! 빨리 와! 기다릴게.

모니터를 들여다보던 멜로디의 눈이 휘둥그레졌다. 멜로디는 열여덟 살 연상의 이 강인한 남자를 사랑하고 있다. 그녀는 그를 스카이프Skype로 만났을 뿐인데 벌써 그와 사랑에 빠지고 말았다. 어린애 같은 가냘프고 떨리는 목소리로 멜로디는 말한다.

— 정말로 나를 사랑하니?

— 알라를 위해, 그리고 알라 앞에서 너를 사랑한다고 맹세해. 너는 나의 보물이고 IS는 너의 집이야. 쿠파르Kouffar[1]는 들어올 수 없는 멋진 세상을 우리가 함께 만들 거야. 그 돌 하나하나를 쌓아올리며 새로운 역사에 우리 이름을 새기는 거지. 네가 지낼 널찍한 아파트도 하나 준비해뒀어. 네가 친구들이랑 같이 온다면 더 큰 거처를 마련해줄게. 내가 낮에 전투를 치르는 동안 너는 고아랑 부상자들을 돌보게 될 거야. 밤엔 서로 만나고…… 인샬라Inch'Allah 아랍어로 '신이 원하신다면'이라는 뜻.

멜로디는 그가 자신을 사랑하고 또 필요로 한다고 생각한다. 그녀는 자신이 그동안 찾아 헤매던 삶의 의미를 발견한 느낌이었다.

---

1 아랍어로 '이교도'를 뜻한다.

파리, 열흘 전

이번 주 금요일 저녁 나는 내가 쓴 기사 가운데 문제가 될 만한 것 하나를 버려야 했다. 익명의 변호사로부터 받은 편지 한 통 때문에 젊은 지하디스트이슬람 성전주의자 여전사에 관한 내 기사가 실릴 수 없게 된 것이다. 얼마 전 나는 벨기에에서, 딸이 지하디스트의 여전사가 된 사미라를 만나 이틀 동안 취재했다. 1년 전 사미라의 딸은 IS 조직의 광적인 신봉자가 된 그녀의 남편 타리크를 찾으러 간다며 종적을 감추었다. 착하지만 세상 물정을 모르는 레일라[2]는 그저 자신이 사랑하는 사람과 함께 살고 싶었던 것이다. 그런데 사미라는 그렇잖아도 마땅찮게 여기던 사위가 죽었다는 소식을 듣고는 딸을 다시 만나게 되리라는 희망에 부풀었다. 사위는 스물한 살의 젊은 나이에 심장에 총알을 맞아 삶을 마감했다. 사미라는 타리크도 죽은 마당에 이제 그녀의 딸이 총성과 피로 얼룩진 땅에 더 이상 머무를 이유가 없다고 생각했다. 하지만 레일라는 말을 듣지 않았다. 그녀는 이제 동방의 신성한 땅에 뿌리를 내리고 종교국가를 건설하기 위해 투쟁하기로 마음먹었다. 타리크는 에미르émir[3]의 자리에 올랐기 때문에 사

---

2 이름은 가명을 사용했다.

3 모든 이슬람 국가에서 사용하는 귀족계급 명칭. 매우 계층화된 국제 테러조직 가운데 하나인 IS는 충성스러운 지지자들을 보유하고 있다. 일반적으로 에미르는 확고한 태도, 능력 혹은 대상이 긍정적이든 부정적이든 그가 하는 설교 내용에 대한 신념 등에 따라 계급이 나뉜다. 에미르는 조직에서 가장 권위 있는 명예 칭호 가운데 하나다.

13

람들은 그의 미망인인 레일라를 돌봐주었으며, 그녀에게 깊은 존경심을 표했다. 그래서 레일라는 도리어 어머니에게 반문했다.

— 내가 왜 돌아가야 되는데?

한 지역 신문은 이를 독점 보도했다. 기사는 열여덟 살의 이 젊은 지하디스트 여전사를 마수드[4] 암살자(탈레반 세력)의 미망인들로 구성된 국제 테러조직의 거물인 검은 과부단과 비교했다. 사미라는 무작정 딸이 마음을 돌리기만을 기다리고 있을 수 없었다. 하지만 그녀는 커다란 난관에 직면해 있었다. 그녀는 레일라를 벨기에로 돌아오게 하는 것 외에도 레일라가 이 세상에서 가장 위험한 땅에 머물렀던 것은 오로지 인간적인 이유에서였다는 것을 당국에 증명해 보여야 했던 것이다. 그렇지 않으면 그녀의 딸은 국가 안전을 위협하는 인물로 간주돼 본국 체류가 금지되기도 전에 감옥으로 연행될지 모른다.

내가 사미라와 만난 것은 바로 그 무렵이었다. 신문이란 모든 것을 다뤄야 하며 가끔은 한 어머니의 참담한 심정도 담아내야 한다. 사미라는 혼자 힘으로는 역부족이라는 것을 알고, 자기 아들을 시리아에서 구출해낸 일로 유명해진 벨기에 특수부대 출신의 퇴역 군인 디미트리 봉팅크에게 도움을 청했다. 디미트리는 어느 날 갑자기 이런 참

---

4 소련의 아프가니스탄 침공 당시 이에 맞서 싸운 영웅인 마수드가 세계무역센터 폭파테러사건(9.11테러사건)이 일어나기 이틀 전인 2001년 9월 9일 암살당하지 않았더라면, 그는 반-탈레반 동맹의 수장이 되었을 것이다.

담한 상황에 빠진 유럽의 모든 가족에게 희망을 심어주는 존재로 부각되고 있었다. 지하드는 우리가 꿈에도 생각지 못한, 우리 젊은이들에게까지 손을 뻗칠 수 있는 조직이다. 워낙 활동적이고 열정적이었던 디미트리는 이 같은 상황에 처한 젊은이들을 구출하기 위해, 혹은 자식을 사지에 둔 가족들에게 도움이 될 만한 정보를 조금이라도 얻기 위해 위험한 임무를 계속했다. 레일라가 '새로운 검은 과부'라는 이름을 달게 될 거라 추측한 디미트리는 나에게 레일라의 어머니와 만날 것을 제안했다. 나는 지정학에 천착하는 신문 기자이긴 하지만 결코 전문가는 아니다. 반면 나는 변화하는 상황과 관련 있는 모든 것에 대해서는 분명 관심을 갖고 있다. 그들의 출신 성분은 중요하지 않다. 종교나 국적, 사회적 계급 등등. 내 관심을 사로잡는 것은 인생의 어떤 결함이 자신의 운명을 치명적인 변화로 이끌었느냐 하는 것이다. 이를테면 마약, 범죄, 한계 상황 등이 그 예가 될 수 있다. 나는 최근 몇 년 동안 급진적 이슬람 세력의 변화에 대해서도 많이 연구했다. 특히 1년 전부터는 IS의 몇몇 유럽 지하디스트의 새로운 풍조에 대해 연구하고 있었다. 대부분은 비슷비슷했지만, 나는 모든 것을 버리고 죽음도 불사하게 만드는 그들의 상처가 어떤 것인지 번번이 궁금했다.

그 당시 디미트리와 나는 그가 아들을 찾기 위해 보낸 9개월의 악몽 같았던 시간에 대해 글을 쓰고자 애쓰고 있었다. 우리는 디미트리와 같은 사연을 가진 가족을 찾아 접촉했다. 나는 그들과 어떻게든 더 많은 인터뷰를 하기 위해 열을 올렸다. 이 새로운 형태의 종교 조직이 벌이는 온라인 선동의 막대한 영향력에 대해서는 충분히 간파했지만, 어떻게 이러한 선동에 현혹되어 직접 행동에 옮길 수 있는지는 여전히 이해하기 힘들었다. 자신의 과거를, 부모를, 완전히 떠난다고? 절대 되돌아올 수 없다는 걸 알면서 단 몇 주 만에 자신의 모든 삶을 지운다는 것이 도저히 이해가 되지 않았다. 부모는 아이들이 떠난 빈방을 그대로 남겨두었다. 나는 그 방에 들어서면서 온몸의 피가 얼어붙는 기분이었다. 잃어버린 삶의 성지가 되어버린 방에서 나는 친밀감을 느껴보려 애썼다. 어릴 적 썼던 물건들만이 남아 한때 그들이 여기에 살고 있었음을 말해주었다. 레일라는 이 혼란한 시대의 포로가 되어 오도 가도 못하고 꼼짝없이 갇힌 존재가 된 듯했다. 그녀의 '평범했던' 시절을 담은 사진이 곳곳에 붙어 있었다. 민소매에 화장을 하고 카페에서 친구들과 찍은 사진이었다. 전신 부르카를 입고 칼라시니코프 소총을 맨 지금과는 너무도 거리가 먼, 에피날프랑스 동북부 지방의 평범한 소녀였다. 나는 오랜 시간 사미라에게서 들은 이야기를 바탕으로 취재를 했고 기사를 썼다. 그 이야기 중 일부가 최근 몇 달간 극적으로 퍼지기 시작했다. 하지만 보도되지는 못할 것 같다. 레일라는 그녀의 엄마가 우리와 인터뷰한다는 말을 전해 듣고 불같이 화를 내며 협박까지 했다고 했다. "나에 대해 언론에 한마디라도 뻥끗하면 절대 집으로 돌아가지 않을 거고, 더 이상 내 소식도 못 들을 줄 알아요. 내가 죽었는지, 살았는지도 알 수 없을 거예요." 사미라는 불안한 표정으로 이 말을 전하며 눈물을 훔쳤다. 내가 감당하기에는 벅찬 일이었지만 나는 마침내 기사를 보도하기로 결심했다.

16

기사 내용은 벨기에 전역에 보도되었다. 안타깝게도 이와 비슷한 이야기들이 매주 기사화되었다. 마침내 나는 종교적 교리를 따를 뿐이라는 그 젊은이들이 어떻게 그처럼 확고한 태도를 갖게 되었는지 알게 되었다. 그들은 매일같이 '믿음이 없는' 가족을 지워버리고, 새로운 형제에게 마음을 열도록 설득당했다. 그들이 아빠, 엄마라고 부른 무신론자들은 인생의 장애물에 지나지 않았다.

레일라의 잘못이 아니었다. 그녀는 자신의 행동을 엄마에게 암시하며 자신이 엄마를 지키고 있다고 굳게 믿었다. 나는 IS의 선동 방법에 대해 분노를 느꼈다. 타리크 생전에 찍은 동영상을 찾기 시작했고 유튜브에 떠도는 수많은 선동 관련 영상을 닥치는 대로 보았다. 프랑스어나 영어가 아닌 경우에는 볼륨을 꺼버렸다. 그들이 부르는 노래를 듣고 있다보면 짜증이 나고 바보가 된 느낌이 들어 도저히 견딜 수가 없었다. 반면 고문 영상이나 햇볕에 검게 그을린 시체들을 담은 영상은 참혹하기 그지없었다. 나는 프랑스어로 녹음된 무자히딘 moudjahidine 아랍어로 '이슬람 전사'라는 뜻 관련 영상을 계속해서 뒤졌으며, 영상과 소리가 너무 달라 번번이 놀랐다. 차마 눈 뜨고 볼 수 없는 처참하고 잔인한 영상에 아이들은 비웃는 댓글을 달고 있었다. 이런 댓글이 부쩍 늘어난 것은 1년여 전부터다. 페이스북에 가짜 프로필로 새로운 계정을 만드는 청소년도 많았다. 그들은 가족과 함께 더할 나위 없는 평범한 삶을 살지만, 각자의 방에 들어가면 전혀 다른 사이버 세계로 빠져들었다. 그들에게 온라인은 현실세계와도 같았다. 그들은 자신이 퍼뜨린 메시지의 영향력과 심각성을 깨닫지 못하고 살인을 **17**

선동하는가 하면, 지하드를 지지하기도 했다. 여자아이들은 가자지구의 어린아이들이 겪고 있는 고통을 알리면서 서로 친분을 쌓고 있었다. 여자아이들은 모두 '움므Umm'로 시작하는 가명을 썼는데, 이는 아랍어로 '엄마'라는 뜻이다.

SNS는 찾을 수만 있다면 무궁무진한 정보의 바다였다. 이 때문에 많은 기자가 그래왔듯이 나 역시 수년 전에 가짜 계정을 만들었다. 나는 간신히 용기를 내어 리스트에 있는 전 세계 온라인 '친구'들과 대화를 시도했다. 가짜 계정에서 나는 '멜로디'라고 불렸다. 멜로디는 흔해빠진 이름이었다. 내 계정에 있는 친구들도 자신의 진짜 이름은 밝히지 않았다. 익명의 아바타들이 지하드 참여 선동을 위해 온라인이라는 공간에서 각자 활개를 치고 있었다. 몇 시간 만에 나는 그들이 살인과 범죄 계획을 아주 자유롭고 공개적으로 표현하고 있음을 알게 되었다. 이 모든 것이 지하드 참여 선동을 더욱 부추긴다는 것은 의심할 여지가 없었다. 그나마 다행인 것은 범죄를 유도하는 모든 청소년이 살인자가 되는 것은 아니라는 점이었다. 지하드 2.0은 단지 일각에서 유행하는 것에 지나지 않았다. 하지만 다른 이들에게는 과격화의 첫 단계였다.

레일라와 사미라의 이야기를 보도하지 못해 아쉬워하던 나는 또다시 페이스북을 돌아다니며 4월의 금요일 저녁을 보내고 있었다. 순간, 35세가량의 프랑스인 지하디스트의 영상이 눈에 들어왔다. '꼭두각시 뉴스Guignols de l'info' 정계를 우스꽝스럽게 풍자하는 프랑스 프로그램의 어설픈 패러디 같았다. 웃음이 나왔다. 눈물이 나올 정도였다. 약간의 두려움은 있었지만 꼭 봐야 할 것만 같았다. 내 자신이 바보 같았다. '아부 빌렐Abou Bilel'이라 자신을 소개한 그는 군복을 입고, 팬들을 위해 자신의 사륜구동 자동차를 낱낱이 공개했다. 그는 시리아에 있는 듯했다. 무인도나 다름없는 주변 환경을 통해 그곳이 시리아임을 증명하려는 것 같았다. 1970년대에나 사용되었을 자신의 구닥다리 라디오를 자랑스럽게 보여주기도 했다. 라디오는 전화가 터지지 않을 때 다른 전우와 교신하기 위해 쓰인다고 했다. 하지만 실제로는 잡음이 심한 고물에 지나지 않는 듯했다. 차 뒷좌석에 방탄조끼가 보였고, 그 옆에 기관총 하나가 있었다. 이스라엘 군이 사용했던 유서 깊은 우지 기관단총이었다. 그는 자신이 소지하고 있는 물건을 하나하나 소개했다. "이라크 해협에서 훔친 M16……." 나는 웃음을 터뜨렸지만 이내 그럴듯하다는 생각이 들었다. 아부 빌렐은 생각했던 것처럼 멍청이는 아닌 듯했다. 그는 최근 15년간 세계 각지에서 수많은 성전에 참여했다. 영상에 그런 내용은 없었지만, 그는 계속해서 글러브 박스 안에 있는 내용물을 자랑스럽게 공개하며 자신을 증명했다. 시리아 책 뭉치, 사탕, 칼이 있었다. 마지막으로 그는 레이 밴 선글라스를 벗으며 눈 밑을 까맣게 칠한 자신의 얼굴을 드러냈다. 눈 밑을 검게 칠하는 것은 화약 연기 때문에 눈물이 나는 것을 막고자 아프가니스탄 전쟁에서 쓰는 기법이라는 걸 나는 이미 알고 있었다. 나도 충분히 따라 할 수 있을 정도로 어설픈 변장을 한 테러리스트는 놀랍게도 다른 정보는 이야기하지 않으려고 자제하는 모습을 보였다. 아부 빌렐은 말투에서 알제리계의 억양이 느껴지긴 했지만 프랑스어

19

를 완벽하게 구사했다. 그는 활짝 웃으며 몹시 뿌듯한 표정을 지어 보였다. 특히 '헤지라hijra[5]'를 위해 함께할 사람을 환영한다는 말을 할 때에는 스스로 만족감에 취한 듯 보였다.

나는 이 영상을 공유했다. 이 프로필에 매우 조심스럽게 접근했지만 가끔씩 그들의 세계로 들어가보려면 거짓 행세를 해야만 했다. 나는 어떠한 것을 요구하지도, 부추기지도 않았다. 시간이 갈수록 바샤르 알 아사드 시리아 정부군의 공격을 다루는 기사 링크나 동영상을 게재하는 것만으로도 만족하게 되었다. 내 프로필 사진은 월트 디즈니 영화 알라딘에 나오는 자스민 공주 캐릭터 이미지였다. 커버에는 여기저기 돌아다니는 선동 슬로건을 올렸다. '당신이 한 짓을 똑같이 받게 될 것이다'라는 글귀였다. 내가 사는 곳은 게재물에 따라 매번 바뀌었다. 지금은 툴루즈에 기거하는 것으로 했다. 지난 5년간 나는 툴루즈에 관해 수도 없이 취재를 했다. 2012년에 발생한 모하메드 메라 알카에다 조직원으로 2012년 3월 툴루즈에서 총기를 난사해 10여 명의 사상자를 낸 테러리스트 사건 때문이었다. 툴루즈 동북쪽 경계에 있는 도시 이자드의 한 구역은 그야말로 정보의 보고였다. 그곳은 메라가 살았던 곳이기도 하고 마약 거래의 허브이기도 했다.

하지만 나는 사실 파리에 있었다. 시리아로 떠나는 사람들에 대한 사연을 심도 있게 다룰 방법을 찾지 못해 절망에 빠져 있었다. 녹음기에 이렇게 비슷비슷한 수많은 사연과 정보를 저장할 수 있을지 걱

---

5 신앙심이 없는 (아랍어로 kurf) 본국을 떠나 이슬람 국가로 들어오는 것.

정되었다. 게다가 악몽처럼 끔찍한 시리아의 상황으로 인해 사건을 분석하는 것 또한 쉽지 않았다. 매주 편집장과 나는 사건을 분석하기 위해 다른 시각으로 고민해보았다. 지하드 지원자가 어디서 왔는지, 그리고 그들의 계층이나 종교, 인간관계 따윈 중요하지 않다. 그들이 실패나 불행을 겪은 후 극단적으로 변해 수많은 이슬람 조직 중 하나에 가입하고자 시리아로 떠났다는 사실이 중요할 뿐이다. 맞다. 그런데 나는 이 주제에 열중해 그들의 가족들을 만나러 다니고, 얼굴 한번 본 적 없고 앞으로도 직접 만날 일이 없을 그들의 이야기에 매달리고 있었다. 예전에 취재 중에 만난 '청소년'들도 그중 하나였다. 지금 다시 만나면 그들은 그곳에 가고 싶다고 고백한다. '그곳?' 대체 그곳에 너희를 위한 게 뭐가 있는데? 살인을 저지르고 총알받이가 되는 것? 나는 늘 같은 대답을 들었다. "당신은 이해하지 못할 거예요, 안나. 당신은 머리로 생각하죠, 우리는 가슴으로 생각해요……." 나는 그들을 설득하기 위해 온 힘을 쏟았다. 나는 위험을 무릅쓰고, 되풀이되는 역사적 사실을 예로 들어 설득도 해보고, 문화 강국이었던 독일이 히틀러의 손에 들어가 무너진 사실과 공산주의 세계에 대한 이분법적인 설명을 간단하게 덧붙이기도 했다. 1970년대 마오쩌둥의 사상에 열광한 인텔리층이 모든 진실은 '마오 주석 어록'에서 비롯된다고 믿었던 사실까지도. 하지만 다 소용없는 짓이었다. 그들은 컴퓨터 모니터 저쪽에서 나를 비웃으며 붉은색과 녹색은 완전히 다른 색깔이라고 대꾸했다. 하지만 나는 과격 이데올로기와는 전혀 상관없는 코란에 대한 언급은 피했다.

21

2014년에 기자가 된 나는 언론인으로서는 한마디로 신출내기다. 사교적 활동을 좋아한다면 이 직업이 적격일 것이다. 비슷한 사례를 다뤄온 기존의 방법과는 다르게 이 주제에 접근할 수는 없을까. 원래 어떤 종교를 갖고 있었든 간에 자기 가족의 삶까지 망가뜨리는 악의 근원을 파헤치고자 비록 시간이 걸리더라도 '온라인 지하드'의 원동력이 무엇인지 알아내고 싶었다. 사춘기도 안 된 어린 소년들이 선동의 올가미에 빠져 고문, 약탈, 강간, 살인을 자행하며 자신의 '공적'을 업로드함으로써 성숙함을 과시한다. 이 모든 과정을 나는 철저히 분석해야만 했다.

'멜로디'가 아부 빌렐에게서 세 개의 메시지를 연속해서 받았을 때, 나는 그만 포기할 것인가, 계속 진전시킬 것인가 하는 고민에 휩싸였다. 내 상상을 완전히 뒤엎는 일이었으니까. 어느 봄날의 금요일 밤 10시, 나는 소파에 앉아 취재를 어떻게 계속 진행할지 머리를 쥐어짜고 있었다. 그때 시리아에 있는 프랑스 테러리스트로부터 메시지가 왔다. 순간 정신이 아득했다. 그저 이번 주말을 이렇게 시작한다는 것은 말도 안 된다는 생각밖에 나지 않았다.

같은 날 저녁

"살람 알레이쿰아랍어로 '평화를 빈다'는 뜻의 인사말 자기야. 내가 찍은 비디오를 봤나본데, 그 비디오는 벌써 세계를 한 바퀴 돌았어. 정말 대단하지! 너 이슬람이니?"

"무자히딘을 어떻게 생각해?"

"마지막 질문이야. 시리아에 올 생각 없어?"

이렇게 대놓고 바로 본론으로 들어가는 사람도 없을 것이다! 갑작스런 질문이라 당황스러웠지만 일단은 답장을 해야만 한다. 어쩌면 이 지하디스트와 대화를 나누는 것이 나를 정보의 바다로 이끄는 유일한 기회일지도 모른다는 생각이 들었기 때문이다.

모든 기자가 그렇겠지만 자신의 직업이 기자라고 소개하는 순간부터 상대의 꾸밈없는 답변을 듣기는 어렵다. 그러나 다행스럽게도 내 채팅 상대는 내가 누구인지 모른다. 기자인 내가 취재를 통해 누군가에게서 정보를 얻어내는 것은 아무런 문제가 되지 않는다. 반면 내가 누구인지 모르는 상대와 이런 의도적인 교섭을 해야 할 때에는 양심의 가책을 느끼기도 한다. 나는 잠시 생각하기 위해 5분만 쉬기로 한다. 어떻게 답변을 해야 그에게 예의 있어 보일까…… 그리고 나는 대답한다.

"말레이쿰 살람. 지하디스트가 나에게 말을 걸리라곤 생각도 못했어. 대박! 너는 다른 할일은 없니? 나는 이제 전투원들에 대해서 더 이상 생각하지 않기로 했어."

물론 자세하게는 아니지만 나 역시 이슬람으로 개종했다고 적는다. 일부러 맞춤법도 틀리게 말이다. 그리고 '대박' '멘붕' 그것도 아니면 'ㅋㅋ' 등 되도록 요즘 젊은이들이 쓰는 말을 적으려고 애썼다. 그리고 그의 대답을 기다렸다. 뱃속에서 뭔가 쥐어트는 기분이 들었다. 무섭다기보다 도저히 믿기 어려운 일이 벌어지고 있었으니까. 나로서는 실제로 이런 일이 있으리라곤 상상도 못 한 엄청난 사건이 바로 지금 일어나고 있었으니까. 나는 이미 몇몇 무자히딘과 인터뷰를 해봤지만, 그들 대부분은 겨우 스무 살도 안 된 어린애들뿐이었고, 그들이 원하는 것이라고 해봤자 겨우 정부의 선전이 담긴 질 나쁜 CD 한 장 정도였다. 기다리는 동안 나는 다른 사이트들을 훑어보았다. 3분쯤 지났을까, 컴퓨터에 새 메시지가 도착했다는 알림이 울렸다.

"그럼, 당연하지. 너무나도 할 게 많아! 지금 내가 있는 여기는 밤 11시 정도 됐고 전투는 다 끝났어. 너도 내 비디오를 봤으니 나에게 물어볼 게 많을 텐데……. 지금 시리아에서 벌어지고 있는 모든 일을 다 말해줄 수도 있어. 진실이 뭔지 말이야. 알라에 대한 건데, 말하자면 길어질 테니까 스카이프로 연락하는 게 나을 것 같아. 내 아이디를 줄게."

빌렐은 단도직입적이고 독단적이다. 스카이프라니, 말도 안 돼! 다음을 기약하며 나는 그의 제안을 거절한다. 스카이프는 절대 안 된다. 아부 빌렐은 이해해줄 것이다. 그는 누군가를 방해하는 일은 싫어한다. 나만 원한다면 내일도 내 사정에 맞춰 자신의 시간을 비워놓을 것이다.

24

지하드 여전사가 되어

"내일은 어때? 인터넷 접속 가능해?"

내가 아리송한 말투로 묻는다.

"당연하지. 여기 접속해 있을게. 약속해."

그리고 1분 후.

"맞다. 너 개종했지. 그럼 넌 헤지라나 준비해. 멜로디 너는 내가 항상 챙겨줄게."

아까는 스카이프로 나를 놀라게 하더니 이번엔 헤지라라니! 이 아부 빌렐이라는 남자는 결코 자신의 아랫도리와 시간을 허투루 쓸 사람은 아닌 것 같았다. 겨우 몇 마디 나눈 게 전부인 첫 채팅에서 그는 전혀 모르는 어린 여자아이에게 혹시 그녀가 개종을 했는지, 그리고 지구상에서 가장 피비린내 나는 나라로 자신을 따라올 것인지를 물었다. 그는 아무렇지도 않게 그녀에게 그녀의 삶을 모두 버리고 떠나오라고 부추겼다. 새로운 곳에서 새롭게 태어나 신께서 받아주기를 기다린다는 것이 무엇을 뜻하는지 알고 있느냐면서. 그의 이런 이야기를 듣고 있자니 그전에는 느끼지 못했던 여러 감정이 내 안에서 복잡하게 뒤섞였다. 나는 이것들이 대체 어떤 감정인지 확실하게 분간할 수 없었다. 다만 한 가지 확신이 서는 감정이 있다면 그것은 바로 어떤 특정한 사람들에 대한 혐오감이었다. 빌렐은 주로 약한 먹잇감을 사냥했다. 그리고 혹시 그들이 걸려들면 이슬람이 지닌 강력한 힘으로 그들을 제압하고 포맷할 것이다. 마치 우리가 공CD에 무언가를 저장할 때, 이미 저장되어 있던 것들을 삭제하고 다시 덮어씌우는 것처럼 말이다.

그들이 먹잇감을 찾고 공격하는 방식은 정말이지 혐오스러움 그 자체였다. 그 일은 무척 간단했으며, 특히 멜로디 같은 어린 여자아이들을 사냥감으로 삼는다고 생각하니 더 기가 막혔다. 그런 어린 여자아이들이라면 내 주변에도 널려 있었다. 그 아이들은 지속적인 교육이나 문화적 혜택을 받지 못하고 성장하기 때문에 유언비어 따위에 금세 현혹된다. 왜냐하면 이들을 제대로 이끌어줄 사람이 아무도 없기 때문이다. 남자아이들도 마찬가지다. 나는 순간적으로 그 안에 뛰어들고 싶다는 갈망에 휩싸였다.

내가 지금 무슨 짓을 하고 있는 거지? 나는 지금 일어나고 있는 이 모든 일이 금방 끝나지는 않을 것임을 직감했다. 그렇지만 그로부터 6개월이 지난 지금까지, 그러니까 이 책을 쓰고 있는 이 순간까지도 아부 빌렐이 내 인생에 이렇게 막대한 영향을 끼치고 있을 것이라는 생각을 그때는 미처 하지 못했다. 어쨌든 지금으로서는 멜로디가 정말 존재하는 인물인 것처럼 빌렐을 속이는 게 우선이었다. 그런 뒤에야 빌렐을 이용해 정보를 얻을 수 있기 때문이다. 어쩌면 희생이 따르는 결과가 나올 수도 있겠지만 지금은 무엇보다도 그녀를 전설의 첩보원으로 만드는 게 중요하다. 그녀로 하여금 지하드에게 붙잡혔던 여러 인종의 아이들인 봉 형제, 노라, 클라라, 레일라, 엘로디, 카림, 그리고 다른 아이들까지 모두 데리고 나오게 할 것이다. 그들의 가족은 하나같이 그들 중 누군가가 살아 있는지 확인하기 위해 터키-시리아 국경지대까지 가야만 했으나 대부분 아무런 성과 없이 돌아왔다. 내가 보기에 나이도 좀 있어 보이고 초짜 같지도 않은 이 남자가 멜로디와 꾸준히 연락을 해준다면 가끔 멜로디에게 유용한 정보를 간간이 흘려줄 수도 있지 않을까 하는 생각이 들었다. 아무것도 시도하지 않으면 결국 아무것도 얻지 못한다. 게다가 내게는 앞으로 풀어야 할 미결 상태의 질문이 아주 많았다. 만약 내가 이 질문들에 대한 답을 얻게 된다면 앞으로 내가 쓰려는 기사에 엄청난 도움이 될 것이다. 나는 이 모든 것을 마치 인류가 지난 시대에 남긴 흔적을 찾는 고고학 박사처럼 조심스럽게 시작했다. 어쨌든 지금은 아부 빌렐에 관해서는 그만 생각하고 싶다.

남자친구가 우리 집에 오기로 했지만 나는 내가 그의 집에서 밤을 보내고 싶다고 말하기 위해 전화를 한다. 그렇지만 그에게 아부 빌렐에 관한 이야기는 하지 않는다. 오늘 저녁에는 그저 그의 곁에서 잠이 들었으면 좋겠다.

토요일 아침

밀랑은 나에게 다이어트 콜라와 『주간 르몽드』, 그리고 그의 아이패드를 건넨다. 콜라는 나에게 아침의 커피와도 같다. 사실 난 어린 애처럼 어른들이 마시는 음료를 잘 못 마신다. 밀랑은 이런 나의 습관을 알아서 잘 챙겨준다. 그의 태블릿은 내가 잠시 '최신 핫뉴스'에 한눈을 팔고 있을 동안에도 계속 페이스북에 멜로디 계정으로 접속해 있다. 우리가 잠들어 있던 시간에 아부 술레이만[6]이라는, 시리아로 떠났던 젊은 알자스인이 죽은 채로 발견되었다. 네티즌들에 의해 그의 시체를 찍은 사진이 공유되었는데, 사진 속에서 그는 입가에 엷은 미소를 띠고 있었다. 밀랑은 내게 몸을 바짝 붙인 채 커피를 마셨다. 그는 마치 길거리에 버려진 불쌍한 유기견을 바라보는 듯한 따뜻한 눈빛으로 나를 쳐다본다. "앞으로 얼마나 더 그 일을 해야 하는 거야?" 아직 감기가 가시지 않은 목소리로 그가 나에게 묻는다. 나는 말없이 미소를 지으며 그에게 키스한다. 그는 프랑스 영화 잡지Le Film français의 기사를 뒤적이고, 나는 오늘의 '순교자'에 대한 기사를 대충 훑어본다. 그 많은 기사 가운데 단 하나의 기사도 기발하거나 참신한 것이 없다. 지금 그 순교자가 죽어서 간 곳보다는 그가 살아생전 있던 곳이 더 좋지 않았을까 생각해본다. 신은 우리가 한 인간으로서 존재해주는 것만으로도 우리를 자랑스럽게 여길 것이다. 신이

---

28   **6** 이름은 가명을 사용했다.

과연 스물한 살에 '신의 뜻대로 죽은' 그를 자랑스럽게 여길 것인가.

내겐 그런 순교자의 이야기보다는 다른 기사들이 더 흥미로웠다. IS의 지도자인 아부 바크르 알 바그다디가 자브핫 알 누스라(알 누스라 전선)의 함정에 빠질 뻔했다는 기사였다. 알 누스라 전선에는 시리아에 있는 알카에다 연계 조직의 주축 세력인 무장 테러리스트들도 끼어 있다. 안타깝게도 이 테러리스트들 대부분은 다에시Daesh에 흡수된다. 다에시는 IS를 아랍어로 줄여 쓴 말이다. 한때 그들은 밀접하게 지내며 서로 협력관계를 유지하기도 했었다. 그들은 더 이상 같은 목표나 적을 쫓지 않는다. 역사적으로 알카에다의 적은 대부분 서양에 거주했다. 그들은 바로 십자군 병사다. 다에시는 이라크와 시리아 부근 어딘가에서 IS의 연계 조직인 수니파 무장 세력을 만들려고 한다. 이것은 우선 직접적이나 간접적으로 커지고 있는 시아파 세력을 몰아내기 위해서였다. 정권을 잡은 소수 세력을 필두로 이라크의 시아파를 서서히 쫓아내는 것이 가장 큰 이유라고 볼 수 있다. 중세시대로 거슬러 올라가보자. 이슬람 사람들은 말을 타고 칼을 들고 싸워야 했으며 무력으로 영토를 차지해야 했다. IS의 방법과 야망은 예전의 이것과 유사하다. 알카에다는 이 사상을 전파하기 전에 우선 2001년 9월 11일에 일어났던 사건처럼 서방 세력을 약화시키고 자신의 영향력과 힘을 증명하려고 했다. 간단히 정리하자면 다에시는 자신의 영토 안에 있는 이단자들을 다 제거하려는 반면 알카에다는 이교도들만 집중적으로 처치하려 한다는 점에서 차이가 있다.

내가 만약 지하디스트를 인터뷰하게 된다면 그에게 물어보고 싶 **29**

다. 그의 꿈과 야망은 무엇이며 혹시 그들의 다음 목표가 그들의 오랜 숙원인 레반트역사적으로 근동의 팔레스타인과 시리아, 요르단, 레바논 일대를 가리키는 말 지역을 정복하는 것인지를 말이다. 나는 가끔 이런 생각도 한다. IS가 미국을 상대로 전쟁을 일으키고, 미국인들을 그들의 신의 뜻에 복종시킨다. 그다음에는 나라 사이에 있는 모든 국경을 없애버린다. 지구상에는 결국 하나의 샤리아(이슬람의 율법)를 따르는 IS만이 남을 것이고, 그들의 이상 국가의 기초를 다지며 다에시는 알카에다가 실패한 곳에서 성공할 것이다. 그들은 자신들의 세력을 서서히 세상 곳곳으로 늘려갈 것이다. 다에시는 전쟁을 일으키면서 정권을 창설해 광신도를 주축으로 한 무장 세력을 공식적으로는 시리아에, 비공식적으로는 이라크에 키울 것이다. 외국에서 수만 명의 병사가 들어오기 훨씬 전부터 수니파 무장 세력으로 이뤄진 군대는 미국인들의 이라크 공격에 대해 매우 적대적이었다. 그와 대조적으로 테러 단체는 자신들이 찬양하는 전쟁 무기를 위해 일을 한다. 그 무기라는 것은 바로 수치상으로 나타나는 그들의 활동력이다. 탈레반은 아프간의 어둠 속에서 은신하면서 언젠가 있을 신의 부름을 기다리고 있다. 새로운 지하디스트가 늘어남에 따라 요즘 일어나고 있는 사건 사고들의 주인공은 매번 그들이다. 아주 끔찍하고 잔인한 동영상들이 유튜브에 넘쳐난다. IS의 행동이라든가, 단순한 위협이나 협박이 아니라 바로 실천에 옮기는 그들의 집행 능력은 서구 사람들 수만 명의 이목을 집중시키기에 충분하다. "약속은 말을 듣는 사람들에게만 지켜진다." 슬프지만 젊은 지하디스트들에게는 이 모든 것이 현실이다.

대다수의 사람이 군복을 입은 자신의 모습을 인터넷에 자랑스럽게 올릴 수 있을 것이라는 야망을 품고 전장으로 몰려든다. 물론 그들 중 몇몇은 어느 정도 신임을 얻어 트위터와 페이스북 등을 이용할 권한을 갖게 되기도 한다. 1968년에 앤디 워홀이 했던 유명한 말이 있다. "미래에는 누구든 15분간의 유명세를 누릴 수 있을 것이다." 나는 음악사에서 가장 재미없고 유익하지 않은 1980년대 초에 태어났다. 1997년에 가수 이암의 전설적인 앨범 '은색 마이크의 학교L'École du micro d'argent'를 들으면서 내 음악 안목은 높아졌다. 지금까지도 앨범에 수록된 모든 노래의 가사를 전부 외우고 다닐 정도다. 그중 당시 젊은이들의 품행을 다룬 노래인 '남동생'은 아직까지도 대중의 사랑을 독차지하고 있다.

> 내 남동생이 차도 갖고 싶고, 옷도 갖고 싶고, 돈도 많았으면 좋겠대
> 그 모든 걸 위해서 내 남동생은 밤하늘의 달도 훔칠 것이며
> 수집가가 수집을 하듯이 나쁜 짓도 걱정 않고 할 거래
> 그런데 사실 그가 했던 모든 못된 짓들은 양해를 구하고 했었대

그 시대에도 이미 이것은 종교의 문제였다. 그렇지만 그런 문제를 안고 있다고 해서 곧바로 어떤 행동이나 의식화로 이어지는 것은 아니다. 그 '지난날의 남동생' 몇몇은 이제 지하디스트가 되었다. 이들은 결코 쉽게 버는 돈과 무기들, 협상 따위에 환상을 품고 있지 않다. 이들이 진정으로 바라는 것은 모든 사람이 자신을 존중해주는 것

31

과 알아주는 것, 그리고 "영웅"이 되는 것이다. 전쟁을 하고 나라를 세운다는 것은 시시껄렁한 동네 불량배가 되는 것이나 스트레스 해소를 위해 플레이 스테이션 게임에서 전투를 하는 일과는 차원이 다르다. 그런데 주의할 것은 지하디스트라고 해서 모두 같은 부류는 아니라는 점이다. 최근에는 레반트 지역으로 떠난 사람들이 급진주의 은둔자에게 연락을 하는 경우가 발생했다. 나는 갑자기 전에 알았던 노르망디 출신의 여자아이가 생각났다. 그녀는 인터넷이라면 자신의 모든 궁금증을 해결해줄 것이라 생각했다. 몇 주 후 기독교도였던 그 여자아이는 개종을 하고 IS에서 남은 생을 보내기 위해 떠났다. 감수성이 풍부한 툴루즈 출신의 내 아바타 멜로디는 무언가를 정복하거나 누군가를 지배하는 그런 스타일이 아닌, 단순히 자신의 존재 가치를 찾아 떠나려는 걸로 해야겠다. 멜로디뿐만이 아니라 이 시대의 수많은 젊은이가 사회적 지위와 상관없이 사는 것 자체에 고통을 느끼며 힘들어하고 있다.

시간이 흐르고, 그날 밤

밀랑은 그새 잠이 든 모양이다. 그의 방에는 주인과 마찬가지로 고요함과 부드러움이 깃들어 있다. 나는 자리에서 일어나 침대 안으로 들어간다. 블라인드를 올린 창문으로 가로등 불빛이 마치 시의 한 구절처럼 방 안에 넘실거렸다. 습관이 돼버린 이 야간 공연이 내 머릿속에서 충돌하고 있던 숱한 질문을 일깨우면서 한동안 잠잠하던 불면증 기운이 고개를 쳐들었다.

나는 천사처럼 잠들어 있는 밀랑을 깨우지 않으려고 조심조심 일어났다. 나도 모르게 발걸음이 거실로 향했다. 그리고 컴퓨터 모니터 안에 잠들어 있던 악마를 깨웠다. 3개의 새 메시지가 도착해 있었다. 큰 기대를 품었던 것은 아니다. 담배 한 개비를 입에 물고 불을 붙였다. 첫 번째 메시지는 그쪽 시간으로 오후 2시 30분에 보낸 것이었다. 열정적인 전투원이 메시지를 보냈다고 생각하기에는 놀라운 시간대였다. 그 시각이라면 적어도 전방이나 다른 전선에 있을 때가 아닌가. 생각해보라. 지하디스트가 바쁜 오후 시간에 사이버 카페에 들어와 어린 여자아이를 인터넷상에서 꾀고 있는 모습이라니, 좀 당황스러웠다.

"살람 알레이쿰, 자기야. 오늘 하루는 어떻게 보냈어? 혹시 나랑 이야기하고 싶으면 나는 언제든 오케이라고 말해주고 싶었어. 계속 근처에 있을 생각이거든."

근처? 어디 근처? 나는 다음 메시지를 읽느라 생각할 시간이 없었다.

"몇 시쯤 접속해서 이야기할 수 있어? 나는 아무 때나 좋아."

"아, 그리고 너를 위한 아주 특별한 무언가가 있어……. 마샬라 Mashallah 아랍어로 '신의 축복을 빈다'는 뜻."

완전무장을 한 그가 말하는 그 무엇인가가 내가 생각하기에는 마치 그가 미리 짜놓은 함정 같았다. 어쩜 이렇게 매력적일까. 그는 커다란 M4 총을 메고 있었고, 검은색에 흰 글씨로 'IS'라고 쓰인 천으로 머리를 싸매고 있었다. 똑바로 서 있는 그는 운동을 하는지 언뜻 보기에도 탄탄한 상반신의 소유자였다. 그는 천진난만하게 웃고 있었는데, 나는 이 모든 것이 비현실적으로 느껴졌다. 그는 나를 모른다. 진짜 나는 멜로디라는 내가 만든 아바타 뒤에 숨어 있다. 그런데 만약 이렇게 모니터 뒤에 숨어 있는 게 멜로디처럼 어린 여자아이가 아니라 경찰이라면? 혹은 뭔가 신빙성 있는 정보를 캐고 있는 기자라면? 아니야, 아부 빌렐은 전혀 의심하지 않을 것이다. 그저 낚싯바늘에 물고기가 걸려들었다고만 생각할 테지. 그의 메시지를 곱씹어볼수록 그는 손 안에 들어온 물고기를 놓치지 않을 거라 확신하는 듯했다. 그는 늘 이런 짓을 할까? 창밖을 보니 새벽 4시쯤 된 듯했다. 나는 다음 메시지를 기대하고 있었다. 시간이 지날수록 궁금증은 더 많아져만 갔다.

흔히 기자들을 끊임없이 뼈다귀를 찾아 헤매는 개에 빗댄다. 맞는 말인지도 모른다. 나 역시 지금 살인자의 심리에 접근한다는 생각에 흥분을 감추지 못하고 있지 않은가. 살인자. 나는 오로지 믿음을 위해 자신의 삶을 내던지는 사람들을 보면 정말 대단하다고 생각한다.

그들에게 힘을 주었으면 좋겠다. 그 힘이 버팀목이 되어 그들이 살아가는 동안 피할 수 없는 비극적인 일들에 맞설 수 있었으면 좋겠다. 그러나 그러한 믿음을 실천하는 일이 수많은 인명을 앗아가는 행위에 대한 구실이나 변명이 된다면 나는 진정한 나 자신인 직업 기자 안나에게 멜로디로 변신하는 것을 허락할 것이다.

나는 빌렐을 취재하기 위해 적어도 채팅상에서는 자신의 삶의 방향을 잃고 헤매는 어리석은 젊은 여자 멜로디가 되기로 결심한다. 객관적으로 봤을 때 나의 이런 방법은 의심을 살 수도 있다. 그러나 이 테러리스트 집단은 조직을 알리기 위해 수단과 방법을 가리지 않고, 사람들을 끌어 모으는 데 혈안이 되어 있다. 앞으로 어떤 기사를 쓰든 아부 빌렐에 관해서는 직접 다루지 않을 작정이다. 왠지 자꾸 양심에 걸린다. 그러나 그가 한 말들의 진실 여부는 반드시 가려내고 싶다. 첫 번째로 IS를 위해 일하는 사람들의 수를 알고 싶다. 프랑스인은 몇 명일까? 유럽인은? 실제로 신의 뜻에 따라 지하디스트들의 욕구를 충족시키기 위해 찾아오는 여자들이 있을까? 그녀들 역시 무장을 하고 다닐까? 아부 빌렐은 자신의 종교가 정해놓은 규율 안으로 나를 끌고 갈 것이다. IS가 많은 과부와 고아를 죽이는 동안 종교 간의 분열과 대립으로 나라는 황폐해져만 갔다. 언젠가는 그가 나에게 자신이 주도하는 이 피비린내 나는 전쟁 이야기를 해줄까?

날이 밝아오기 시작했고, 나는 '다크넷'서로 신뢰하는 이들 간의 파일 공유를 위한 폐쇄형 네트워크로 F2F(Friend-to-Friend)라고도 한다 사이트에 들어와 있다. 인터넷에서는 내가 무엇을 찾든 간에 처음 들어왔던 사이트로 다시 돌아오게 된다. 나는 무자히딘 같은 것들에 관심을 보이는 사람들과의 열 개도 넘는 대화를 복구해보려고 애썼지만 아무런 소득이 없다. 한 가지 얻은 게 있다면, 아주 중요한 싸움이 시리아의 데이르 에조르라는 지역에서 일어났다는 사실이다. 그곳은 아직까지도 사담 후세인의 위협을 받고 있고, 미국의 침략으로 폐허가 돼버린 이라크 국경에서 500킬로미터도 채 떨어지지 않은 지역이다. 그때 내 시선을 사로잡는 한 가지가 있었다. "내가 다 녹화했어. 모두 다 끝장내버렸어! 그런데 알 바그다디와 수장들은 모두 자기들 집 방공호에 숨어 있었어. 혹시나 알 누스라의 개들이 또다시 함정을 놓았을 수도 있으니까. 기톤이 그들과 함께 있으니 그에게 합류하도록 해." 나는 오래 전부터 알 바그다디가 누군지 알고 있었다. 그는 다에시의 아주 위험한 리더였다. 오늘 밤에는 빌렐에 대해 특별한 정보를 얻지 못했으니 기톤에게 흥미가 느껴졌다. 나는 이 마르세유 출신의, 스물두 살쯤된 기톤이라는 남자를 '아주 잘' 알고 있다. 그는 영국에서의 오랜 체류생활을 마치고 다에시에 가담했으며 아주 빠른 속도로 계급장을 달았다. 그도 그럴 것이 그는 세 가지 성공 요건을 모두 갖추고 있었기에 IS에 절대적으로 필요한 존재였다. 그는 아주 잘생겼고 종교에 대해 모르는 것이 없었으며, 네 가지 언어로 전도를 할 수 있었다.

가끔 동료들과 이야기를 하다보면 그들은 그를 '보도 담당관'이라고 불렀다. 가끔 우리가 얻은 정보에 대해 확인을 할 때, 그는 항상 즐거운 표정으로 세세하게 가르쳐주었다. 기톤은 기자 안나로 살아가는 내 진짜 신분을 안다. 나는 이따금 그에게 연락해 정보를 주고

받았다. 그와 마지막으로 연락한 것은 지난해 3월 노라라는 아비뇽 출신의 열다섯 살 여자아이에 대한 정보를 얻기 위해서였다. 그녀의 가족은 그녀가 절대 IS로 떠난 것이 아니고 알 누스라 전선에 간 것뿐이라며 나를 안심시켰다. 당시 기톤은 나에게 그녀가 어디에서 무엇을 하고 있는지 확인해주었다.

기톤의 페이스북 계정은 그가 다에시 소속임을 명백히 드러냈고, 그는 동영상에 얼굴을 내비치는 것도 주저하지 않았다. 부상당한 지하디스트를 문병하는 모습이라든가, 머리부터 발끝까지 무기로 무장하고는 터키 국경 부근에서 향연을 즐기는 모습, 또는 프랑스와 터키에서 잠시 체류하는 모습이나 점령지인 라카 거리에서 열광하는 많은 병사에게 손을 흔들어주는 모습까지 전부 볼 수 있었다. 그는 유럽 곳곳에서 청소년들의 우상이었다. 그는 머리부터 발끝까지 화려한 명품으로 도배했다. 그는 우리가 감히 상상도 못 하는 호사를 누리며 살았다. 사람들은 그를 그 자체만으로도 존경했다. 그는 늘 천사 같은 미소를 지었는데 일종의 이미지 메이킹이었다. 전쟁으로 몸살을 앓는 나라에서 행복한 사람보다 더 부러운 존재가 있을까? 이렇게 영리한 사람도 사실 드물다. 그런 의미에서 나는 기톤에게 기자로서 메시지를 보내야 하지 않을까 생각했다. 사실 그 '수장'들을 찾지 못한 곳에 대해 좀더 자세한 정보를 얻을 수 있지 않을까 하는 기대를 걸고 있었다. 그러나 지나친 욕심은 금물이다. 나는 아직도 기톤과 아부 빌렐, 그리고 바그다디가 혹시 서로 연결되어 있을 수도 있다는 의심을 버리지 않고 있다. 어쩌면 아주 친밀하게 엮여 있는지 **37**

도 모른다. 나는 다시 모든 것을 철저히 분석하기 시작했다. 빌렐에 관해서는 아무런 정보가 없다. 도대체 그는 어떤 사람일까? 나이, '전투' 경험 등 모든 것이 나를 더욱더 궁금하게 했다. 내가 앞으로 만날 사람은 내가 지금까지 만나온 그 어떤 젊은이들보다도 훨씬 더 복합적인 인격을 지닌 사람이리라는 것을 나는 직감했다.

일요일 저녁

롤링 스톤스의 '악마에 대한 공감Sympathy for the devil'이라는 노래가 거실 벽을 온통 부숴버릴 듯이 울려 퍼졌다. 나는 컴퓨터를 켜고 빌렐에게서 새로운 메시지들이 도착해 있는 것을 확인한다. 메시지를 읽고 있는데, 빌렐이 로그인을 하더니 바로 내 아바타에게 말을 건넨다. 그는 수시로 멜로디를 페이스북이 아닌 화상채팅을 할 수 있는 스카이프로 초대한다. 영상과 음향이 가미된 매력적인 채팅이랄까. 그의 의심이 조심성을 키운 것일까? 혹시 내 신분을 확인하고 싶어서 일까? 아니면 단순히 자신의 그물에 걸린 물고기가 자신의 스타일인지 보고 싶어서? 나는 둔해서 못 알아듣는 척한다. 멜로디는 짧게 대답한다.

"왜 스카이프가 하고 싶은 건데?"

"왜긴, 스카이프에서 대화하는 게 더 좋으니깐 그렇지. 자기야. 무슨 말인지 모르겠어?"

응. 나는 잘 모르겠다. 그가 문장 마지막에 웃는 모양의 이모티콘을 보낸다. 노랗고 동그란 얼굴이 나를 향해 윙크를 한다. 헐! 정말 어이가 없다. 그의 프로필에는 'IS에 대해 충성'이라고 적혀 있었다. 그래서 나도 같은 주제로 대화를 이어가기로 했다.

"넌 IS를 위해서 일하지? 직책이 뭔데? 프랑스에서는 네가 있는 쪽의 분대가 제일 세다고는 하지 않던데……."

멜로디로 위장한 주제에 내게 빌렐의 심기를 건드리는 말을 하고 **39**

싶은 배짱이 있다니, 나 역시 미소 짓는 작은 이모티콘을 보낸다. 그 랬더니 빌렐이 이번에는 부끄러워서 얼굴이 발갛게 달아오른 이모티 콘을 보내왔다. 그는 덤덤하고 설득력 있게 말한다.

"다에시에는 세 부류의 병사가 있어. 국경지대에 나가 있는 사람들 이 있고, 가미카제가 되는 사람들이 있고 마지막으로 프랑스에서 이 단자들을 처벌하기 위해 오는 사람들이 있어."

"처벌한다고? 어떻게?"

"너도 잘 알잖아……. 모하메드처럼 말이야."

빌렐은 모하메드 메라를 예로 든다. 그는 툴루즈 출신의 미치광이 살인범이다. 그러나 멜로디는 그가 누군지 모르는 척한다.

"모하메드가 누구지? 그 사람이 어떻게 다른 사람들을 처벌을 한 다는 건데?"

"너 툴루즈에 살잖아? 아닌가? 스쿠터 살인마가 누군지 몰라? 들 어본 적 없어? 그 사람은 정해둔 규칙이 있어. 알라신의 적은 모조리 공포에 떨게 만들겠다는 게 바로 그의 규칙이야."

"그런데 메라는 어린아이들도 죽였잖아……. 그 아이들은 아주 순 수하고 깨끗한데. 어쨌든 아이들은 그 누구의 적도 될 수 없어……."

"멜로디, 너 참 어리석구나. 아이들을 좋아한다고? 너도 언젠가는 알라신의 아이를 갖게 될 거야. 알고 있어? 여기에는 많은 고아가 엄 마가 되어줄 사람을 기다리고 있거든. 다에시의 자매들이 그 아이들 을 매일같이 돌보고 보살피지. 정말 대단한 여자들이야. 나중에 만나 보면 알겠지만 너랑 잘 맞을걸. 서로 닮은 점이 많거든."

그가 쐐기를 박는다. 주로 이런 식이다. 전혀 모르는 사이인데도 멜로디에게 부드러운 노래를 불러주고 흔들어주며 잠들게 한다. 그리고 그녀가 잠든 사이에 그는 자신이 원하는 곳에 그녀를 데려다놓을 것이다. 멜로디처럼 상대가 어린아이들을 좋아하는 낌새를 알아채면 빌렐은 그녀에게 대리모가 될 수 있다고 속삭일 것이다. 멜로디는 이미 모하메드 메라가 저지른 짓은 잊어버린 듯했다. 그녀는 그녀보다 슬픔에 빠진 이들을 위해 헌신하는 자신의 모습을 상상하며 미소 지었다. 마치 다른 사람의 불행이 그녀의 불행을 씻어주는 것처럼 말이다. 그녀는 얼마 전부터 자기가 지금까지 살아온 암울한 세상에서 마음이 조금씩 떠났다. 눈에 보이는 모든 것이 그녀가 잃어버린 시간 속의 데자뷔처럼 느껴졌다. 모든 것이 엉망진창이었다. 자신이 꿈꾼 행복한 삶이라는 게 정말 덧없다는 생각이 들었다. 멜로디는 길을 잃었고 미래가 불투명한 무미건조한 생활에 지쳐 있었다. 나는 멜로디에게서 두 가지 인격을 보았다. 길을 잃은 청소년의 인격과 너무나도 힘들었던 과거로 인해 상처투성이가 된 인격. 그녀는 어떤 목표를 찾고 있다.

그렇기 때문에 빌렐의 달착지근한 감언이설이 그녀의 삶에 하나의 신념이 될 수도 있는 일이었다. 그는 지하드에 관한 모든 일이 자신에게 동기 부여를 한다고 생각한다. 그건 마치 자신의 상품을 고객에게 보여주기 전에 이미 고객의 욕구가 무엇인지 파악한 장사꾼 같았다. 그에게 멜로디는 그저 많은 사람 중 한 명일 뿐이다. 그런 그녀를 자신에게 속하게 하려고 빌렐은 진지한 목소리로 설득력 있게 온갖 말 **41**

을 갖다 붙일 것이다. 빌렐은 알라딘에 나오는 나쁜 램프의 요정 지니와 비슷하다. 그녀에게 자신의 지하드가 되어달라고 요구하고 나설 노련한 장사꾼이기도 하다. 그러나 그녀가 원하는 것은 그저 그녀 자신을 찾는 일이었다. 이런 낌새를 객관적으로 알아차리기는 힘들다. 사실 빌렐은 멜로디에 관해 아는 것이 거의 하나도 없다. 그녀의 나이, 그녀의 눈 색깔, 그녀의 가족관계나 다른 아무것도 아는 게 없다. 그러나 그는 그런 것 따위는 전혀 중요하지 않다고 여기는 듯했다. 그의 관심사는 오로지 하나였다. 그녀가 개종하는 것.

마침내 빌렐은 감지했다. 멜로디의 신념이 지금 세상에서 가장 위험한 나라로 그녀를 오게 할 수 있을 만큼 강하다는 것을. 그는 그녀가 지하디스트를 어떻게 생각하는지에만 관심이 있었다. 나는 마치 프랑스 여론조사협회의 설문조사를 받는 듯한 느낌이 들었다. 그리고 지금까지 많은 보도 자료를 통해 위험한 지역에 대해 알고 있었기 때문에 멜로디가 하는 질문은 실속 있는 것이 될 수밖에 없었다.

"이스라엘이 팔레스타인 아이들에게 무슨 짓을 하는지 들어서 알고 있어. 엄청 잔인한 동영상도 몇 개 봤는데 거기서는 죽은 아기들을 보여줬어. 나도 페이스북으로 지하드와 시리아로 떠난 형제들을 찾아봤다고. 무자히딘 중에는 좋은 일을 하는 사람도 있지만 나쁜 짓을 하는 사람도 있더라. 그래서 난 이제 어떻게 해야 할지 정말 모르겠어……."

"좋은 것만 생각해! 나도 아주 유명한 무자히딘이야. 그런대로 이름이 있다고! 이슬람에 심취한 지는 꽤 오래됐어. 그리고 말해줄 게 있는데, 난 내가 좋아하는 사람들에게는 아주 다정하고 부드럽게 대하지만 믿음이 없는 사람에게는 굉장히 엄격하고 냉정해. 부디 너는 그런 사람이 아니었으면 좋겠어."

"내가 왜? 나는 이미 개종했는데……."

"그래. 그건 정말 잘했어. 그런데 그게 다가 아니야……. 하루에 다섯 번씩 기도를 하고 라마단 금식을 지키는 것으로 끝이 아니야. 좋은 이슬람교도가 되려면 예언이 말하는 대로 샴[7]으로 가서 신의 뜻을 따라야지."

"그렇지만 나는 내 가족과 등지면서 모든 것을 버릴 수는 없어……."

"어떻게 그런 말을 하니? 내 느낌인데, 너도 당연히 자본주의자겠지?"

멜로디는 아직 모르는 게 많았다. 자본주의가 뭐지? 그리고 그게 가족과 무슨 상관이지? 멜로디는 빌렐이 도대체 무슨 말을 하고 싶어하는지 이해하지 못했다. 잠시 후에 빌렐은 그녀에게 신이 정한 율법에 따라야 한다고 말한다.(샤리아, 즉 이슬람 율법은 소수의 나라에서만 적용된다.) 그리고 그녀가 태어나고 자란 소비주의 사회에 등을 돌려야 한다고 말했다. 빌렐은 단호했다. 멜로디는 자신이 사는 국가의 법에 순응하면 안 된다. 샤리아가 아닌 지금까지 멜로디가 살아왔던 나라의 법은 급진적인 이슬람교의 모습을 띠기 때문이다. 빌렐이 신봉하는 것은 '순수한' 이슬람교다. 멜로디는 빌렐이 무슨 말을 하는지 알아듣지 못했다. 그녀는 금세 밑천이 바닥났다. 빌렐의 소비사회 비

---

7 레반트를 가리킴.

판에 뭐라고 한마디도 하지 못했다. 그도 그럴 것이 거울에 비친 내 모습을 바라보니 나는 레이 밴 선글라스에 나이키에서 나온 신상 신발을 신고 있었다.

"자본주의자라. 그거 혹시 균형과 조화를 이루기 위해 서로 주고받는 뭐 그런 사람들을 말하는 건가? ㅋㅋ"

"자본주의는 말이야, 베이비. 그건 사회에 암 같은 존재야. 네가 텔레비전으로 MTV를 보면서 스니커즈 초코바를 먹는다든가, 가수 부바의 앨범을 산다든지 풋라커 매장의 진열장을 기웃거리며 침 흘리는 뭐 그런 것들 있잖아. 요즘에도 우리 같은 사람들이 매일매일 하루에 열 명도 넘게 죽어가고 있어. 우리가 바라는 것은 단순히 우리만의 우리만을 위한 국가에서 행복하게 사는 거야. 그게 바로 IS지. 우리가 목숨을 담보로 살고 있는 동안 너희는 그저 하찮은 고민거리를 붙들고 하루하루를 낭비하지. 신앙을 갖는다는 것은 모든 것에 가치를 부여하기 위해 싸우는 것을 뜻해. 그래서 좀 문제가 되긴 해. 왜냐하면 멜로디 너는 아주 아름다운 영혼을 가지고 있거든. 그런데 그런 네가 계속 이도교들 사이에 있다가는 언젠가 지옥으로 떨어질 거야. 약육강식의 세상이잖아. 무슨 말인지 알겠어?"

이제는 마르크스까지 들먹이는군……. 그는 정말로 독일 철학자의 사상을 이해하는 것일까? 아니면 단순히 남이 한 말을 듣고 따라 하는 걸까? 갑자기 기톤이 생각났다. 머리부터 발끝까지 라코스테를 입는 IS의 '보도 담당관'. 멜로디는 빌렐이 예언한 '비신자들'의 최후를 듣고는 섬뜩했다. 그가 묘사한 서구사회의 일상이 그녀를 절망감

에 몰아넣었다. 시리아인들의 불안정한 운명에 비하면 빌렐의 고통은
어느 정도일까? 빌렐도 고통스러워할까? 나는 차라리 그의 신앙보다
두려움이 컸으면 좋겠다고 생각했다. 빌렐은 멜로디의 내면에 도사리
고 있던 의구심을 싹트게 했다. 또한 일말의 죄책감도 들었다.

빌렐은 악마다. 나는 그의 프로필 사진을 들여다보았다. 그는 잘
생긴 편이었다. 맞춤법이 엉망인 것과 거친 말투가 그의 이미지를 좀
깎아먹고 있긴 하지만. 그의 내면에 어떻게 이처럼 위험하고 극단적
인 부분이 숨어 있었을까? 일부 지하디스트의 부모들은 이런 신병
모집을 막연히 이슬람에 입교시키는 것 정도로 생각한다. 이것에 대
해서는 할 말이 있다. 빌렐이라는 이 영적 지도자는 멜로디에게 전쟁
을 예언자의 이름으로 실행하는 신성한 임무라고 소개했다. 사실 그
예언자의 이름도 이번에 겨우 알게 된 것이다. 나는 방금 전에 피웠
는데도 다시 담배에 불을 붙여 문다.

"그러니까 네 이야기는 만약 내가 샴에 가지 않으면 평생 천국이
라는 것은 모르고 살아가는 나쁜 이슬람이 될 거라는 거야?"

"그래 바로 그거야……. 그렇지만 너는 아직 아무것도 잃은 게 없
어. 내가 도와줄게. 내가 네 보호자가 돼줄게. 하나만 물어봐도 돼?"

그리고 그는 오랜만에 다시 미소 짓는 이모티콘을 보낸다. 멜로디
는 결국 시리아와 지옥 가운데 선택을 해야 하는 것이다. 빌렐이 묘
사한 시리아에는 지옥 같은 것은 없었다. 거기에는 한 지하디스트가
장식용 천을 짜고 있는 모습뿐이었다.

"내가 네 프로필을 살펴봤는데 사진은 딱 한 장뿐이더라. 그게 혹

45

시 너야?"

젠장! 그 사진에 대해서 완전히 잊어버리고 있었다. 6년 전 페이스북에 처음으로 멜로디의 계정을 만들 때만 해도 극단주의 이슬람 여자들이 자신의 얼굴을 남에게 보여줄 수 있었다. 그렇지만 요즘의 극단적인 이슬람들은 그들 부인의 사회생활을 통해 생긴 인맥을 인정하지 않음은 물론이거니와 아예 다른 사람들에게 노출시키는 것 자체를 꺼린다. 그런데 나는 예전 프로필 사진이었던 금발에 계란형 얼굴의 여자아이 사진을 삭제한다는 것을 깜빡 잊어버렸던 것이다.

허를 찔린 나는 즉흥적으로 생각해낸 말들로 둘러댔다.

"그건 내 친언니 사진이야! 우리 언니는 개종하지 않아서 얼굴을 가리지 않아. 나는 아니고."

"깜짝 놀랐네. 마샬라! 누구한테든 네 모습을 보여주면 안 돼! 품위 있는 여자는 자신의 남편에게만 모습을 드러내지. 그런데 멜로디 넌 몇 살이야?"

나는 갑자기 소아성애자와 대화하는 것 같은 아주 불편한 느낌이 들었다. 일단 그의 반응을 떠볼 셈으로 멜로디가 아직 미성년자라고 말하고 싶었다. 그러나 혹시 스카이프로 얼굴을 맞대고 이야기해야 할 상황이 올 수도 있으니 그건 안 될 것 같았다. 나는 이미 서른을 훌쩍 넘겼으니까. 그리고 만약 내가 실제 나이보다 훨씬 동안이라고 하더라도 사춘기 여자로 봐주기에는 무리였다.

"이제 곧 스무 살이야."

46   "다른 질문도 해도 될까?"

내가 보기에 그에게 멜로디의 나이는 상관없어 보였다. 그렇지만 혹시 멜로디가 열다섯 살이라고 했어도 이렇게 대했을까?

시리아는 이제 자정이다. 프랑스는 밤 11시. 내 말보로 담뱃갑을 들여다보니 비어 있다. 나 역시 지쳤다. 이제 다음 질문을 끝으로 오늘은 여기까지 해야겠다.

"너 구혼자는 있니?"

뭐지? 대화는 내가 의심하던 방향으로 흘러가고 있었다. 멜로디는 길게 말하지 않기로 한다.

"아니, 없어. 그런데 남자랑 이런 이야기하는 거 조금 불편해. 이런 대화는 하람haram[8]이야. 우리 엄마가 곧 일 마치고 돌아오시거든. 이제 슬슬 코란을 침대에 숨기러 가봐야 돼."

"곧 아무것도 감추지 않아도 될 날이 올 거야. 알라! 이것만 말해줘. 내가 너의 구혼자가 되어도 괜찮을까?"

"그렇지만 너는 나를 모르잖아……."

"그래서, 안 돼?"

"내가 네 마음에 들지 않으면 어떡해."

"너는 정말 부드럽고 따뜻한 애야. 나는 그 이상 바라는 게 없어. 너와는 어떤 좋은 느낌이 있어. 그리고 앞으로 너를 기다리고 있는 미래와 함께 잘 살 수 있도록 내가 도와줄게. 네가 기도를 숨어서 해야 한다는 걸 생각하면 가슴이 아파. 나는 샤리아가 존중받을 수 있

---

8 금기, 터부.

도록 매일같이 싸우고 있어."

갑자기 분노가 치밀었다. 지금 나를 이렇게까지 혼란스럽게 하는 것은 그가 나의 구혼자가 되어주겠다고 해서가 아니라 그가 종교를 무슨 도구처럼 대하기 때문이다. 물론 이것은 내 생각이지만, 이슬람은 귀족적인 종교로서 이에 충성스러운 사람들이 느끼는 연대감은 남다르다. 나는 불가지론자로서 이처럼 세계적으로 알려진 공동체를 존중한다. 앙드레 말로는 당대에 이렇게 내다보았다. "21세기에는 종교인이거나 종교인이 아닌 사람으로 나뉠 것이다." 이 말은 여기저기서 자주 인용되었다. 말로는 '성숙한' 감정과 신의 영성을 언급했다. 빌렐은 이 학설을 다른 식으로 해석하는 것 같다. 여자들은 항상 몸과 얼굴을 가리고 있어야 하고 열네 살이 되면 결혼을 해야 한다는 식으로 말이다. 이슬람의 율법이 가끔은 잔인하고 편협하기 그지없다. 간통을 한 여자는 돌로 쳐 죽이지만 만약 남편이 같은 잘못을 저지른다면 그는 그저 벌금만 내고 끝날 뿐이다. 도둑질한 사람은 손을 자른다. 다에시는 이런 것들을 레반트 지역을 기점으로 전 세계에 전파하려는 것이다.

빌렐은 마치 교사라도 되는 듯 나를 가르치려고 한다. 샤리아를 지키려면 멜로디는 그 누구에게도 손이든 어디든 신체의 단 1센티미터라도 보여주어서는 안 된다. 얼굴만 조금 내놓는 베일만으로는 충분하지 못하다. 부르카를 입어야 하고 베일은 두 장을 겹쳐 써야 할 것이다. 그의 설교가 길어질수록 나는 짜증이 났다. 이제 그만할 때가 된 것이다.

48

"우리 엄마는 혼자서 나와 언니를 키웠어. 우리를 부족함 없이 키우려고 하루에 두 군데서 일하셨지. 내가 개종하는 것을 비밀로 한 이유는 우리 엄마 때문이 아니야. 엄마는 내가 원하는 종교를 반대하지는 않을 거라고 생각해."

"당연히 네 어머니는 좋은 분이겠지. 잠시 길을 잘못 든 것뿐이지. 네 어머니도 하루빨리 좋은 길로 인도했으면 좋겠다. 단 하나밖에 없는 알라의 길로 말이야."

내 눈에는 그의 편협한 정신세계와 그릇된 신앙심 모두 모순적으로 보였다. 그의 견해는 상식이 조금 부족해 보이기는 하지만 대체로 일관적이었다. 멜로디의 이런저런 질문에 그는 진부하기 짝이 없는 작위적인 대답을 했다. 모든 해답은 이슬람교에 있다. 다에시가 격찬하는 중세시대 이슬람의 모습, 그 유서 깊은 독단적인 사상들 말이다. 이제는 정말 이 긴 대화를 끝내야 할 것 같았다. 멜로디는 다시 한번 자러 가야 한다고 말한다. 그러자 빌렐은 좋은 꿈 꾸라며 한마디 덧붙인다.

"잠깐만, 아직 자기 전에 너한테 물어볼 게 있어. 내가 너의 추종자가 되어도 될까?"

나는 페이스북 계정을 로그아웃 한다.

멜로디와 빌렐은 방금 약 두 시간 동안 120개가 넘는 메시지를 주고받았다. 나는 천천히 다시 한번 메시지들을 읽어본다. 밤이 깊었지만 아무래도 밀랑에게 전화를 해야겠다.

월요일

나는 평소와 다르게 아침 일찍 눈을 떴다. 눈을 뜨자마자 신문을 펼쳐 자주 보는 면의 기사를 읽는다. 이번 주말에 나는 편집장 중 한 명이 감정이 아주 풍부하다는 사실을 알았다. 그 역시 인터넷상에서 극단적으로 움직이고 있는 IS의 동태를 주시하고 있었다. 24시간 전 그에게 메일로 빌렐의 동영상을 보내주었다. 그는 내가 빌렐과 너무 쉽게 접촉한 것에 놀라워했다. 나와 마찬가지로 그는 이것이 어쩌면 인터넷에서 활개치고 있는 지하드의 신병 모집 실상을 보도할 유일한 기회라는 것을 단번에 알아차린 듯했다. 그러나 그는 나에게 위험할 수도 있으니 경계를 늦추지 말고 조심하라고 했다. 그리고 다음 프로젝트에 관해 설명해주었다. 앙드레라는 사진 기자를 내게 붙여주었는데 그는 나와 친한 사이였다. 그는 사진을 찍고 직접 기사도 썼다. 우리는 몇 년 전부터 함께 일해왔다. 우리는 감탄스러울 정도로 호흡이 잘 맞았고, 강력한 팀워크를 발휘했다. 나는 이제 빌렐에게 스카이프에서 만나자고 아주 호의적으로 답변할 것이다. 앙드레는 내가 교섭 상대와 화상채팅을 하는 동안 동영상을 녹화해줄 것이다. 나 안 나와 함께 앙드레는 빌렐이 멜로디에게 펼치는 쇼의 목격자가 될 것이다. 순간 나는 내가 멍청한 짓을 하고 있다는 생각이 들었다. 스스로를 실험 대상에 올려놓다니. 게다가 이 이야기의 주인공 중 한 명은 절반의 진실밖에 말하지 않을 것이다……. 이런 일이 처음이라 나는 몹시 긴장되고 떨렸다. 내가 빌렐을 마치 필요할 때마다 부를 수 있는 나쁜 요정 지니처럼 만들어놓는 것이 그를 이해하는 데 한층 더 수월할 것이다. 그리고 이제는 나 자신까지도 램프에 갇혀서 그의 지배 욕망을 이뤄줘야 하는 것인가……. 그렇지만 당장 시급한 것은 이 위험한 상황에 대처할 방법이다. 멜로디가 되려면 어떻게 해야 할까. 우선 10년은 더 젊어져야 하는데. 베일도 하나 챙겨야 할 것이고, 내가 젊어 보이게 할 수 있는 물건이라면 그 어떤 것이든 당장 필요했다. 왕년에 잘나가는 리포터였던 또 다른 편집장이 나에게 히잡[9]과 젤라바북아프리카 혹은 아랍 국가에서 입는 두건과 긴 소매가 달린 외투 같이 생긴 검은 원피스를 빌려주었다. 빌렐은 아주 극단적인 이슬람이니 혹시나 멜로디가 살을 조금이라도 보인다면 말 한마디 하지 않을 것이다. 그는 서른여덟 살이고, 그의 욕망은 젊은 지하디스트와는 다를 것이다. 오히려 그편이 낫다. 어찌되었든 그는 살인자인데 아무 때나 프랑스에 들어올 가능성도 있다. 그런 사람이 내 얼굴을 안다는 것은 결코 반갑지 않은 일이다.

같은 날 저녁 여섯 시쯤에 앙드레가 우리 집으로 왔다. 시리아는 여기보다 한 시간이 더 빠르다. 즉 우리에게는 앞으로 60분이라는 시간이 있었다. 빌렐과 싸움을 하기까지. 그리고 멜로디와 접촉하기까지. 우리는 카메라를 설치할 최적의 장소를 물색했다. 컴퓨터 모니터를 잘 투사할 수 있어야 하며 내 실루엣을 최대한 감출 수 있어야 했

---

9 히잡은 차도르와 비슷하지만 얼굴은 가리지 않는 베일의 일종이다. 얼굴까지 전부 가리는 것은 니캅이나 부르카라고 한다.

다. 모든 것이 일사천리로 이뤄졌다. 무엇보다도 우리 두 사람의 안전이 우선이었다. 앙드레가 거실에서 공들여 설치 작업을 하는 동안 나는 멜로디로 변신하기 위해 입고 있던 청바지와 스웨터 위에 젤라바를 겹쳐 입었다. 검은색의 젤라바는 나에게 꽤 잘 어울렸다. 허리 부분에는 실크로 된 작은 리본이 있었다. 젤라바가 너무 길어서 바닥을 쓸었다. 나는 휴대폰으로 길어서 질질 끌리는 젤라바 사진을 찍었다. 젤라바가 내 후줄근한 컨버스 신발을 가려주었다. 누가 보면 내가 정말 스무 살인 줄 알 것이다. 그러나 베일을 어떻게 쓰는지 몰라 끙끙대는 모습은 내가 봐도 아주 우스꽝스러웠다. 방으로 들어오던 앙드레는 나를 보고 웃음을 터뜨렸다. "이마 쪽으로 더 끌어당겨서 써야 돼." 그가 녹화되는 비디오를 확인하면서 나를 놀려댔다. 그리고 머리카락을 한 올도 빠짐없이 올려 히잡을 제대로 쓸 수 있게 도와주었다. 나도 일전에 다른 취재 때문에 부르카를 입은 적은 있었지만 가끔 얼굴을 가린 여인들이 묘사하듯 이렇게 숨 막힐 듯한 느낌이 드는 것은 처음이었다. 그 여자들은 사람들이 쳐다보는 시선을 느낄 때면 정말이지 가슴이 짓눌린 듯 숨이 막힐 것 같다고 말했다. 그렇지만 옷만 놓고 봤을 때는 전혀 불편하지 않았다. 어쨌든 내가 히잡을 입은 것은 처음이었다. 나는 갑자기 어린 시절 방한모를 썼던 무시무시한 기억이 되살아났다! 부모님이 억지로 씌워준 그 고문 같았던 방한모는 결코 좋은 기억이 아니었다. 다섯 살 무렵 나는 피부가 약해서 자주 긁어대는 바람에 하루도 얼굴 성할 날이 없었다. 앙드레의 비웃음에도 이 우스운 상황은 정리되지 않았다. 나는 손에서 반지들을 뺐다. 아무래도 빌렐은 이런 자질구레한 장신구를 좋아하지 않을 거라는 생각이 들었다. 그리고 내가 진짜 멜로디가 되려면 독특한 특징은 지워버려야 했다. 큼직하고 눈에 잘 띄는 반지는 멜로디의 이미지와 맞지 않았다. 팔꿈치에 했던 작은 문신은 파운데이션을 발라 감췄다. 손톱에 칠한 새빨간 매니큐어를 지우려면 아세톤을 사야 한다고 오늘 하루 종일 생각했는데 잊어버렸다. 어쩔 수 없지. 만약 전쟁에 익숙한 군인이 이런 사소한 것까지 눈치 챈다면 그저 생각나는 대로 둘러대는 수밖에.

시간이 얼마 남지 않았다. 앙드레는 나에게 쓸데없이 이것저것 참견하며 긴장을 풀어주려고 애썼다. 지금 내 속에 조바심과 흥분, 의심, 걱정이 한데 뒤섞여 있다는 것을 앙드레는 훤히 꿰뚫고 있었다. 아니다. 마지막 단어는 잘못 선택한 것 같다. 걱정되지는 않는다. 나는 이미 다른 테러리스트들과도 스카이프로 화상채팅을 해본 적이 있다. 그렇지만 이번에는 정말 많은 정보를 얻을 수 있을 것 같았고 또 한편으로는 멜로디가 그의 말도 안 되는 이야기들을 참을 수 있을지도 확실하지 않았다. 컴퓨터를 켜자마자 나는 아부 빌렐이 초조하게 멜로디를 기다리며 페이스북에 접속해 있다는 것을 확인했다.

"들어왔어?"

"스카이프에서 볼까?"

"멜로디?"

"여보세요? ㅋㅋ"

"멜로디???"

"미안, 살람 알레이쿰…… 여기 있어?"

월요일, 저녁 8시

드디어 준비가 거의 다 됐다. 나는 소파에 양반다리를 하고 앉아 있다. 소파 등받이가 높아 가려지는 부분이 많아서 빌렐은 이 아파트를 알아내지 못할 것이다. 3년 전 리비아에서 찍은 사진이 벽에 걸려 있는데, 상을 많이 받은 유명한 작품이다. 앙드레는 이 아름다운 사진도 벽에서 떼어냈다. 그는 지금 소파 뒤 카메라에 잡히지 않는 사각지대에 서 있다. 멜로디는 우선 빌렐과 채팅을 하면서 시간을 벌고 있다. 스마트폰으로는 이미 녹취 준비를 해놨다. 몇 시간 전 타박 ^{Tabac} 담배, 신문, 커피 등을 파는 프랑스 가게에 가서 선불 휴대전화도 구입했다. IS에는 갖은 방법의 해킹에 익숙한 방첩 전문가가 많이 있다. 빌렐이 내 전화번호를 모르는 편이 더 안전할 것 같다. 방금 멜로디가 빌렐의 전화번호를 받았다. 나는 멜로디의 이름으로 스카이프 계정까지 새로 만들어두었다. IP 주소를 교란시키는 방법을 알려주는 동영상도 유튜브에서 하나 찾아놓았다. 만일 일이 잘못돼도 빌렐이 날 찾을 방법은 전혀 없을 것이다.

전화가 울린다. 벨 소리가 마치 슬픔에 잠긴 도시에서 울리는 종소리 같다. 녹색의 통화 버튼을 누르는 순간부터 나는 멜로디가 된다. 숨을 길게 내쉰다. 드디어 빌렐이 보인다. 빌렐 역시 멜로디를 보고 있다. 우린 둘 다 잠시 아무 말도 않는다. 빌렐은 멜로디를 훑어본다. 역시 눈에는 검은색 아이라이너를 짙게 칠했다. 어린 멜로디를 사로잡기 위해서인지 빌렐의 눈빛은 거침없이 '이글'대고 있다. 빌렐을

55

마주하기까지 갖은 애를 써온 터라 내게 가장 중요한 건 빌렐이 어디 있느냐 하는 점이었다. 빌렐은 자동차 안에서 최신 스마트폰으로 멜로디에게 스카이프를 건 것이다. 대부분의 지역이 툭하면 물이며 전기가 끊기는 나라에서도 빌렐은 최신 기기를 사용하고 있다. 통화 연결 상태는 좋지만 지금 같은 상황에서는 계속 그럴 것이라고 확신할 수 없다. 빌렐의 말을 들어보면, 다에시는 테러조직이라기보다 NGO에 더 가까워 보인다. 그러나 지금 이 순간 내가 할 수 있는 말은 빌렐의 모습이 가난한 사람을 도우러 간 봉사자 같진 않다는 것이다. 하루 종일 전장에 나가 있었는데도 깔끔하고 단정한 모습이다. 떡 벌어진 어깨와 뾰족한 턱에서 자신감에 찬 모습이 보인다. 하지만 멜로디를 만나는 일 때문에 긴장한 게 느껴진다. 빌렐이 먼저 입을 떼면서 끝나지 않을 것 같던 이 긴 침묵의 시간도 끝이 났다.

"살람 알레이쿰, 멜로디."

15년을 골초로 산 나는 목소리를 작게 해서 최대한 부드럽고 맑은 소리를 냈다. 그러고는 미소를 지었다. 이 순간부터 나는 미소를 최고의 방패로 삼아 취재하는 동안 당황하는 모습을 감출 수 있을 것이다. 나는 다른 사람으로 위장하고는 왠지 이해심 많은 여자친구 연기를 잘해낼 수 있을 것 같은 기분이 든다. 하지만 앙드레가 찍어놓은 이 모습은 단 1초도 볼 수 없을 것 같다. 오늘 찍은 영상을 보니, 웃으면서 빌렐의 이야기에 감동하고 있는 그 모습 속에는 순진하고 순수한 멜로디가 보이지 않았다. 내가 아주 잘 아는 안나가 새까만 옷을 입고 소파 위에 앉아 있는 게 보이는데, 그 모습이 지금은 혐오스럽기만 하다. 웃고 있는 사람은 바로 나다. 멜로디는 가상의 인물이니 멜로디가 웃고 있는 게 아니다. 이런 식의 위장 취재를 수치스럽게 여겨야 하는 걸까? 나는 올곧은 사람이다. 화면 속 저 장면들이 비록 연기였다 하더라도 내 모습을 보고 있자니 구역질이 난다.

멜로디도 똑같이 예의 있게 대답한다. 하지만 앙드레 때문에 주의가 산만해져서 말을 제대로 마치지도 못했다. 앙드레는 카메라에 걸리지 않게 소파 쪽으로 뛰어들어서는 내게 중요한 신호를 보낸다. 내가 정신이 없는 나머지 빌렐에게 틀리게 대답했는데, 그걸 알려주고 있는 것이다. "살람 알레이쿰"이라고 하면 "말레이쿰 살람"(아랍식 인사)이라고 답해야 한다. 깜박하고는 초보적인 실수를 저지르고 만 것이다. 웃음이 났다. 앙드레라고 해도 별수 없었을 것이다! 하지만 빌렐이 멜로디가 하는 말 한마디 한마디를 놓치지 않으려는 듯 귀 기울이고 있어 아무 말도 할 수가 없었다. 아무리 빌렐이 시리아에 있고 나는 프랑스에 있다지만 우리는 몇 밀리미터 간격으로 얼굴을 마주하고 있다. 화면 말고 다른 데를 볼 수가 없다. 머릿속에는 연관도 없는 생각들이 떠올랐다. 캥거루마냥 뛰어다니는 앙드레를 무시하고 있는데, 빌렐의 첫 질문 앞에 목이 막혔다.

"별일은 없고?"

진심이란 말인가? 멜로디가 제일 친한 친구하고나 할 법한 평범한 일상 이야기를 빌렐이 듣고 싶어할 줄은 꿈에도 몰랐다. 나는 당황한 나머지 불쑥 이렇게 말해버렸다.

"별일이야 많지! 그런데 쑥스럽네. 너부터 말해봐……." **57**

"어떤 게 궁금한데?"

자신감 넘치는 미소를 지으며 빌렐은 힘찬 목소리로 묻는다.

빌렐이 미끼를 문 것이다. 빌렐한테 멜로디의 삶보다는 이 질문이 더 흥미로울 게 분명했으니……. 멜로디가 안됐긴 하지만, 나에게는 잘된 일이다. 빌렐이 의심해서 질문 공세라도 퍼부어대면 위장 취재가 탄로날 위험이 있으니 말이다. 다에시도 기자와 경찰이 가짜 신분으로 위장하는 경우가 많다는 걸 잘 알고 있다. 멜로디는 스무 살이고 아는 것도 딱 그 나이만큼이었다. 정치나 지정학 또는 신성한 전쟁 같은 것에 대해서는 아는 게 별로 없다. 멜로디는 놀란 얼굴로 말을 이어간다.

"시리아에 있는 무자히딘이랑 대화를 하고 있다니 말도 안 돼. 인터넷도 툴루즈에 있는 나보다 네가 더 편하게 하는 것 같네! 난 컴퓨터를 언니랑 같이 써야 하는데. 그리고 가끔은 엄마가 컴퓨터를 못 하게 하시거든. 그런데 너는 아예 차 안에 들어가서 하잖아. 부러워 죽겠어! 게다가 네 휴대전화가 내 것보다 최신형이야!"

이런 식으로 나는 이 배역을 연기하는 것 말고도 멜로디가 원한다면 빌렐을 교묘하게 피할 방법까지 마련해준다. 멜로디는 가족과 살고 있어 빌렐과 항상 통화할 순 없다는 걸 암시한 것이다.

"시리아는 멋진 곳이야! 모든 게 다 있어! 마샬라, 여긴 천국이야, 날 한번 믿어봐! 나 같은 알라의 전사에 대해 환상을 품고 있는 여자들이 많이 있어……."

"하지만 네가 말한 천국에선 사람들이 매일같이 죽어나가잖아……."

"그러니까 말이야……. 난 이 학살을 멈추기 위해서 싸우는 거야! 우리의 적이 악마라는 걸 네가 몰라서 그래. 그놈들은 불쌍한 시리아인들을 죽이고, 약탈을 해대지. 또 여자들을 범해. 우리는 적의 공격을 받으면서도 평화를 수호하려는 거야!"

"적이라면 시리아를 통치하는 사람을 말하는 거야?"

"그중에서도 특히 그렇다는 거지. 하지만 그뿐만이 아니야……."

빌렐은 바샤르 정부 외에도 알카에다의 하부 조직인 알-누스라 전선, 그리고 시리아인들과 이슬람을 믿지 않는 모든 사람을 적으로 지목했다. 이미 알라위파_{시아파의 한 분파} 독재 정부로부터 핍박받았던 사람들에게 테러조직은 왜곡된 규율을 강요했고 이를 따르지 않으면 다에시는 주저 없이 죽였다. 그런데 빌렐은 이 이야기를 길게 하고 싶어하지 않는 눈치였다. 먹잇감을 세뇌시키기 위한 전략상 자신이 매일같이 저지르는 피비린내 나는 폭력 이야기부터 꺼내는 건 적절치 않을 것이다. 특히나 멜로디가 신경 쓸 만한 이야기라면 길게 할 수는 없다. 다시 말해 자신보다 약한 사람을 공격하는 그런 이야기 말이다.

"너 정말 궁금한 게 많구나. 그런데 그 히잡은 항상 쓰고 다니는 거야?"라며 빌렐은 말을 잇는다.

내가 비밀리에 개종한 소녀들을 취재했을 때 그들 대부분이 했던 이야기를 멜로디가 그대로 읊는다.

"보통 아침에 써. 엄마한테 인사드리고, 집 앞에서 젤라바랑 히잡을 써."

59

"훌륭한걸. 대견스럽다. 용기 있는 행동이야. 넌 아름다운 영혼을 갖고 있어. 그리고 참 예쁘기도 하고……."

빌렐은 음흉한 눈빛으로 멜로디를 바라봤다. 멜로디는 바깥 풍경이 보고 싶다며 빌렐을 졸랐다. 빌렐은 자신이 알레프시리아의 도시 '알레포'의 프랑스어 식 표기에 있다고 했다. 사실 빌렐은 다에시의 사령부인 라카에서 몇 킬로 떨어진 곳에 있어야 한다. 그곳은 테러조직이 시민들을 무자비하게 진압한 후 자신들만의 엄격한 법과 정책을 갖고 말 그대로 나라를 세운 최초의 도시다.

"예언자 무함마드가 말씀하시길, 품위 있는 여자를 선택해야 한다고 했어. 품위가 바로 그 사람의 아름다움을 뜻하니까. 하지만 이 둘을 다 갖춘 여자라면……"이라며 빌렐은 말을 덧붙였다.

빌렐은 입술을 깨물면서 어렴풋하게 조금 보이는 나를 뚫어져라 쳐다본다. 나는 미소를 짓는다. 멜로디의 성화에 못 이겨 빌렐은 차에서 내려 참담한 시리아의 풍경을 스마트폰에 담아 보여준다. 거리에는 아무도 없다. 지금 그곳은 저녁 9시쯤 됐을 것이다. 아무런 소리도 나지 않는다. 갑자기 굵은 남자의 목소리에 이 음산한 침묵이 깨진다. 빌렐은 다급한 목소리로 내게 말한다.

"아무 말도 하지 말고 있어! 누가 널 보거나 네 소리를 들어서는 안 돼! 넌 나의 순수한 보물이야. 알겠지? 무슨 말인지 알지? 내 말 이해한 거지?"

멜로디는 대답했다. 다른 말이 떨어질 때까지는 입 밖으로 아무런 소리도 내지 않았다. 그 덕분에 나는 대화를 엿들을 수 있었다. 두 명의 다른 남자 목소리가 들린다. 아랍어로 서로 인사를 하고는 곧바로 프랑스어로 말하는데 프랑스어가 모국어인 듯했다. 이들은 "그들을 학살"한 것에 대해 축하하면서 크게 웃고 있다. 이 중 한 명이 물었다.

"살람 알레이쿰. 여긴 무슨 일 없지? 더 할 일이 있는 거야?"

"동정을 살피고 있었어. 감시하면서 말이야……. 여기야 평온하니 별일 없지 뭐! 알다시피 수색을 끝낸 지역이잖아."

말을 미처 다 마치기도 전에 그의 얼굴에 냉소가 드러난다. 얼핏 본 것이지만, 분명 냉소를 띠고 있었다. 빌렐이 말한 '수색'이란, 이 테러조직이 그 지역을 침략했다는 뜻이다. 아스팔트에 보이는 마른 핏자국 역시 이를 증명해주고 있다. 검은 바탕에 흰색으로 다에시라고 적혀 있는 깃발이 멀리서 나부낀다. 이런저런 욕지거리가 섞인 대화 속에 "미국서 오는 화물"과 "초콜릿"을 애타게 기다리고 있던 말이 들렸다……. 나와 앙드레는 의미심장한 눈빛을 주고받았다. 빌렐과 이야기하고 있는 사람들은 빌렐에게 꽤나 존경심을 표하고 있는 듯했고 빌렐을 잔뜩 치켜세웠다. 이렇다 할 결론을 내리기엔 너무 짧은 대화였지만, 빌렐에게 예의를 갖춰 말하는 걸 보니 내 "정보원"이 그들보다 퍽 높은 지위에 있는 건 분명했다. 1분 뒤 빌렐은 두 명의 동료에게 인사를 건네고는 자신을 기다리고 있는 멜로디 때문에 조급하게 다시 전화기를 든다.

"아, 거기 있구나! 여전히 아름답네……."

"누구하고 이야기한 거야?"

"전사들인데 나한테 인사하러 온 거야."

61

"아, 너한테 보고하는 거 같더라. 잘난 척하기 싫어하는 거 알지만, 네가 대장이나 뭐 그런 사람인가 해서……."

"맞아. 마음에 들진 않지만, 존경을 많이 받고 있지."

"왜? 네가 에미르야?"

빌렐은 겸손한 척한다.

"너도 알다시피 내가…… 그런데 별로 자랑하고 싶진 않아. 너와 나만 아는 걸로 하자. 우린 다 같은 목적을 위해 여기에 있는 거야."

"굉장히 단호해 보여. 무슨 일 하는지 물어봐도 괜찮을까?"

"사람을 죽이지."

"사람을 죽이는 일을 한다고? 그게 정말이야?"

"그렇긴 하지! 네가 어떻게 생각하는지 몰라도 난 열심히 일하고 있어! 여긴 클럽 메드Club Med 프랑스의 글로벌 리조트 기업으로, 종합 휴양 서비스를 제공 및 판매함가 아니야!"

"이슬람을 믿지 않는 사람들을 죽이는 거야?"

"응. 배신자들. 그리고 이슬람이 이 세계를 통치하는 걸 방해하는 자 모두."

"왜, 나중에 세계를 정복하러 떠날 거야?"

"우리의 지도자인 아부 바크르 알 바그다디는 국경을 모두 없애고 있어. 시간이 걸리겠지만, 조만간 전 세계는 하나의 거대한 무슬림 땅이 될 거야."

"만일 사람들이 원치 않는다면?"

"뭐, 처리해야지. 그러면 다 해결돼……."

"처리한다고? 네가 모두 죽인다는 말이야?"

"나와 내 형제들이 함께 말이야. 나 혼자서는 할 수 없어! 마샬라."

"라카 점령 때는 너도 당연히 그 자리에 있었겠네……. IS 사진이 여기저기 많이 돌아다니거든."

2013년 3월 라카 전투는 그동안 다에시가 벌인 것 중에 가장 많은 희생자를 낸 전투였다. 그로써 다에시의 막강한 전투력이 증명된 셈이었다. 마을 곳곳에 나부끼는 다에시 깃발 외에도 적들의 잘린 목이 창에 꽂힌 채 도시의 큰 광장에 걸려 있었다. 목이 잘려나간 시체 사진들은 선전 도구로 쓰이며 전 세계로 퍼져나갔다. 멜로디도 트위터에 돌아다니는 이 사진을 보았다. 나는 감정을 절제하며 최대한 많은 질문을 이어가야 한다. 빌렐의 광기에 대해서는 나중에 생각해야겠다.

"너 정말 재밌는 애구나! 당연히 거기 있었지. 몽땅 폭파시켜버렸는걸! 얼마나 멋졌는데……. 내가 사진 보내줄게."

빌렐은 정말 사진을 보낼 것이다. 그 역겨운 기억이 빌렐에게는 더할 나위 없는 기쁨일 테니 그로서는 숨기고 싶지 않은 것이다. 그러나 내 예상과 달리 빌렐은 말을 이어간다.

"그런 이야기가 중요한 게 아니야. 나한테 계속 질문만 하는데, 네 이야기 좀 해봐!"

"조금만 더 말해줘. 먼저 나쁜 사람들을 죽이는 건 세상을 정화하기 위한 거랬잖아. 그런데 몸은 왜 자르는 거야? 고귀한 명분 때문이라면 무슨 이유로 그런 야만적인 모습을 보여주는 건데?"

"사실 우리[10]는 어떤 지역을 점령하면 사람들을 모두 죽여. 그런데 각자가 맡은 역할이 있어. 자랑하는 건 아니지만, 예를 들어 나는 매우 중요한 자리에 있으니까 일이 어떻게 돌아가는지 감독하지. 명령도 내리고 말이야. 그리고 쿠파르를 모두 죽이면, 에미르는 그 시체들을 어떻게 처리할지 정하게 되어 있어."

"무슨 말이야?"

"너도 비디오랑 사진들 봤다고 했지? 예를 들어 라카 전투 때에는 에미르가 시체 머리를 자르라고 시킨 거지. 자자, 이제 그만 네 이야기 좀 해봐!"

"그래, 그런데 내가 정말 숫기가 없거든! 먼저 그 차 좀 구경시켜줘. 거기 뭐가 많이 있을 거 같은데!"

빌렐은 멜로디가 마치 자신의 약혼녀라도 된 양 자신을 띄워주는 질문을 할 때면 우쭐해져서 그 말을 들어주었다. 뒷좌석에 널려 있는 잡다한 물건들 사이로 삐져나온 작은 사이즈의 하얀 경기관총을 보고 멜로디는 예쁘다고 했다. 빌렐은 그 총을 잡더니 멜로디에게 주겠다고 한다.

"너도 이런 걸 좋아하는구나! 여자들은 이 모델이 사용하기 편하다고 좋아하더라고! 무기 같은 거에 관심이 많아? 내가 다 줄게. 그리고 칼라시니코프 자동소총도 줄게!"라며 빌렐이 웃는다.

너무 끔찍한 건 이 순간 그의 얼굴에서 진심을 보았다는 것이다.

"우선 총에 대해서 많이 배우고 싶어. 하지만 그게 종교랑 상관

10 관련된 각각의 부대. 여기서는 다에시의 부대를 가리킨다.

있어?"

"너를 알라께 이끌어준 사람이 누구야?"

담배가 피우고 싶어 죽을 것 같다. 머릿속이 온통 담배 생각뿐이다. 멜로디는 실제로 존재하지 않지만, 몇 년 전부터 존재해온 인물이다. 페이스북 프로필에도 이름만 적혀 있다. 그날 아침만 해도 내가 빌렐을 위해서 극도로 예민하며 방황하는 영혼의 이야기를 급조하게 될 줄은 상상도 못 했다. "진짜" 삶 이야기를 만들어 빌렐에게 이야기해줄 시간이 없었다. 히잡 때문에 간지러웠고, 평소 몸동작이 크기로 유명한 앙드레가 말 그대로 넋을 놓고 있는 모습이 자꾸만 눈에 들어왔다. 멜로디는 당황한 나머지 이렇게 중얼거렸다.

"내가 아주 어릴 때 아버지께서 돌아가셨어. 엄마가 힘에 부치실 때면 삼촌들이 나를 많이 돌봐주셨어. 사촌 중에 무슬림이 있는데, 종교를 통해서 마음의 평화를 찾았다는 이야기에 마음이 끌렸어. 그 사촌 덕분에 알라께 이르게 된 거야."

"네가 샴에 오고 싶어하는 걸 네 사촌도 알아?"

빌렐은 또다시 모든 게 다 정해졌다는 전제를 깔고 말을 했다. 멜로디가 조만간 시리아에 올 거라는 전제 말이다.

"갈 수 있을지 잘 모르겠어……."

"멜로디, 잘 들어……. 사람들을 모집하는 게 내 임무 중 하나야. 난 이 일에 굉장히 소질 있어. 날 믿어도 좋아. 여기 사람들이 잘 대해줄 거야. 넌 중요한 사람이야. 또 만약 네가 나와 결혼해준다면, 널 여왕처럼 모실 거야."

65

월요일 저녁 9시 30분

결혼이라고?! 숨이 멎는 것 같아 반사적으로 스카이프를 꺼버렸다. 나는 히잡을 목에 건 채 나만큼이나 얼이 빠져 있는 앙드레 쪽으로 몸을 돌렸다. 우리는 서로 마주 보고 계속 "이런 젠장!"이라고 외쳐댔다. 여기서 모든 걸 멈출 수 있고, 그러면 오늘 저녁에 있었던 일은 우리가 그동안 겪었던 수많은 일처럼 하나의 일화로 기억될 뿐이라는 걸 알고 있다. 하지만 물론, 우리는 그렇게 하지 않을 것이다. 더 파헤쳐 보고 싶었다. 조사를 한다는 것은 원래 무언가를 더 캐내기 위해서이지 않은가. 만일 빌렐과 얼굴을 마주한 상황에서 청혼을 받았다면 뒤도 돌아보지 않고 줄행랑을 쳤을 것이다. 하지만 지금 우리 사이에는 모니터가 있다. 상대적으로 생각해야 한다. 앙드레가 화를 낸다.

"이런 미친……! 지금 너랑 결혼하고 싶다고?" 마치 빌렐의 면전에 대고 쏘아붙이듯 내게 소리를 질러댄다.

IS의 선전 전략을 익히 알고는 있었지만 앙드레로서도 갑자기 형용할 수 없는 무언가가 공포 뒤에 도사리고 있음을 깨닫게 된 것이다. 열세 살짜리 쌍둥이를 둔 아빠 입장에서 어린아이들이 테러조직에 가담하는 걸 보고 있자니 마음이 편치 않을 것이다. 앙드레의 아버지는 알제리 카빌리 출신이고 어머니는 스페인 출신이며, 앙드레 자신은 프랑스에서 태어났다. 종교가 있긴 하지만 정말 이루고 싶은 소원이 있어서 촛불을 켜려고 기적의 메달 성당을 찾는 것 말고는 성당에 나가지 않는다. 단순히 종교를 갖고 있을 뿐이다. 앙드레는 빌렐 같은 카이드Caïd 두목, 대장을 뜻한다를 어릴 적부터 알고 있었다. 그때만 해도 자질구레한 범죄에 대해서는 눈감아주던 시절이었다. 마음속으로 다에시가 강요하는 리더십 따윈 대수롭지 않게 여겼다. 빌렐에게는 어떻게 답해야 할까? 앙드레는 지금 당장 말하지 말라고 했다. 멜로디는 결혼하지 않은 몸이니 시리아로 혼자 떠나고 싶어하지 않는다고 설명하라며 조언해줬다. 만일 멜로디가 시리아에 간다면 말이다.

빌렐에게서 다시 전화가 온다. 나는 앙드레가 내민 담배를 미친 듯이 빨아댔다. 마치 앙드레는 젖이라도 물리듯 담배를 내밀고 있다. 다에시는 흡연과 음주를 금기시하고 있으며 이를 어기면 엄격하게 처벌한다. 전화를 받은 멜로디는 인터넷 연결이 끊겼다는 핑계를 댄다. 그러고는 곧장 앙드레가 일러준 대로 말한다. 멜로디는 또, 만일 시리아에 가게 되면 자신의 사촌이랑 같이 갈 거란 말을 덧붙인다. 정숙한 여자는 혼자 다니지 않는 법이며, 멜로디의 사촌도 그 명분을 위해 돕고 싶어할 거라고 둘러댔다. 하지만 빌렐은 멜로디의 말이 마음에 들지 않았다.

"정 원한다면. 그런데 이유를 모르겠네. 굳이 네 사촌이랑 같이 올 것까진 없어. 매주 수십 명의 소녀가 혼자 오고 있는데 말이야……. 넌 내가 생각한 것보다 용기가 없나보구나."

스무 살 때는 누구나 자신이 얼마나 용감하고 열정적인지를 어필하려 한다. 그래서 멜로디도 그렇게 했다.

"내가 용기가 없다고? 넌 내가 어떻게 살았는지 몰라서 그런 말을 **67**

하는 거야! 지하드를 위해 떠나야만 한다면, 우선 내가 갖고 있는 몇 가지 의문점을 풀어야겠어. 그리고 내 사촌이랑 함께 갈 거야. 만일 내가 투쟁을 해야 한다면 그 이유도 알고 싶어."

"아, 우리 아기가 어떻게 살았기에 이러는 걸까? 만약 네 사촌이 진정한 무슬림[11]이면, 너도 그걸 알았겠지……. 하지만 네가 정말 그 사촌이랑 오고 싶다면, 마음대로 해."

빌렐은 난색을 표한다. 수많은 무자히딘에게서 "알라의 길로 사람들을 이끄는 것"이 죽은 뒤 천국으로 갈 수 있는 고귀한 방법이라는 이야기를 들은 나로서는 빌렐의 말을 이해할 수가 없었다.

"내 사촌을 믿지 못하는 거야? 아니면 내가 혼자 오길 바라는 거야?"

"너 좋을 대로 해. 하지만 헤지라를 하고 싶어하는 여자친구들은 없어?"

드디어 시작했군. 이제 빌렐은 멜로디가 만일 10대 소녀를 한 트럭 데리고 간다 해도 자신은 언짢아하지 않으리라는 걸 멜로디에게 확인시켜줄 것이다. 빌렐의 수법을 확인하게 된다는 생각에 나는 신이 났다. 앙드레는 분노를 참지 못하고 식식거린다.

"잘 모르겠네, 내가 워낙 조용히 종교생활을 해서 별로 아는 사람이 없어. 내가 남자랑 가든 여자랑 가든 뭐가 달라지는데?"

"아니. 내 말은, 유럽에서는 여자들이 좋은 대접도 못 받고 물건 취

68　11 이슬람 율법인 샤리아에 따라 생활하는 신앙심이 깊은 신자.

급을 당하잖아.(빌렐은 한숨을 쉬었다.) 유럽 남자들은 여자를 트로피마냥 팔에 끼고 다닌다고. 최대한 많은 사람이 다에시에 참여해야 하지만, 우선은 여자들처럼 가장 대우를 못 받는 사람들부터 와야지."

빌렐은 내가 대답할 틈도 주지 않고 말했다.

"멜로디, 대답해줘…… 내 아내가 되어줄 거야? 내가 청혼한 것 들었지? 멜로디? 나랑 결혼하고 싶어?"

"그러니까…… 난…… 결혼이란 여기서 이렇게 성급하게 말하기엔 정말 아름답고 개인적인 거라고 생각해."

앙드레 앞에서 이런 말을 듣고 있으려니 거북해서 미칠 것 같았다. 나를 여동생처럼 여기고 내 남자친구까지 아는 앙드레 앞에서 이 정신 나간 남자가 하는 말에 아양을 떨어야 하다니. 중요한 증거를 잡자고 말이다. 나는 비디오를 꺼버렸다. 빌렐은 멜로디와 대화를 계속할 수 있지만, 음성으로만 가능하다.[12] 방에 있는 것처럼 보이기 위해 화면에 바짝 얼굴을 들이대고 있는데 이 상태로는 더 있을 수가 없었다. 나는 다른 이야기로 화제를 돌렸다.

"내 친구 중에 야스민이 무슬림인데 툴루즈에서는 기도를 제대로 하지 않는다고 불평하더라. 아마 같이 가자고 하면 걔도 갈지 몰라. 그런데 야스민이 아직 미성년자라 안 될 수도 있고……."

"물론 올 수 있지!"

"이제 열다섯 살밖에 안 된걸."

---

12 스카이프는 화상 통화 혹은 음성 통화만도 가능하다.

"나는 샤리아를 실천하기 위해서 매일 투쟁하고 있어. 여기 여자들은 열네 살부터 결혼을 해야 해! 야스민이 오기만 하면 내가 야스민을 잘 보살펴줄 좋은 신랑감을 찾아줄게. 여기서는 남편감을 찾아 유럽에서 온 여성들과 접촉하는 일도 하고 있거든. 유럽에서 온 여성들은 호텔에서 기다리면서 미혼의 무자히딘을 소개받고 있어!"

야스민이란 인물은 존재하지 않는다. 하지만 실제로 얼마나 많은 어린 야스민이 빌렐 같은 사람이 쳐놓은 그물에 순식간에 걸려들까?

"빌렐, 이제 전화 끊어야 해. 엄마 오셨거든."

"내일 이야기하자. 늘 그랬듯이 전투를 마치고 오후 7시에 보자. 인샬라……. 잘 자, 자기야."

자기?……

전화를 끊었다. 앙드레는 일어나서 창문을 연다. 방 안 공기가 숨이 막힐 지경이다. 대략 중요한 것은 알아냈다. 하지만 이렇게 뻔뻔하고 성급하게 유혹하고 나설 줄이야. 내가 방 안을 서성이는 동안 앙드레는 빌렐 욕을 해댔다. 나만큼이나 그도 당혹스러운 모양이다. 경악스럽기도 하고, 화도 났다가 격분을 느끼기도 했지만 동시에 살인범의 심리를 파악하는 데 성공적인 첫발을 떼었다는 점에서 조금 만족스럽기도 했다. 나는 이 살인마의 피비린내 나는 사상을 지지해야만 하고 이 게임을 시작해야 할 것이다. 하지만 빌렐 역시 멜로디의 게임에 발을 들여놓은 셈이다. 멜로디를 의심하는 눈치는 전혀 없었고, 어쩌면 몇 가지 중요한 결과를 얻게 될 것이다. 노력한 보람이 있겠지? 우리는 빌렐이 하는 말을 함께 분석하고 있다. 나는 히잡을 벗

70

어딘졌다. 하지만 젤라바는 그대로 입은 채였다. 자리에서 일어나려다 옷자락을 밟아 바닥에 털썩 널브러지고 말았다. 날 놀릴 기회라면 놓칠 리 없는 앙드레가 나를 거들떠보지도 않는다. 집으로 돌아가는 앙드레의 혼란스러운 얼굴은 이상하게 흥분돼 보였다. 이후 밤늦게까지 걱정 어린 문자가 쏟아졌다. 앙드레는 거의 나무랄 데가 없는 친구다. 날 가르치려드는 것만 빼면⋯⋯. 앙드레가 보낸 문자대로라면 나는 지금 엄청난 위험을 무릅쓰고 있는 것이다. 우리는 평소와 다름없이 빌렐에 대한 농담을 하고 있지만 앙드레도 화면 너머 이 빌렐이란 남자가 얼마나 위험한지 나만큼이나 잘 알고 있다. 앙드레는 이 취재를 더 끌고 가고 싶어했다. 하지만 지하드의 전사인 빌렐을 심하게 건드려서 좋을 건 없다. 자칫하면 끔찍한 복수를 당할 수도 있다. "안나, 최대한 간단한 주제로 한 번 더 이야기 해보고, 그리고 나서 끝내자!"라고 앙드레는 말했다.

멜로디

멜로디는 하루도 편할 날이 없었다. 삶은 외줄타기를 하는 것 같았고, 그러다보니 멜로디는 언제 터질지 모르는 시한폭탄이 되어 있었다. 자기가 다치는 거라면 몰라도, 다른 그 누구도 다치게 하고 싶지 않았다. 멜로디는 삶의 무게에 짓눌려 신경이 극도로 예민해졌다. 얼굴도 잘 모르는 아빠 때문에 20년 동안 슬픔을 간직하고 살았다. 한 번도 불러보지 못한 아빠가 자신이 태어나서 떠났다고 생각하는 것이다. 멜로디의 아빠는 아빠 노릇은커녕 결혼 따위엔 관심도 없는 사람이었다. 둘째가 태어나자 근면 성실과는 애초에 담을 쌓고 살던 아빠는 인내심이 바닥나고 말았다. 아빠는 멜로디의 존재를 한 번도 인정하지 않았다. 이 사실을 알고 난 후 자신이 부모를 재결합시킬 수 없다는 사실을 깨달은 멜로디는 친구들의 상처받은 마음과 혼미해진 정신을 치유하려고 애썼다. 멜로디처럼 자신의 상처에 대해 입을 꾹 다물고 사는 사람한테는 "이야기 들어주는 친구" 역할을 자처하는 게 최고다. 다른 사람들에게 도움을 주면서 멜로디는 자신의 복잡한 처지를 다소나마 잊을 수 있었다. 한동안은 마음이 허하다는 느낌이 덜했다. 20년 동안 멜로디는 맹목적으로 삶의 의미를 찾았고 그래서 내일 같은 건 생각도 하지 않은 채 살았다. 여자들만 사는 집의 막내딸인 멜로디는 늘 위축돼 있었다. 만약 자신의 삶을 갉아먹는 이 고통들을 말로 내뱉게 된다면, 멜로디는 엄마에게 이렇게 말할 것이다. 아빠가 집에 없는 것이 차라리 나았고 오히려 엄마가 용

72

감하게 두 어린 딸을 데리고 잘 살았다고. 대개 지하드를 위해 떠난 아이들은 그래도 엄마한테는 연락을 하고 있다. 엄마를 개종시키려고 노력도 하지만, 어쨌든 엄마에 대한 사랑은 지난 삶을 상기시켜주는 유일한 고리다. 멜로디는 불안정하고 예측이 불가능한 아이다. 마치 테러리스트들처럼 말이다. 금지된 것들에 대해 목이 말랐던 멜로디가 거리를 휩쓸고 다니며 성장하는 동안 멜로디의 엄마는 자잘한 일거리를 찾아 헤매다 매달 15일이 되면 그날 하루 일을 쉬며 숨을 돌렸다. 엄마와 딸들이 함께 바라보는 미래에는 환멸과 공포가 있었다. 지금보다 어렸을 때 멜로디는 영안실에 누워 있는 자기를 엄마가 확인하러 올 날이 언젠가 올 거라고 생각했다. 멜로디는 엄마를 정말로 사랑한다! 하지만 이 둘은 서로 무척 달랐기에 엄마를 사랑하는 멜로디의 마음은 제대로 표현되지 못했다. 이런 고통들을 말없이 끌어안고 살다보니 멜로디는 한동안 "문제 있는" 아이가 되어버렸다. 멜로디는 어느 날 문득 이런 침묵이 공허하게 여겨졌다. 사랑도, 희망도 공허해졌다. 멜로디는 벨퐁텐 같은 가난한 동네에서 폭행이나 좀도둑질로 이름을 날린 소녀 무리를 이끌고 다녔다. 멜로디는 이 아이들을 터무니없이 하찮게 생각했지만 그래도 이 아이들이 있어 길기만 하고 재미없는 수업 시간을 버틸 수 있었다. 미성년자에 교정기를 낀 소녀들 대부분은 귀머거리나 벙어리 행세를 하며 경찰서에서 밤을 보내는 데 익숙하다. 가게만 터는 것이 아니라 걸핏하면 패싸움을 벌였기 때문이다. 흠씬 두들겨 패는 것이 이 아이들의 주특기였다. 엉망진창이 되든 말든, 심지어는 상대방이 남자라도 상관없었다. 소녀

73

들은 인생에서 가장 예쁜 시기를 주차장이나 공원에서 환타를 마시고 피시 버거를 나눠 먹으며 유행하는 노래에 맞춰 춤을 추는 데 보냈다. 멜로디는 금세 싫증이 났다. 별 흥미를 느끼지 못했고, 자신이 그런 무리에 끼어 있다는 사실이 놀라울 뿐이었다. 텔레비전 리얼리티 쇼 이야기나 알지도 못하는 여자애의 첫 경험 따위를 듣는 것에도 시들해졌다. 멜로디는 남들과 다른 자기 자신이 문제라고 생각했다. 멜로디는 문제가 있는 아이였다……

　가슴에 슬픔을 묻어두고 살지만, 주변 사람들에 비하면 멜로디는 평범한 편이었다. 멜로디는 친구들의 불행한 이야기를 들을 때면 자신의 슬픔에 대해서는 말 한마디 못 하면서도 그들을 위로해주었다. 멜로디는 사람들의 관심이나 동정 따위 받고 싶지 않았다. 그녀가 원한 건 사랑이었다. 멜로디는 주변 모든 것에 조금씩 무관심해졌다. 그 패거리가 멜로디를 보호하고 나섰다. 패거리의 소녀들은 모두 이민자 가정의 아이들이었다. 멜로디는 백인이고 아빠에 대해 아는 것이라곤 이름과 생일 정도였다. 멜로디는 막연히 자신이 이곳이 아닌 다른 곳에서 태어났더라면 하고 바랐다. 멜로디는 대마초를 더 이상 "돌아가면서" 피울 필요가 없는 나이가 될 때까지 피웠다. 어느 정도 나이가 들면 아이들은 각자의 대마초를 갖고 다녔다. 그리고 이 시절 역시 그렇게 지나갔다. 평범한 삶을 살 수 있을 거란 멜로디의 헛된 기대는 또 한 번 깨지고 만다. 멜로디가 자라난 툴루즈의 '벨포'벨퐁텐을 줄여 말한 것에서는 종종 근거 없는 소문들이 나돌곤 했다. 너무나 많았다. 그러다보니 멜로디는 한때 소문에 휩쓸려 어리석은 짓을 저지르곤 했다. 자잘한 범죄를 저질렀던 것이다. 옳고 그름에 대한 판단력도 흐려져 그 경계도 허물어졌다. 하지만 지금까지 멜로디가 경험해왔던 것처럼 아드레날린이 사라지고 나면 자괴감이 더 깊어지곤 했다. 정확히 말하자면 길모퉁이 경찰서에서 하룻밤을 보내고 나오면서 자신을 낳아준 엄마의 시선을 피했던 그때보다도 자신이 더 싫어졌다. 멜로디는 자신의 존재를 증명하거나 혹은 허한 마음을 채우기 위해 애썼다. 순진한 그녀는 좋은 행동과 나쁜 행동의 차이를 구분하지 못했다. 동화 속이었다면 멜로디는 신데렐라가 아닌 로빈 후드였을 것이다. 엄마의 눈물과 암울한 동네의 혼란을 겪으면서 멜로디는 또다시 악에 굴복하지 않기 위해 생존 본능을 길렀다. 딱히 멜로디의 눈에 차는 남자도 없었다. 사랑에 대한 갈망은 그저 기억에 남지도 않는 가벼운 만남 몇 번으로 극복했다. 하지만 진정한 사랑을 위해 자신을 아껴두고 싶었다. 어릴 적부터 엄마가 말해왔던 "미쳐버릴 정도의 사랑"을 위해서 말이다. 멜로디는 무의식적으로 사랑보다는 아빠 같은 남자를 찾았다. 살아갈 용기와 힘을 줄 만한 책임감 있고 충분히 강한 남자를 찾는 것이었다. 자신이 절대적으로 믿을 수 있는 사람. 결국 아부 빌렐처럼 성숙한 사람을 말이다. 멜로디의 고독한 삶에서 빌렐은 산호초 같은 존재였다. 빌렐은 엄마처럼 무미건조하고 고독한 삶은 살지 않겠다는 멜로디의 집념에 불을 붙인 것이다. 멜로디에게 빌렐은 자신의 불행을 해결해줄 유일한 사람이었다. 너무 빤한 삶을 이어나가는 것보다는 시리아인을 도우러 가는 것이 더 야심차 보였다. 멜로디는 그동안 억눌려왔던 고통을 더 이상 감당할 수가

75

없었다. 아픈 것처럼 귀가 먹먹했다. 멜로디는 악을 쓰며 울고 싶었다. 하지만 멜로디는 어렸을 때부터 눈물을 보이는 일은 곧 스스로 약하다는 것을 인정하는 일이라고 배웠다. 그리고 사람들은 약하면 깔본다.

집에 있을 때면 멜로디는 언니랑 함께 쓰는 방에 틀어박혀 있곤 하는데, 외출이 잦은 언니 덕분에 혼자 몇 시간씩 있을 수 있었다. 벽에는 스카페이스미국 래퍼 포스터들이 리한나미국 여가수와 미스터 유모로코 출신의 프랑스 래퍼 포스터들과 함께 붙어 있다. 멜로디는 방에 틀어박혀 라디오 볼륨을 최대한 키워놓고 마음에 담아둔 말들을 뱉어내는 걸 좋아한다. 멜로디에게는 음악 소리에 혼자 갇혀 있는 이 시간이 하루 중 고통을 조금이라도 덜어낼 수 있는 유일한 시간이었다. 멜로디는 스카이블로그프랑스 블로그 일종와 인스타그램을 돌아다녔고 디암스프랑스 여자 래퍼로 2008년 이슬람으로 개종의 음악을 들으면서 시간 가는 줄 모르고 상상의 나래를 펼쳤다. 그녀 역시 아빠 없이 컸는데, 그로 인해서 영원히 버림받은 아픔에 대한 감성 짙은 표현을 해낼 수 있게 된 것 같았다. 나는 내가 만들어낸 멜로디란 인물의 성격을 좀더 다듬기 위해서 디암스의 앨범에 파묻혀 있었다. 가사를 읽다 내가 만들어낸 가상의 인물, 멜로디처럼 뼈아픈 고독감에 좌절해 자신을 증오하는 상처받은 어린아이를 발견했다. 멜로디는 '교외에 사는 소녀Petite banlieusarde'를 즐겨 들었지만, 그날 밤 빌렐과 대화하고 나서는 고녀의 시기를 보내는 방황하는 소녀에 대한 이야기인 'T.S'를 반복해서 들었다.

예의 있게 미소 지으며 나는 방황하는 이 아이들 무리에 끼여 있지,

사람들과 있지만 이토록 외로울까……

잃어버린 10대를 그리워하며 나는 숨이 가쁘다……

저들은 강하고, 나는 아무것도 아니지.

더 나은 나를 위해 떠나고 싶다……

그리고 누군가가 되고 싶다…… 누군가 좋은 사람이고 싶다

난 죽다 살아났으니까.

멜로디는 디암스처럼 "숨이 가쁘다"는 걸 느꼈다. 스물한 살도 안 된 많은 청소년이 이러한 삶의 고통을 겪고 있다. 다에시는 이렇게 방황하는 청소년들의 마음을 비집고 들어왔다. 계층이나 동기 따윈 가리지 않는 이 테러조직은 빠져들 수밖에 없는 수단을 발휘해 청소년들을 낚았다. 전쟁을 하고 싶은 아이든 봉사를 하고 싶은 아이든 상관없이 다에시는 모두를 위한 해결책을 갖고 있는 것이다. 이 조직이 만들어낸 환상은 방황하는 아이들을 타깃으로 삼아 이들을 홀리고 다시 세뇌시키는 데 쓰인다. 마치 영적 지도자가 신도를 모으는 방식과 다를 바가 없다. 바그다디는 테러조직인지 종교 단체인지 불분명한 그 정체성을 이용해 많은 사람을 꾀어냈고, 또한 화려한 언사로써 자신이 진정한 미래의 칼리프Calife 무함마드의 대리인이자 이슬람 공동체의 최고 지도자라고 주장했다. 그러나 무엇보다도 그들이 가장 선호하는 병기는 인터넷인데, 불쌍한 지하디스트 후보들은 가상세계에서는 졸병이었다가 나중에는 총알받이가 되어버리고 만다. 가련한 멜로디는 불과

77

48시간 만에 자신의 연인에게 청혼을 받았다. 또 이 남자친구는 멜로디에게 꿈꿔온 삶을 살 수 있도록 도와주겠다는 약속도 했다.

하지만 멜로디가 결단을 내리기엔 몇 가지가 마음에 걸렸다. 멜로디는 가족을 남겨두고 떠나야 한다는 게 두려웠다. 남편도 없이 혼자 사는 엄마는 이따금 두 어린 딸과 말다툼을 하긴 해도 가족에 대한 끈끈한 애정이 있었다. 그래서 멜로디는 유튜브에서 수십 개의 영상을 보며 스스로를 설득하고 있다. 예전부터 듣기로, 미국인들은 관타나모쿠바 동남부의 도시로 미 해군 기지가 주둔하고 있다 수용소에 있는 무슬림들을 고문하는 괴물들이라고 했다. 멜로디는 서양 국가 때문에 고통받는 팔레스타인과 시리아의 어린이들을 생각하면 가슴이 아팠다. 이 동네에서는 멜로디와 마찬가지로 툴루즈에서 태어난 모하메드 메라의 사건이 꾸며낸 이야기일 뿐이라고 떠들어댄다. 프랑스 정부와 유대계가 스쿠터를 탄 총격 살인범이라는 잔인한 이야기를 꾸며냈을 것이다. 모하메드 메라는 단지 프랑스 무슬림들을 매장하기 위한 음모에 재수 없게 걸린 희생양이었을 것이다. 그렇지만 멜로디는 소문을 듣고 몹시 충격을 받았다. 어린이를 죽이는 것은 이슬람 율법에 어긋나는 일이다. 하지만 빌렐은 스쿠터를 탄 총격 살인범을 알라의 충복인 양 묘사했다. 영상을 하나하나 보다가 멜로디는 오마르 옴센프랑스의 중요 지하디스트 모집책의 영상을 보게 됐다. 37세의 세네갈 출신 프랑스인 오마르 옴센에 대한 평판은 극명하게 엇갈리는데, 현재 프랑스와 벨기에 사법 당국이 이 인물의 뒤를 쫓고 있다. 그는 중동에 있는 지하드로 떠나는 주요 조직의 수뇌부 중 한 명일 것이다.

2013년 10월 프랑스 사법경찰 본부의 여러 부서가 오마르 옴센의 주도하에 니스의 한 가족 중 7명이 떠나는 것을 알고 출동했지만 검거에 실패했다. 오마르 옴센은 유튜브에 샤리아 찬양 영상을 정기적으로 올린다. 영상을 보는 사람들에게 거주하고 있는 국가의 법을 지키지 말고 오직 이슬람 율법, 즉 샤리아에만 따를 것을 권장한다. 사람들을 세뇌시키려는 목적도 있지만 그들이 죄책감을 느끼게끔 조종하는 것이다. 오마르 옴센은 끊임없이 "좋은 무슬림은 이슬람을 믿지 않는 나라에 살지 않습니다. 만일 IS를 건설하는 데 도움을 주지 않는다면 여러분은 살인마입니다. 자신을 위해 기도하고 코란을 다시 읽고 있는 동안, 다른 무슬림들은 알라를 위해 싸우고 있습니다. 유일신 알라께서는 이 세계에 칼리파Califat 아랍어로 '뒤를 따르는 자'라는 뜻으로, 이슬람 국가의 지도자, 최고 종교 권위자의 청호를 이루고 싶어할 것입니다"라는 말을 반복한다. 이제는 대부분의 지하드 소집책들도 젤라바 차림으로 이슬람 사원 주변에서 어슬렁거리지 않듯이 오마르 옴센은 폭탄을 피해 유럽에 와서는 자신이 원하는 모든 편의를 누리며 살고 있다. 다른 영상에서 오마르 옴센은 배 위에 있다. 그는 출렁이는 파도를 뒤로하고 눈을 반짝이며 이슬람이 안겨주는 순수함과 풍요는 엄밀히 말해 하얀 파도 거품에 비유할 수 있다고 말한다. 멜로디는 생각에 잠겼다. 순백의 거품이 자신의 종교를 나타낸다는 생각에 어지러웠다. 멜로디는 조금씩 다른 사람들이 말하는 유혹에 넘어가고 있었다. 적어도 그들이 상상하는 세계에는 이야깃거리가 많고 아름다운 만남이 있다. 외로운 늑대라는 것은 존재하지 않는 개념이라고들

한다. 마크 트레비딕반테러주의 성향의 파리 지방법원 예심판사이라는 유능한 반테러주의 판사가 이 점에 대해 매우 분명하게 설명했다. 홀로 활동하는 지하디스트들도 있지만, 독단적으로 결정을 내리는 경우는 별로 없다. 주변에 항상 사람들을 세뇌시키고 그를 실천할 수 있도록 격려하는 누군가가 있다는 것이다. 이건 내 생각일 뿐이지만 여러 의문점이 남는 모하메드 메라의 경우 그가 완전한 급진주의자가 된 건 그의 누이인 수아드가 멘토 역할을 했기 때문이 아닐까 한다. 최근 수아드는 자신의 아이 넷을 데리고 툴루즈를 떠나 시리아로 갔다. 사람들 앞에서 여러 차례 주장한 것처럼 그녀는 한 살짜리 막내아이의 이름을 자신이 "자랑스럽게" 여기는 "영웅"에게 경의를 표하기 위해 모하메드로 지었다. 프랑스 당국은 수아드가 시리아에 도착한 뒤에야 그녀가 프랑스를 떠났다는 사실을 알았다……. 멜로디의 경우엔 빌렐이 이 같은 안내자 역할을 하게 될 것이다.

멜로디는 이런저런 생각이 들었다. 툴루즈를 떠나면 이 빌어먹을 A선을 타러 레이느리 역에 가는 일도 더 이상 없을 것이다. 멜로디는 A선이라면 속속들이 훤하게 꿰고 있다. 진절머리 나는 그 낡아빠진 전철 의자며, 매일같이 보는 숨 막히는 도시 풍경까지 말이다. 멜로디는 자신처럼 무미건조한 이 도시의 모습을 더는 참을 수가 없었다. 지난 10년간 매일 아침 기차가 미하일 지역을 지나갈 때쯤 멜로디는 이어폰을 끼고 MP3를 들으며 다른 곳에 가 있는 상상을 했다. 그래도 아무런 목표 없이 아침마다 눈을 떠야 하는 여기보다는 시리아가 낫겠지. 멜로디는 지금 이 순간 빌렐이 뭘 하고 있을까 생각했다.

길바닥 생활에서 체득한 생존 본능 덕분에 멜로디는 빌렐이 사탕 발림을 하며 유혹해와도 단박에 넘어가지 않았다. 그러나 이미 늦었다. 멜로디의 눈에 빌렐은 왕이었다. 그리고 멜로디는 항상 왕비가 되고 싶었다.

목요일

　일주일 전부터 매일 아침, 잠에서 깨면 빌렐이 멜로디에게 보낸 사랑의 문자 메시지가 몇 개씩 와 있다. 밀랑이 내게 보낸 것보다도 많다. 문자 메시지들은 하나같이 "자기야"로 시작된다……. 억지로 눈을 뜨긴 했지만 일어나고 싶은 생각은 없다. 텔레비전에서는 내가 좋아하는 만화영화 「오기와 악동들Oggy et les cafards」이 방영되고 있다. 사고뭉치 벌레들이 나오는 만화인데, 멜로디가 될 준비를 하면서 보고 있었다. 라디오에서는 프랑스 10대 한 명이 또다시 지하드를 위해 시리아로 떠났다는 기사를 보도했다. 나는 라디오를 꺼버렸다. 24시간 뉴스 채널 역시 프랑스를 떠난 "이주의 지하디스트"에 관한 이야기만 계속 늘어놓고 있어 꺼버렸다. 빌렐이 보낸 문자 메시지를 읽어봤다. 자신은 지금 전장에 나가 있다며 좋은 하루가 되라는 내용일 뿐 종교 이야기는 전혀 없었다. 마치 이제 막 사랑에 빠진 연인과 몇 시간이나 떨어져 있어야 한다는 것에 애가 타는 남자 같았다. 내 속셈은 빌렐에게서 조직의 구체적인 계획이나 정보들을 빼내려는 것뿐인데 이렇게 날 유혹이나 하고 있으니 거북하기만 하다. 이제 나는 멜로디의 모습과 나의 모습을 능숙하게 섞는 방법을 알게 되었다.

　내 하루는 빌렐로 시작해서 빌렐로 끝난다. 낮에는 사무실에서 빌렐이 한 말들을 확인하고 저녁이면 멜로디가 되어 새로운 정보를 캐내기 위해 빌렐과 스카이프를 했다. 빌렐은 어제도 자신이 알레프에 있다고 말했다. 어린 멜로디라면 그 말을 믿을 것이다. 하지만 나는 중동 지역 전문 인터넷 사이트 덕분에 그날그날 전투가 어디서 일어났고 어느 지역을 점령했는지 그 내용을 훤하게 꿰고 있었다. IS는 적어도 6개월 전에 알레프를 떠났다. 시리아 제2의 도시 알레프에는 바샤르 알 아사드 정부군과 반군이 대치하고 있어 도시가 둘로 나뉘어 있고, 반군에 대한 정부군의 폭격이 계속되고 있다. 상황이 이러한데, 빌렐이 여기에 숨어 지내고 있을 것 같진 않았다. 내가 빌렐과 처음 스카이프로 대화했을 때부터 생각했던 것처럼 빌렐은 아마 IS 주둔지인 라카 주변에 있을 것이다.

그날 저녁 앙드레와 나는 평정을 조금 되찾았다. 익숙해지기 시작한 것일까? 그러나 빌렐에게서 전화가 걸려올 시간이 다가오자 다시 두려움이 엄습해왔다. 빌렐은 잔인하기 짝이 없는 이야기를 아무렇지 않게 입에 올렸고, 그런 이야기를 다 듣고 나면 평온하게 잠들기 힘들었다. 그리고 나는 내가 연기하는 멜로디의 환심을 사기 위해 허풍을 떨고 있는 빌렐을 보는 것과 어쩔 수 없이 그 수작에 넘어가는 척해야 하는 것이 여전히 거북하기만 했다. 그래도 빌렐의 의심을 사지 않고 하루 종일 "목을 베고" 다닌 이야기를 들으려면, 빌렐의 수작을 너무 능수능란하게 다 피할 수만은 없었다. 나는 의무적으로 칭찬도 가끔씩 해줬고, 유혹에 넘어간 여자처럼 미소도 지어줘야 했다. 간단히 말해 연기를 하고 있는 것이다. 하지만 난 연기자가 아니지 않은가. 앙드레가 옆에 있으니 안 그래도 머리 아픈 이 일이 더 어려워졌다.

빌렐이 멜로디에게 전화를 하라고 문자를 보내는 사이 우리는 스카이프를 할 때 드러나는 뒤쪽 배경을 마지막으로 점검하고 있었다. 빌렐이 먼저 메시지를 여러 개 보냈다.

"멜로디."

"멜로디??"

"자기야?"

"멜로디???"

나도 스카이프에 접속을 했다. 오늘 빌렐은 인터넷 카페에 홀로 앉아 있다. 머리는 젤을 발라 바싹 붙였고 전투복이 아닌 편안한 옷차림을 하고 있었다. 언제나 그렇듯 자신감에 찬 모습이다. 나는 낮에 알게 된 시리아 상황을 떠올리면서 순진한 목소리로 이것저것 물어댔다.

"잘 있었어? 너 때문에 걱정했어. 오늘 친구들이 그러던데, 다에시가 혈전을 치렀다고 하더라. 정말이야? 어디서 그런 거야?"

"내 걱정했어? 나한테 관심이 좀 있나보네……."

"똑바로 말해봐. 농담할 때가 아니야. 어디서 일어났던 건데? 죽은 사람도 있어?"

멜로디가 순진하게 걱정을 하면 할수록 빌렐은 기분이 좋아졌고 자신의 아내로 맞고 싶은 이 여자의 관심을 끌었다고 생각하게 되었다. 억지로 들뜬 기분을 감추며 웃는 모습이 더욱 교만하게 보였다.

"나는 겸손한 사람이라고 이미 말했잖아……. 자랑 같은 거 하는 거 별로 안 좋아해. 그런데 이것만은 확실히 말해줄게. 알라께서 다시 한번 우리를 저 악마로부터 보호해주셨어. 여기서 30킬로미터 정도 떨어진 곳에 반군들이 매복하고 있다가 다에서 부대를 치려고 했지. 그런데 우리가 달리 최고의 전사들이겠니? 항상 먼저 치고 들어가지. 반군은 다 죽었어. 장담컨대 죽었어도 천국에는 못 갔을 거야."

"네가 죽인 거야?"

"꼬치꼬치도 캐묻는다! 그래 나도 몇 명 죽였다고 해두자……. 어쨌든 분명한 건, 이 반군들이 죽기 전 마지막 15분을 처참하게 보냈다는 거지!"

나는 순간 빌렐이 거짓말을 하고 있다는 확신이 들었다. 하루 종일 멜로디에게 열 번도 넘게 전화를 하고 시도 때도 없이 문자 메시지를 보낸 사람이 무슨 수로 전장에서 사람 목을 베었겠는가? 이건 단지 멜로디에게 잘 보이려고 허풍을 떠는 것이다. 그리고 이미 전에도 안전을 위해 전투에 자진해서 참여하지 않는다고 하지 않았던가? 그가 사람들을 언제 죽였는지는 상관없는 일이다. 그게 오늘이었든 어제였든. 빌렐이 끔찍한 일을 자행했다는 것은 결국 변하지 않는 사실이니까 말이다. 빌렐은 이미 오래전부터 아무렇지도 않게 사람을 죽였다. 감히 종교의 이름으로 피의 전쟁을 벌이고 있는 것이다. 전날 빌렐은 만일 자신이 멕시코 카르텔멕시코 마약 범죄조직이었다면, 사람을 죽일 때마다 몸에 문신을 새기는 조직의 풍습에 따라 자신은 온몸을 문신으로 도배했을 거란 말을 했다. 그 이야기에 나는 이슬람이 문신을 금지한다는 걸 미처 기억하지 못한 채 빌렐의 팔을 상상해보았다. 나는 다시 정신을 차리고 멜로디를 통해 이 역겨운 호기심을 채워줄 질문들을 이어서 했다. **85**

"이런…… 정말이지 넌 너무 위험하게 사는 것 같아……. 몇 명이나 죽인 거야? 시체들은 어떻게 했어?"

"적어도 스무 번은 폭파를 해야 했어. 산더미처럼 쌓인 시체들은 썩어 문드러져버릴 거야! 다 지들이 자초한 거지 뭐! 내가 신경 쓸 건 아니야……. 그런데 내 걱정은 하지 마. 우리 자기 이야기도 좀 해봐."

"오후에 IS 관련 영상들을 많이 봤어. 네가 정확하게 설명해줬으면 하는 게 있어. 다들 네가 이야기하는 것과는 반대로 말하더라고……."

"네가 알아야 할 건 단 하나뿐이야. 진정한 이슬람은 칼리파를 재건하는 거고 이를 위해 자신의 삶을 희생하는 자들만이 다에시라는 거야. 나머지들은 모두 이교도야."

"그럼 오늘 넌 어떤 이도교들이랑 싸운 거야?"

"알 누스라 쿠파르와 싸웠어. 고통 속에서 죽어갔지."

빌렐의 입가에 만족스러운 미소가 번졌다. 그러고는 자신의 휴대전화를 흔들며 잘려나간 시체 사진을 슬며시 보여준다. 잔뜩 신이 난 표정이었다.

"제대로 못 봤어. 다시 보여줘!"

"안 돼. 여기 오면 그때 정말 멋진 걸 보여줄게……."

"그런데 그거 머리 잘린 거 아니었어?"

대답을 할 때마다 빌렐은 멜로디를 힐끔거리며 활짝 웃었다.

"사람을 정말 죽이는구나……. 그건 내가 믿는 이슬람에 어긋나는 거야."

"우리 멜로디, 전쟁이 있어야 평화도 있는 거야. 알라께서 말씀하셨듯이, 나도 평화를 원해. 그러면 여기서 우린 단둘이 가족을 꾸리며 살 수 있게 되겠지…… 마샬라. 그런데 왜 너는 내가 잘생겼는지 어떤지 한 번도 말을 안 해주는 거야? 말해봐봐."

처음 대화를 시작했을 때부터 멜로디는 그런 이야기를 일부러 피했다. 나는 더 이상 어떻게 대응해야 할지 몰랐다. 이제 물러설 수도 없었다. 빌렐은 매일 결혼 이야기를 했다. 항상 이런 식의 질문들을 해댔고 갈수록 집요해졌다. 난 위기에 몰리고 만 것이다. 이 살인마를 위해 억지로 감정을 만들어내야 했다. 애교를 부리며 진심인 척 말을 했다. 나는 그 어느 때보다도 즉흥적인 연기를 하고 있었다.

"잘생겼어……. 그리고 용감해. 남자로서 존경받을 만한 덕목이지."

"고마워. 또?"

"눈이 예뻐."

나는 그에 대한 칭찬을 최대한 아끼려 했지만 이미 지나치게 많이 한 것만 같았다.

"그건 여자들한테 하는 칭찬이잖아! 우리 더 깊은 대화를 나눠보는 건 어때?"

"대답하기가 좀 곤란하네……. 정숙한 여자는 아주 가까운 사람 말고는 다른 남자하고 말하지 않는다는 걸 누구보다 잘 알면서."

"그렇지. 그런데 난 너한테 청혼했는걸……."

"나중에 이야기해. 나한테 시간을 좀 줘……. 그런데 너 어디에서 전투를 했는지 대답 안 해줬잖아? 혹시 다친 건 아니지?"

87

"어쩜 이렇게 귀엽고 순진할까! 아냐, 나 안 다쳤어. 나는 참된 무슬림이니까……. 날 쓰러뜨리려면 몇 수는 앞서서 만반의 준비를 해야 해. 너는 순수한 아이야. 그래서 너한테는 부드럽게 대하게 돼. 하지만 배신자들은 가차 없이 모조리 죽일 거야. 그거 말고는 대부분의 시간을 도시 재건에 쓰고 있어서 그 도시에 있어."

"재건은 어떻게 돼가는데? 그게 어디야?"

"이라크 근처에 있는 도시야. 시리아 군이 약탈했던 곳이지. 거기서 모든 게 시작되는 거야. 말하자면 우린 시리아에서 가장 가난한 도시를 가장 부유한 곳으로 만드는 거라고 볼 수 있어. 그리고 거기서 다 같이 행복하게 살 거야, 마샬라."

빌렐은 데이르 에조르라는 시리아 동부 유프라테스 강에 인접한 도시를 말하고 있는 것이다. 다마스커스시리아의 수도에서 450킬로미터 떨어져 있는 이라크 국경에 근접한 도시다. 최근 도시의 절반이 반군의 손에 넘어갔고 나머지는 아사드 정부의 지배를 받고 있다. IS는 자신들의 방식대로 유혈전쟁을 통해 반군들을 쫓아냈고 지역 전체를 차지했다. 그리고 대부분의 유전을 손에 쥐게 되었다. 신앙을 위한 IS의 투쟁은 석유를 위한 투쟁이 된 것이다. 다에시에서 생산하는 석유의 양은 시리아 정부가 생산하는 양보다 많다. 정치적 입장과 종교적 입장에 따라 수치가 엇갈리긴 하나 IS는 자체적으로 하루에 약 300만 달러의 수익을 내고 있다. 이라크에서 100만 달러, 그리고 그 두 배가량인 200만 달러를 시리아에서 거둬들인다. 바샤르 알아사드 정부의 생산량은 하루 1만7000배럴로 줄어들었다. 매주 들어오는 수백만 달러의 수익과 갈수록 증강하는 군의 세력, 게다가 중포도 갖추고 있으니 다에시는 막강해질 수밖에 없었다. 쉽사리 몰락하지 않을 기세다. 그리고 다에시는 이라크에서 시리아로 옮겨왔듯이 다시 다른 지역으로 떠날 것이다……. 리비아, 요르단, 레바논의 일부 지역 같은 곳으로 말이다. 다시 한번 말하지만 어쨌든 나는 이 분야의 전문가가 아니다. 그리고 레바논은 요르단 왕국처럼 다양한 국가와 강한 연맹관계를 맺고 있어 쉽게 침략당하진 않을 것이다. 어제 나는 무자히딘과 트위터로 이야기를 나누다가 우연히 도시 전체가 지옥이 되어버린 라카의 어느 담벼락에 글을 쓰고 있는 소녀의 사진을 보게 되었다. 사진 속 담벼락에는 "당신들의 지하드, 석유를 위한 지하드인가"라는 말이 적혀 있었다……. 물론 빌렐은 멜로디에게 이 황금알 같은 석유 비즈니스에 대해서는 말을 아꼈다. 석유 시장이란 게 자본주의와 비슷한 논리이기 때문에 빌렐은 이에 대한 이야기를 거의 하지 않았다.

"그럼 도시를 번영시키기 위해서 어떤 일을 하는데? 학교나 병원 같은 것도 짓고 그래? 석유가 값이 많이 나가니까 도시를 재건하는 데 도움이 되겠다. 그렇지? 그렇게 되면 돈을 벌 수도 있겠다."

이번에는 빌렐이 당황하는 눈치다. 신경질적으로 머리를 긁적대며 멜로디의 시선을 피한다. 눈을 아래로 내리깐 채 할 말을 찾고 있다. 멜로디가 딴 데 정신이 팔려 이 이야기는 잊어버리게끔 무슨 거짓말이라도 하려는 것이다. 이토록 많은 사람을 학살한 것이 인도주의적인 목적에서였다고 단언했는데 사실은 돈 문제와 관련되어 있다

89

는 걸 어떻게 말할 수 있겠는가. 게다가 한두 푼도 아닌 거액이 걸린 문제였으니 말이다. 멜로디가 별 뜻 없이 한 말에 빌렐이 쩔쩔매는 걸 보고 나는 신이 났다. 마침내 빌렐은 기어들어가는 듯한 목소리로 고개까지 숙인 채 답했다. 고개를 숙이고 있어서 얼굴을 제대로 볼 순 없었지만, 거짓말을 하면서 표정이 환해지는 게 보였다.

"맞아. 말하자면 그런 거지. 하지만 지금은 도시를 번영시켜야 하잖아. 그리고 병원을 짓는 데는 돈이 많이 들어. 현 정부가 데이르 에 조르에서 석유를 많이 훔쳐가기도 했고. 그래서 우리는 석유를 다시 찾아오고 돈을 벌기 위한 일들을 처리하고 있는 거야. 그런데 이게 참 힘든 작업이야. 지금은 돈이 하나도 없어! 들판에 씨를 뿌려서 싹 이 날 때까지 기다리는 것 같은 작업이라고 생각하면 돼. 하지만 너 는 이 문제로 신경 쓸 거 없어. 자본주의 같은 것에 시간 낭비하지 말 고 다른 거나 물어봐!"

분명히 내 질문 때문에 빌렐은 난처해진 게 틀림없다. 이제 멜로디 는 조금만 더 자신감 있게 말하기만 하면 된다. 난 이 석유 문제에 대 한 이야기를 다시 꺼낼 방법을 반드시 찾아내고야 말 것이다.

"네 이야기 좀 해줘. 그리고 만약 내가 시리아에 간다면 어떤 삶을 살게 될지도 말해줘!"

"너 오기로 했잖아……. 여기 오면 알겠지만, 너는 너만의 작은 세 상을 만들 수 있을 거야. 그리고 행복한 삶을 새롭게 시작하면 돼. 전 에 보니깐 내가 쓰는 무기를 좋아하는 것 같던데. 여기에 오면 사격 도 배울 수 있어. 너 하기에 달렸지만 보통 1, 2주 정도 배우면 돼."

"방어를 위한 거야 아니면 이교도들을 죽이기 위해 배우는 거야?"

"상황에 따라 다르지. 알라를 믿지 않는 자를 이 세상에서 한 명이라도 더 없앨 수 있으면 죽여야지. 그건 잘못된 게 아니야. 오히려 해야만 하는 일인걸. 여자들도 결혼하면 남편을 따라서 전쟁터에 나갈 수 있어. 가끔 부인들이 총을 쏠 수 있게 해주기도 하는데, 엄청 좋아해! 일반적으로 여자들은 우리가 적군이랑 전투하는 모습을 촬영하는 걸 좋아해."

"그러면 이슬람 율법을 따르지 않는 사람들은 내가 죽여도 된다는 이야기야?"

"그렇지. 쿠파르는 하람이야. 그들은 우리가 원하는 대로 할 수 있어. 불에 태워버리거나 목을 매달아도 돼. 쿠파르를 고통스럽게 죽이는 것이 바로 알라께 봉사하는 길이야. 인샬라."

순간, 만일 내가 무슬림이었다면 이런 치욕적인 이야기에 숨이 막혔을지도 모른다고 생각했다. 나는 빌렐이 달콤한 미소를 지으며 해대는 이 잔혹한 이야기에 더 이상 놀라지는 않지만 여전히 속이 메스꺼웠다. 그래도 빌렐을 살살 구슬려 이 이야기를 더 끌어내봐야겠다.

"코란에 보면 율법을 지키지 않는 자들을 벌하라고 했는데, 사람을 죽이는 것이 알라께 봉사한다는 말을 본 기억은 없어."

"맞아! 적들이 우리를 토벌하려고 해서 그런 거야. 그리고 우리는 알라의 뜻을 대신하고 있지."

멜로디가 다음 질문을 생각하고 있는데, 빌렐이 멜로디의 말을 끊었다. 그러고는 빌렐은 시리아에는 엽서 속에 나오는 아름다운 풍경 **91**

이 펼쳐져 있고 꿈꿔온 삶을 이룰 수 있는 곳이라고 선전을 해댔다.

"우리 너무 죽는 이야기만 한다. 여기는 참 아름다운 곳이야. 볼 것도 많아. 바다도 끝내주고 산세도 매혹적이야. 친구도 많이 만들 수 있을 거야. 여자들끼리 몰려다니면서 함께 이것저것 할 수 있고 말이야. (빌렐은 웃는다.) 이게 진짜 사람 사는 세상이지……. 네가 만든 이 작은 세상이 네 것이 되는 거야. 낮에 내가 전쟁을 치르는 동안 너는 아침에는 아랍어를 공부하고 오후에는 원하는 걸 하면 돼. 여기서 자매들과 시간을 보내거나 병원이나 고아원을 방문해서 아이들을 돌봐도 되고."

"아, 남자 없이 여자들끼리만 나가도 돼?"

"네가 얼마나 품위 있게 처신하느냐에 달려 있지. 아휴, 그런데 유럽에서 무슬림이 되겠다고 온 여자들을 보면 말도 아니야! 오자마자 칼라시니코프를 가지고 쏘고 싶어서 안달이라니까! (마치 그런 모습에 감동이라도 받은 듯 웃는다.)"

"거기서 프랑스 여자들을 많이 만날 수 있을까?"

"암 많지! 특히 벨기에랑 프랑스 여자들이 많아……. 그쪽에서 온 여자들이 가장 많지. 우리보다 더 독해! 요즘 여자들 사이에서 유행하는 게 허리에 두르는 폭탄 허리띠야."

"겁을 주려고 하는 거야?"

"응, 아니면 필요에 따라서는 자폭하기 위해서……."

"……."

92 "잊기 전에 우리 자기한테 할 말이 있어. 아주 중요한 이야기야! 정

말 꼭 해야 하는 말인데……. 너도 머리부터 발끝까지 모두 가리고, 손에는 장갑을 껴야 해. 여기선 시타르13를 의무적으로 입어야 하거든! 너도 시타르 갖고 있지?"

---

13 이중으로 몸 전체를 가리는 천을 가리키는 은어로 여성의 눈도 안 보이게 되어 있다.

목요일, 밤 10시

나는 어리둥절한 표정을 짓는 앙드레를 쳐다본다. 빌렐이 매번 내가 잘 모르는 종교 문제나 아랍어를 들먹일 때마다 나는 눈치껏 추측해서 둘러댈 말을 찾아냈다. 그런데 그가 무슨 뜻인지 전혀 감도 안 오는 시타르 이야기를 꺼내자 갑자기 눈앞이 캄캄해졌다. 내 맞은편에서 카메라를 든 채 쭈그리고 앉아 있던 앙드레는 나에게 자기도 전혀 모르겠다는 사인을 보낸다. 우리는 각자의 스마트폰으로 빠르게 검색해본다. 경계를 늦추지 않는 빌렐의 눈을 피해 검색하려니 쉽지 않았다. 끝내 우리는 아무것도 찾지 못한다. 아무래도 중간에 변질된 은어 같다는 생각이 든다. 빌렐의 관점으로 생각해볼 때 시타르라는 것은 아마 머리부터 발끝까지 온몸을 다 감싼 여자가 한 번 더 몸을 감싸는 것을 뜻하는 말 같았다.

"그래 알았어. 네가 온몸을 가리고 다닌다면 어디든 돌아다녀도 좋아. 물론 곁에 내가 없을 때만이야. 내가 널 잘 챙겨줄게. 약속해. 그렇지만 내가 웃기고 실없는 사람은 아니란 걸 알았으면 해. 나는 할일이 정말이지 너무나도 많거든. 그래서 가끔은 며칠 동안 멀리 가 있을 때도 있을 거야. 너의 남편이 없을 동안 네가 너 자신을 잘 돌봐야 해……."

"그게 무슨 말이야?"

"왜…… 너도 알잖아……. 예를 들어 여자들이 자신들의 피부를 부드럽게 하기 위해서 마사지를 한다거나 하는 것들 있잖아."

순간 멜로디는 온전히 빌렐 때문에 심장이 뛰었다. 다른 때 같으면 자신이 뭔가 잘못 말했거나 서양에서의 '부유하고 유복한 생활'에 대한 죄책감 때문에 심장이 뛰었지만 말이다. 역설적이게도 빌렐은 멜로디에게 그녀가 고아원 방문이나 다른 모든 일정을 끝내면, 시리아에서도 부유한 삶을 살게 해주겠다고 말한다. 그녀는 그의 요구 조건에 숨이 막혀왔다.

그러나 빌렐은 그녀에게 믿음을 주었고 그녀는 이제 겨우 자신을 믿어주는 사람을 속이는 것이 해결책은 아니라고 생각한다. 앙드레와 나는 멜로디의 잠재의식을 끈질기게 세뇌시키려고 던진 빌렐의 치명적인 독약에 정신을 잃고 있다. 그리고 이 모든 것이 겨우 일주일 안에 일어난 일이다. 우리가 깊게 관여하는 시간 동안 멜로디는 그녀보다 나이가 두 배는 많고 게다가 색골적인 성향까지 지니고 있는 그의 장난감이 되어가고 있었다. 그렇지만 멜로디는 이런 속마음을 털어놓지 않는다.

"이미 빌렐 네가 웃긴 사람이 아니라는 건 알고 있었어."

"네가 여기 오면 더 얘기해보자. 난 지하드에 있은 지 꽤 오래됐거든."

빌렐은 마치 자신이 회사원이고, 지하드는 자신이 근무하는 회사라도 되는 양 말한다.

"너는 언제부터 샴에 있는 건데?"

"1년. 그전에는 다른 일을 했어…… 스파이들이 하도 많아서 인터넷상으로 말할 수는 없고."

그는 멜로디에게 윙크하는 이모티콘을 보낸다.

"너는 그럼 리비아에 있었던 거야?"

"그래! 넌 정말 놀라운 것 같아. 자긴 볼수록 더 매력 있어……. 비스밀라Bismillah 아랍어로 '알라의 이름으로'라는 뜻."

사실 놀라울 것도 없다. 대다수의 무장한 지하디스트가 다에시에 가담하기 위해 리비아에 있다는 것만 안다면. 나는 빌렐이 자신의 경험담을 늘어놓고 싶어한다는 것을 안다. 그렇지만 그는 조심스러워했다.

"네가 이곳으로 올 때까지는 비밀이야. 아직은 너한테 전부 말해줄 수가 없어! 너는 이미 많은 것을 알고 있고 내가 행동하고 있는 사진들도 받았잖아! 더 굉장한 것들은 나중에 여기 오면 보여줄게……. 정말 네가 오기만을 기다리고 있어!"

우리는 함께 시간을 조금 더 보낸다. 나는 지배에 목마르고 복수심에 불타는 남자가 되기 전의 빌렐을 그려보려고 그에 관한 얄팍한 정보들을 긁어모았다.

빌렐은 빌렐이라는 이름으로 살기 전에 라시드라는 이름을 갖고 있었다. 그는 파리의 클리낭쿠르 문 근처에서 태어났다. 그는 어릴 적 일찍 공부를 그만두고 여기저기서 계약직으로 일하며 살아왔다. 그는 스무 살 이전에 알던 친구들은 한 명도 없다고 했다. 그들은 그저 스쳐가는 사람들이었기 때문이다. 그의 까무잡잡한 얼굴에는 그런 심적 공허감이 그대로 드러나 있었다. 나는 그가 자신의 과거를 숨기기 위해 나에게 거짓말을 하는 것인지, 아니면 그가 어린 시절 겪었던 외로움과 고독이 그에게 어떠한 기억도 남기지 않은 것인지 분간할 수가 없었다. 사실 나는 그에겐 진정한 친구가 한 명도 없을 것이라고 느꼈다. 그는 결혼한 적이 한 번도 없다고 주장했다. 그의 말로는 "알라와 자신의 일에 너무 열중한" 나머지 그렇게 됐노라고 했다. 나는 그가 혹시 종교적인 길에서 실패할 경우 대신 돈 버는 지름길은 알고 있지 않을까 생각한다. 그리고 그 지름길에서 빠져나오는 많은 길도 이미 알고 있을 것이다. 후에 경찰이 나에게 그가 현장에서 저지른 악행에 관한 서류를 주었다. 먼저 항공편을 통해 이뤄진 무기 밀매로 인한 여러 범죄가 있었다. 쉽게 돈을 얻을 수 있는 방법 중 하나이고, 명성을 얻기에도 좋은 방법이다. 알제리에서 최초로 시작된 이슬람 신앙고백은 2000년에 접어들면서 더욱 급진적으로 변했다. 당시 통합정보국은 그를 감시하는 일에 소홀했다. 왜냐하면 그는 알카에다가 많이 잠입해 있는 파키스탄을 자주 여행했기 때문이다. 그렇지만 라시드는 종교 수업을 받기 위해 그쪽으로 건너갔다. 그는 이슬람의 가장 기본적인 교리인 타우히드Tawhid를 배웠다. 그에 대한 뒷조사를 거의 마칠 무렵 한 경찰이 말해주었다.

"우리가 경건한 나라로 떠나는 모든 사람을 감시할 수는 없는 노릇이에요. 그것이 그들을 테러리스트로 만드는 건 아니니까요. 그래서 더 어렵고 힘들어요. 우리를 무능하거나 혹은 이슬람 공포증이 있는 사람으로 만들어버리니까."

그 당시 국가보안국DGSI[14]은 라시드를 감시하지 않았다. 왜냐하면 그가 그의 조국에 위험한 인물임을 단정할 단서가 하나도 없었기 때

97

문이다.

빌렐은 멜로디에게 아이를 가지고 싶다고 말한다. 그렇지만 그는 온 가족을 '성스러운 땅'으로 송환했다. 특히 시리아에 있는 그의 사촌들은 아주 강력한 패거리를 지어 활동했다. 알 피란지al-Firanzi라는 이름인데, 정확한 내용은 확인할 길이 없다. 알 피란지는 '프랑스 사람'이라는 뜻을 갖고 있다. 그는 그의 형제들에 관해서 뭔가 숨기려는 듯 아주 막연하게 대답한다. 마침내 나는 그에게서 어떤 인간다운 감정을 처음 발견한다. 바로 외로움이다. 공식적으로 그가 인터넷에서 이렇게 웃고 떠드는 것은 어디까지나 자신의 임무를 다하려는 그의 충성심 때문이지만, 사실 그가 이렇게 열성적으로 전도하는 이면에는 이런 식으로 자신의 외로움을 달래려는 의도가 숨어 있었다.

그때 문득 'ask.com'익명의 사용자로부터 질문을 받고 답변을 공유할 수 있는 SNS 사이트에 대해 인터뷰를 자청하고 나선 젊은 지하디스트들이 떠올랐다. 편집국에서는 계속해서 나에게 이 인터뷰를 맡아달라고 부탁했다. 그러나 나는 매번 거절했다. 그들의 협상이 모두 가치가 없었기 때문이다. 그들은 스스로도 이해하지 못하는 어리석은 행위들을 계속 늘어놓았기 때문이다. 그들이 접촉을 시도했던 것이 자신의 행위에 대해 정당함을 주장하기 위해서가 아니었음을 나는 지금에 와서야 알았다. 그들 역시 외로움을 덜고자 했던 것이다. 여느 청소년들과 마찬가지로, 초보 지하디스트들도 SMS로 대화를 했고, 이 나이대를 위

---

14 국가보안국Direction générale de la Sécuritéintérieure으로 내무부 일을 한다.

해 문자를 무제한으로 보낼 수 있는 요금제도 생겼다. 그들에게는 그들만의 언어와 문화가 있다. 그들 나이에는 누구나 자발적으로 전자 기술을 터득한다. 빌렐은 그들의 "큰형님" 세대에 속하며, 그는 자신이 추구하던 바를 종교에서 찾았다고 한다. 감사하는 마음과 마음의 평화가 바로 그것이다. 그가 여기저기서 주위들은 종교 이론을 늘어놓을 때면 그의 눈은 내가 지금까지 보지 못한 총명함으로 빛났다. 어쩌면 내가 어리석은 것인지도 모른다. 그렇지만 그 순간만큼은 그가 솔직해 보였다. 그러나 이런 기분은 금세 사라졌다. 그의 시선에 진심 어린 신념이 조금이라도 깃들어 있었다면…… 흔히 눈을 영혼의 거울이라고 한다. 그의 눈은 진정한 신자만이 갖는 충만함으로 가득 차 있었다. 짧은 순간이었지만 나는 그의 눈에서 얼핏 그의 내면 가장 깊숙한 곳에 숨겨진 것을 보았다. 바로 복수심이었다. 그가 어떤 복수를 꿈꾸고 있는지는 앞으로 내가 알아내야 할 숙제였다. 도대체 어떤 복수이기에 "5만 명을 넘게 죽여서 행복하다"는 말을 했을까…….

우리는 동시에 채팅방을 나간다. 앙드레가 나를 쳐다본다. 그는 나에게 멜로디의 분장 도구를 당장 벗어버리라고 한다. 최소한 히잡만이라도. 오늘 저녁은 특히 내 이런 모습을 보는 것이 몹시 혼란스러운 듯했다. 사실 전날도 나는 이 천조가리를 벗어던지느라 허둥댔었다. 앙드레는 애정 어린 미소를 짓는다. 그렇지만 빌렐을 향한 분노는 가라앉지 않았다. 앙드레는 빌렐에게 온갖 욕설을 퍼붓는다. 그는 빌렐을 마주 보고 그에게 네 가지 진실을 말해주면서 그의 "멍청한 얼굴을 한 대 갈겨주면" 소원이 없을 것이라고 한다. 앙드레는 파리에서

99

보낸 자신의 20대를 회상한다. 그는 사진작가가 되기 전 한때 불량배 생활을 했다. 그는 젊은 층을 겨냥한 사회 풍자와 코미디를 다룬 책에 그의 모험담을 실었다. 많은 영화의 주인공들이 그렇듯이 그도 빌렐처럼 경찰서를 자주 들락거렸다. 불법 침입이나 거래를 하다가 곧잘 걸리곤 했다. 사고사든 아니든 죽은 사람을 제외하고 앙드레는 당시에 알던 패거리들과 계속해서 연락을 주고받았다. 그들 중 몇몇은 개종하면서 삶의 방식을 바꾸었지만 그렇다고 해서 급진주의로 빠진 사람은 아무도 없었다. 하물며 헤지라에 가담한 사람이 있을 리 만무했다. 이런 상황이 앙드레를 혼란스럽게 만들었다.

"적어도 우리는 두목 놀이를 할 때 누군가의 뜻에 따라 놀지는 않았잖아. 특히나 종교와 관련해서는 더더욱 아니었지! 그리고 우리는 누군가를 죽이거나 하지도 않았어. 순진한 젊은이들을 선동해 끌어들이고 이슬람을 더럽히는 아부 빌렐 저자는 미개한 야만인이야. 완전 광신도라고! 그저 범죄자일 뿐이야! 저런 미친……"

앙드레의 생각을 알기 위해 내가 그의 경험까지 낱낱이 공유할 필요는 없었다. 내가 멜로디로 변장하느라 입고 있었던 옷을 다시 갈아입는 동안 앙드레는 다음번에 있을 대화를 마지막으로 이번 조사를 최대한 빨리 끝내버리자고 했다. 다음번엔 무슨 일이 있어도 더 많은 질문을 해서 더 많은 정보를 입수해야만 한다. 그런 다음 인터넷상에서 멜로디의 이름으로 된 모든 계정을 삭제해버리고 기사를 내면 되는 것이다. 그러면 모든 게 끝난다. 우리 이야기는 거기까지다. 나는 앙드레의 일 처리 계획이 마음에 든다. 그렇지만 나에게는 아직 며칠

100

의 시간이 더 필요하다. 내 위장 신분이 여전히 불안하긴 하다. 빌렐과 마주한 멜로디는 단단한 쇠그릇 앞에 놓인 나약한 질그릇 같았다. 나는 빌렐의 신뢰를 얻기 위해 그의 유혹에 함께 장단을 맞춰주느라 많은 시간을 빼앗겼다. 신문기자의 명예를 걸고 이 위험을 감수하면서까지 취재를 감행했는데 만약 이것을 끝까지 해내지 못한다면 나 자신에게 실망감이 클 것이다.

내가 이 기사를 제안한 신문사에서는, 물론 몇몇 편집장과 내 동료이자 친구인 루와 아드리앙을 제외하고는 그 누구도 내가 취재한 주제에 대해서 진지하게 받아들이지 않았다. 어쩌면 지금까지도 내 마음 한구석에서는 이 사실을 믿지 못하는 것처럼 말이다. 나는 '단어의 음절을 뒤집어 말하는 은어'를 사용하면서 젤라바와 베일을 우스꽝스럽게 뒤집어쓰고 알아들을 수 없는 아랍어를 중얼거리는 나를 보면서 웃음을 터뜨리는 앙드레를 상상한다. 그 누구도 심지어 앙드레조차도 알아채지 못한다. 내가 거의 정신분열증에 걸릴 정도로 이 취재에 매달리고 있다는 것을. 설령 내가 빌렐의 발언에 얼어붙어 대화를 중단하는 모습을 보였을지라도 말이다. 앙드레는 멜로디가 아닌 나 안나에게 말을 건다. 나는 미처 안나로 돌아갈 시간도 없다. 잠시 후 본연의 자연스러운 말투로 돌아온 나는 반사적으로 담배를 입에 문다. 그리고 안절부절못하며 내 손가락의 마스코트 같은 반지를 찾기 위해 손을 더듬는다. 물론 채팅할 때마다 매번 빼놓기 때문에 반지는 내 손가락에 끼워져 있지 않다. 앙드레가 생방송 같은 취재가 끝났다는 것을 알고 나서 던진 첫마디는 이랬다. **101**

"넌 정말 둘로 나뉜 것 같아……. 나는 이 취재가 이렇게 위험할 줄은 몰랐어……."

며칠 뒤

나는 하루 대부분의 시간을 내가 일하는 두 신문사의 편집실에서 보낸다. 비정규직의 비애랄까. 최근에는 내 취재에 대해 관심을 갖고 방향을 잡아주는 신문사에서 좀더 긴 시간을 보낸다. 이 편집실에서 일하는 사람들은 모두 서로를 잘 알고 있다. 물론 가끔 의견차를 보이기도 하지만 그래도 우리는 가족과도 같다. 모든 사람이 하나같이 자기 회사에 충성스럽고 헌신적인 사람들이다. 이 스트로마에의 젊은 추종자들은 아즈나부르의 '라보엠'을 흥얼거린다. 우리는 기본적으로 서로에 대한 깊은 애정을 갖고 있다. 우리 사이에 오가는 언어는 잔인하고 직설적이다. 자극적인 단어들이 우리를 두렵게 하지는 않는다. 서로에게 상처를 주는 행동도 많이 했지만 해가 지날수록 안 좋은 기억들은 희미해지고 그 상처도 아물어갔다. 기사가 수장당하는 경우는 다반사이고, 가끔 어려운 주제들을 취재해야 할 때도 있다. 가뜩이나 기자 일을 하면서 힘든 게 많은데 정신적으로 괴롭기까지 하면 이 많은 사람이 한 팀이 되어 서로 가까워지는 것이 생각보다 어렵진 않다.

세월이 지나면서 우리는 모두 한마음으로 일했다. 그리고 적어도 저마다 자기 삶에 대한 기준은 가지고 있다. 현장 취재에 만족하지 않고 자신을 끊임없이 채찍질해가면서 직감에 따라 움직이다보면 좀더 발전된 기사를 쓸 수 있다. 이 위험한 훈련은 내가 다루는 주제에 관해 관찰해야 하는 목표와 후퇴 사이에서 저글링할 수 있는 능력을

103

준다. 이런 수련을 했다고 해서 우리가 매번 목표에 도달하는 것은 아니다. 대신 자기 자신을 위해서 무언가를 남겨놓을 줄은 알게 된다. 우리는 자주 혼자 여행을 한다. 그리고 그런 일은 전혀 불편하지 않다. 오히려 누군가와 저녁마다 볼로네즈 스파게티가 담긴 접시를 앞에 두고 서로 머리를 맞대고 있는 편이 더 어색할 것이다. 유일하게 속내를 털어놓을 수 있는 사람은 호텔 프런트의 안내원이다. 조깅하러 잠시 나갔다가 사라진 부인을 둔 남편이나, 몇 주 전부터 연락이 없는 아들을 찾는 어머니들을 방문하면서 나는 그들의 마음이 어떤지를 적기 위해 손에 수첩을 들고 있지 않을 것이고 입에 볼펜대를 물고 있지도 않을 것이다. 나에게는 이 모든 것이 평범하고 흔한 일이 아니다. 혹시 그들이 자기 집 현관문이 아닌 마음의 문을 열어주고 내가 그들의 속마음에 들어가는 것을 허락한다면 우리는 몇 시간이고 수다를 떨 것이다. 그리고 내가 원래 인터뷰하기로 했던 주제에서 자주 벗어나게 될 수도 있다. 내 동료들과 마찬가지로 나 역시 그들의 고통과 불행을 빨아들이는 스펀지가 될 수 있을 것이다. 가끔 힘들게 써낸 기사들이 보도되지 않을 때가 있다. 그럴 때마다 당연히 실망하지만 결코 상처받지는 않는다. 내가 다른 많은 사람과 공유하고 싶었던 이야기들이 허사가 돼버렸다는 것이 그저 안타까울 뿐이다. 다행히도 우리에게는 돌발적으로 날아오는 통신사의 공문에 굴복하지 않고 우리가 보고 들은 것들을 보도할 수 있는 능력을 가진 리포터가 아직 몇 명 남아 있다. 우리 상사들은 현직에 있기에 우리가 어떤 식으로 성공할지 또는 어떤 문제를 갖고 있는지 누구보다 잘 파악하고 있다. 그렇기 때문에 우리 쪽에서도 그들 중 누구를 믿어야 하는지 알고 있다. 나의 이 가족 같은 동료들은 소위 '젊은이들의 무리'라고 해서 제일 젊지 않은 사람에게 별명을 붙이는 것을 좋아한다. 우리는 자비심과 신중한 조언에 움직이는 결합된 팀이다. 우리와 같은 직업을 가진 사람들은 서로 동맹관계를 맺기에 약간 문제가 있다. 하지만 나는 이 소중한 사람들을 알고 있으니 행운아인 게 분명하다. 특히 아드리앙과 루가 그렇다. 내가 무척 좋아하는 이 둘은 멜로디의 문제에 나와 함께 뛰어들어주었다. 날이 갈수록 그들은 내가 빌렐에게 길들여지는 것에 대해 걱정했다. 그렇지만 저마다 져야 할 삶의 짐이 있게 마련이라 우리는 결국 웃음으로 이런 불안감을 털어버린다.

이날 점심에 나는 그들에게 매일같이 써내려가는 시나리오 안에서 멜로디가 연기해줘야 하는 역할에 대해 이야기한다. 나는 몇몇 가까운 동료와 함께 카페테리아의 테이블에 앉았다. 나는 그들에게 기계 운반을 하는 빌렐의 사진과 멜로디로 분장한 내 모습이 담긴 사진을 보여준다. 사진을 보자마자 모두 킥킥댄다. 루는 웃었고, 아드리앙은 멜로디를 흉내 냈다.

"너 이러니깐 완전 섹시한데!"

"네 연인은 전쟁에 나가기 전에도 항상 이렇게 두껍게 눈 화장을 한대? 이 사람 아이라이너가 다 떨어지면 네 것을 빌려줘야 되겠다!"

빌렐을 조롱하는 것이 왜 이렇게 기분이 좋던지. 아드리앙은 빌렐이 정말 진지하게 내가 스무 살이라고 믿고 있는지 묻는다. 그는 내 과거에 대해 사소한 것까지 세세하게 전부 알고 있다. 그리고 내가 그렇게 젊어 보일 수 있다는 사실이 이해가 가지 않는다는 듯이 말한다. 나는 빌렐이 거기에 대해서는 신기하게도 전혀 의심하지 않는다고 말한다. 그는 내 나이 따윈 신경쓰지 않는 눈치였다. 어쩌면 자신감 넘치는 인물이라 의심이라는 개념이 아예 없는지도 모른다. 문제는 빌렐이 나를 철석같이 믿게 만들기 위해서는 지금까지와 또 다른 설득력 있는 책략이 필요하다는 것이다. 나는 앙드레가 만들어낸 재미난 순간들과 컴퓨터 앞에 앉아 있는 멜로디의 모습을 사진에 담으려고 곡예를 부리던 그의 모습에 대해 이야기한다. 그렇지만 이 '이야기' 중에서 빌렐이 나에게 보여준 그의 사랑에 대해서는 말하지 않는다.

"그런데 어쩌다가 스카이프로 화상채팅을 할 생각을 했어? 그는 너를 볼 수 없어?"

"당연히 볼 수 있지!"

나는 증거라도 보여주듯 만약의 경우에 대비해 가지고 다니는 히잡을 꺼낸다. 히잡을 본 그들은 배꼽을 잡고 웃는다.

"아니, 너 정말 미쳤구나!"

그들 중 한 명은 기가 막힌다는 표정으로 소리친다.

"그럼 그가 너한테 아랍어로 말할 때는 어떻게 해?"

한 친구가 웃음을 터뜨리며 말한다. 나는 가방에서 노란색과 검은색 표지의 두꺼운 책 한 권을 꺼낸다. 최후의 무기라고 할 수 있는 바로 『완전 초보를 위한 아랍어L'Arabe pour les nuls』다. 이쯤 되니 다들 웃느라 정신이 없다. 물론 빌렐과 멜로디는 프랑스어로 대화하지만 아랍어로 된 표현을 수시로 사용하기도 한다. 친구들은 내가 그에게 썼던 문장들을 계속 말해보게 하면서 잘못된 발음을 바로잡아 주었다.

우리는 빌렐을 "내 미래의 남편"이라고 부를 정도로 농담을 주고 받았다. 이렇게 웃다보니 지금 내가 처한 상황의 심각성을 조금이나마 잊을 수 있었다. 사무실로 올라가려는데 루가 나를 따로 부른다. 그리고 나에게 제발 조심하라고 신신당부를 한다. 그녀는 내 이야기가 흥미롭기는 하지만 이런 취재는 너무 위험하다고 한다. 아드리앙도 자신의 사무실로 돌아가기 전에 나를 불러 같은 소리를 한다. 그는 내 취재 아이템이 좋다고 짧게 말하면서 "물론 네가 이 거대한 물고기를 잡을 수 있다면 말이야"라고 덧붙였다. 아드리안은 빌렐이 IS에서 어느 정도로 서열이 높은지 잘 알지 못한다. 물론 그가 중요한 계급에 있다고 하더라도 바뀌는 것은 없다. 이제 모두가 다시 자신의 일로 돌아간다. 내 컴퓨터 화면에는 극단주의 단체의 사이트인 '샴 뉴스Sham news'가 켜져 있다. 여기에는 어쩌면 좋은 정보들이 차고 넘칠 만큼 많을 수도 있다. 이미 다에시의 입김이 닿아 공정성을 잃은 사이트이긴 하지만 말이다.

오후

　몇 시간 동안 빌렐이 나와 대화하며 주장했던 것들의 사실 여부를 확인하고 있는데, 내 회사 메일로 '보도 담당관'인 기톤의 새 메시지가 들어와 있었다. 나는 이 사실을 알고 매우 놀란다. 기톤은 기자 안 나에게 말하고 있는 것이다. 그는 멜로디의 존재를 알지 못한다.

　기톤은 새로운 소식을 전한다. 그는 어느 테라스에서 "침략자들을 감시하며" 지루한 시간을 보내고 있다고 했다. 나는 그가 유명한 미국 드라마인 「왕좌의 게임Game of Thrones」에서처럼 전망대 같이 높은 곳에 앉아 혹시 위험한 상황이 닥치면 나팔 불 준비를 하고 있는 모습을 상상한다. 어쩌면 이 두 세계에는 유사한 점이 많은지도 모른다. 가상에서처럼 IS의 테러리스트들도 계속해서 정복을 해야 한다. 그들의 삶에 상징적인 것은 없다. 그저 침입하고 훔치는 것이 전부다. 그리고 우리는 이 모든 것이 진행되는 동안 흘린 피로 다른 것을 변호한다. 이것은 단순히 테러리스트들과의 전쟁의 문제가 아니다. 내 생각에 기톤은 프랑스인이기 때문에 분명 빌렐을 알 것이다. 시리아에 있는 이슬람인 인명사전을 쥐고 있는 셈이다. 어차피 그는 웬만한 사람은 다 안다. 나는 어떤 신문에서 아부 빌렐에 대한 기사를 읽었다고 핑계 대며 혹시 그를 아는지 물어본다. 기톤은 나에게 안다고 대답한다. 나는 기뻐서 어쩔 줄 모른다. 그리고 그는 "빌렐은 우스운 사람이 아니야. 나는 그를 무척 존경해. 그는 우리에게 체첸에서 취득한 게릴라 부대의 기술을 전수해주는 일을 해. 그는 지휘관이야. 특히 프랑스인 군인 중에서는 아부 바크르 알 바그다디와 가장 가까운 사람이기도 하고."

기톤은 빌렐과 바그다디의 관계의 중요성을 강조하기 위해 자신의 문장에 열 개도 넘는 느낌표를 붙였다. 그 누구도 나에게 이보다 더 좋은 정보를 줄 수는 없을 것이다. 나는 별 뜻 없이 혹시 바그다디가 다에시의 지도자인지 묻는다. 나는 이미 사실을 알고 있지만 단지 그가 나에게 어떻게 말해줄 것인지 궁금했다.

"그래."

그는 대답한다.

"바그다디가 IS의 대장이 맞아."

기톤은 사실 자신도 그가 어디에 있는지 모른다고 덧붙인다. 그러나 대장은 모든 것을 감독한다. 사실 "역사가 그를 정해놓은 것처럼 그는 곧 최후의 칼리프가 될 것"이라고 했다. 기톤도 이 질문만큼은 피하려는 눈치다. 그러면서 그의 신상 나이키 신발을 자랑한다. 왜냐하면 "시리아에서는 너무나도 저렴하기 때문"이다. 그는 내 기사에 자신에 대해 잘 써달라고 부탁한다. 나는 잠시 일손을 놓고 인터넷으로 바그다디의 정보를 뒤적인다.

내가 이미 알고 있는 사실들보다 더 많은 정보를 찾을 수가 없다. 아부 바크르 알 바그다디, 그의 진짜 이름은 이브라힘 아와드 이브라힘 알리 알 바드리Ibrahim Awad Ibrahim Ali al-Badri이고, 42세의 이라크인으로 여러 개의 위조 신분을 갖고 있는 것으로 알려져 있다. 미국 정부는 그가 있는 곳의 정보를 주는 사람에게는 누구든 1000만

109

달러를 포상금으로 지급하고 있다. 나는 여기서 뭔가를 알아낸다. 바로 『타임』 지가 선정한 세상에서 가장 위험한 인물의 실체를……. 그리고 거기서 이 전쟁을 위해 태어난 사람이자 거대 망상증에 사로잡힌 이 사람이 바로 내가 아는 프랑스인이라는 것을 확인한다……. 그 사람은 바로 나를 미래의 부인이라고 말하는 빌렐이었다! 어제 빌렐은 멜로디에게 두 사람이 이라크와 시리아의 경계 지역에서 만났다고 했다. 나는 단 1초도 이 말을 믿지 않았었다. 빌렐이 IS 지도자의 오른팔인 프랑스인이라니, 사실인가? 나는 아드리앙이 방금 전에 복도에서 말한 "거대한 물고기"에 대해서 생각한다.

나는 크게 심호흡을 한다. 모든 것이 다 잘 지나갈 거야.

나는 같이 사무실을 나누어 쓰는 동료들에게 이 정보를 알려주려고 고개를 쳐든다. 그들은 항상 친절하며 우리는 즐겁게 웃으며 일해왔다. 그 시각, 페이스북의 멜로디의 계정은 빌렐의 메시지로 폭격을 맞은 듯했다. 같은 내용의 메시지 두 개가 열 번도 넘게 계속해서 들어왔다.

"여기 있어?"

"자기야!!! 여보세요!!!!! 여보세요!!!!!"

답장은 저녁에 해야겠다. 이 많은 사람 앞에서 대화한다는 게 엄두가 안 난다. 모든 사람의 주목을 받는 일이 아무래도 내키지 않는다. 나는 잠시 숨이 막힐 듯한 긴장감에 휩싸였지만 불안하지는 않았다. 오히려 그 반대였다. 멜로디와 빌렐의 이야기는 나를 더 성숙하게 만들어줄 것이다. 이 영화 같은 현실을 벌써 끝낼 수는 없는 일이다.

내가 만약 이 시점에서 그만둔다면 그건 참으로 어리석은 일이 될 것이다. 나는 리포터들에게 둘러싸인 이 바닥에서 인정을 받게 될 것이고, 개중에는 1차 걸프전쟁을 취재한 리포터들도 있다. 나는 그들이 방탄조끼를 갖추고 마치 매일매일 지하철을 타는 사람들처럼 정기적으로 전장을 향해 떠나는 것을 본다. 나는 사실 멀리 갈 필요도 없이 바로 이 나라 안에서 벌어지는 많은 사건 현장들을 수시로 봐왔다. 프랑스에서는 많은 인명을 빼앗는 폭동 및 좌파와 우파의 대립, 이민자에 반대하는 시위, 또는 이런저런 반대 시위들이 일어난다. 분명 터키나 그 외의 다른 나라도 마찬가지일 것이다. 그렇지만 지금 나는 파리에 있다. 위험을 자각하고는 있지만 동료들에게 웃음거리가 될까봐 내색하지 않는다. 분명 어딘가에 위험이 도사리고 있다. 그렇지만 위협을 느끼지는 않는다. 사실 사람들은 모두 위험을 안고 살기 때문이다.

오늘 하루 동안 나눈 온갖 대화가 내 머릿속에서 메아리치고 있다. 내 친오빠는 미셸 오디아르가 한 유명한 대사를 즐겨 읊곤 했다. 그것은 바로 "앉아 있는 두 지식인이 항상 걷고 있는 지식이 없는 사람보다 멀리 가지 못한다"였다.

같은 날, 오후 5시 30분

이렇게 하루가 끝난다. 나는 앙드레와 함께 신문사를 나온다. 앙드레는 아침부터 내내 나에게 괜찮냐고 물어본다. 그리고 이제 한 번만 더 하고 이 취재는 바로 끝내야 한다고 못을 박는다. 그는 내가 아무렇지도 않아 보이는 것이 놀라운 모양이다. 그의 걱정이 나를 감동시킨다. 그렇지만 앙드레의 말이 옳다. 혹시 바그다디가 실제로 이 남자의 뒤에 숨어 있다면, 혹시 빌렐과 친해서 이런 사실을 모두 공유한다면, 내 취재는 여기서 끝내는 편이 나을 것이다. 나는 이번 프로젝트를 감독하는 편집장에게 바그다디가 이번 일에 관여되어 있을 수 있다는 사실을 알려주었다. 앙드레는 사실이 아닐 수도 있다고 말한다. 나는 그것이 빌렐의 의심을 불러일으키지는 않을 것이라고 했다. 흙으로 빚은 토기가 쇠그릇을 제어하려면 멜로디는 참을성 있게 계속 기다리면서 이 테러리스트의 영혼을 가진 자에게 항상 귀를 쫑긋 세워 열어두어야 한다. 나는 이 모든 것이 마지막 한 번의 대화로는 이루어질 수 없다고 주장한다. 그가 만약 가증스럽게도 멜로디와 그녀의 감정을 그저 가지고 논 거라면, 그리고 다른 사냥감에게도 이와 똑같은 방식을 취했다면, 그가 그녀에게 정을 느끼지 않았다면 이 관계가 이렇게까지 오랫동안 지속될 리가 없다. 며칠 전부터 대화를 할 때마다 나는 그와의 대화를 초조하게 기다리는 자신을 발견했다. 어느 순간 그것은 단순한 '채팅'이 아니게 되어버렸다. 만약 멜로디가 시리아로 떠난다면 그녀는 정말로 빌렐과 결혼할 것이다. 그는 멜로디

를 군인에게 휴식 삼아 주는 그저 그런 먹잇감, 즉 성노예로 만들지
는 않을 것이다. 그렇다고 해서 그가 다정한 남편이 되리라고 보기는
더더욱 어렵다. 나는 그 정도로 어리석지는 않다. 그는 누차 부정했지
만 적어도 한 명의 부인이 어딘가에 있을 것이다. 어찌되었든 그에게
야간 채팅은 마치 사격 훈련으로 하루를 보낸 자기 자신에 대한 보
상일 것이다. 그는 그녀의 꿈을 꾸면서 잠든다. 나는 그가 무슨 상상
을 하는지 알고 싶지는 않다. 이것이 바로 내가 가진 유리한 조건이
다. 그는 자신이 멜로디를 속이고 있다고 생각할 것이다. 그렇기 때문
에 지금 이 순간 완전히 마음을 놓고 설마 그녀가 그를 속이고 있다
고는 꿈에도 생각지 못할 것이다. 그녀는 그를 자기 꾀에 스스로 빠
지게 함으로써 그의 속임수를 비웃었다. 나는 아직까지는 내 아바타
가 필요하다. 만약 내가 너무 빨리 공격한다면, 물론 지금도 조금 이
른 감이 있지만, 내가 지금까지 해온 조사를 위험에 빠뜨릴 수도 있
다. 이번 주말쯤에는 며칠 휴가를 가야겠다. 그 시간만큼은 나도 이
이야기에서 벗어나고 싶다.

　시리아에서 저녁 7시면 프랑스 시각으로는 저녁 6시다. 빌렐은 컴
퓨터 앞에 앉아 한 시간 전부터 멜로디를 기다리고 있다. 그는 기분
이 아주 좋다. 스스로 모든 준비를 했다고 생각한다. 민병대원은 그
가 되고 싶은 전사의 모습보다는 겉치레만 신경 쓰는 '핸섬 보이'의
모습에 더 가까웠다. 나는 이제 더 이상 그나 그의 동료에 대해 어떤
이야기를 들어도 놀라지 않을 것이다. 그러면서도 또 한편으로는 그
의 광신적인 모습과 아직 어린 멜로디를 대하는 모습은 나를 놀라게

113

하는 데 성공했다. 일이 여기까지 진행된 상태에서 나는 더 이상 웃고 싶지 않다. 그렇다고 해서 울고 싶다는 것도 아니다. 빌렐은 어둡고 텅 빈 사이버 카페의 찢어진 소파에 기대어 있을 것이다. 그와 약속한 사람이 오는 것을 보고 눈을 뜰 것이다. 그는 자신이 좋아하는 불량배의 포즈를 흉내 내며 그의 설렘을 감춘다. 고개를 약간 뒤로 젖히고는 얼굴을 거의 가리다시피 하는 금색 코팅된 레이 밴 선글라스를 낀다. 별로 늦은 시각이 아닌데도 주위가 벌써 어둑해지기 시작한다. 그리고 차 안은 한층 더 어둡다. 그는 두꺼운 항공점퍼를 입고 있다. 그의 이런 모습은 허치의 시종인 스타스카이 2004년에 제작된 토드 필립스 감독의 영화 「스타스키와 허치」에 등장하는 두 주인공와 비슷한 느낌을 준다. 빌렐은 하루 종일 그에게 있었던 일을 멜로디에게 말하고 반대로 멜로디는 그의 '일'이 그를 얼마나 위험에 노출시키는지에 대해서 설명한다. 그녀는 그가 위험해질까봐 두려워한다. 앙드레가 눈을 크게 뜬다. 빌렐은 멜로디를 안심시킨다. 그는 용감한 사람이다. 그는 이미 많은 위험을 감수했다. 그를 두렵게 하는 것은 아무것도 없다. 그러나 그에게 아무런 계책이 없었다면 그는 자신이 속해 있는 곳에서 지금까지 살아남지 못했을 것이다. 나는 그가 '위대한 책략가'라는 소리를 듣고 싶어한다는 걸 안다. 빌렐의 지나치게 겸손한 태도에 멜로디는 그저 감탄할 수밖에 없다. 그녀는 그에 대해서 점점 더 알고 싶어진다. 빌렐이 자신의 일상생활에 대해 약간의 이야기를 들려준다.

전투 기간에 따라 군인들은 차 안에서 단 몇 시간의 휴식을 취하는 경우도 있다. 그는 하루에 적게는 두 시간에서 많게는 다섯 시간을 잔다고 한다. 나머지 시간은 바그다디에게 충성하지 않으면 제대로 살아가기 힘든, 다에시의 사령부인 라카 아니면 20킬로미터 떨어진 인근 마을에서 보낸다. 아니다. 그는 더 이상 알레프에 있지 않다. 그러나 멜로디의 안전을 보장하기 위해서는 정확히 어느 곳에 있는지 모르는 것이 낫다. 라카에서는 샤리아가 말 그대로 엄격하게 지켜지고 있다. 빌렐은 이렇게 단단하게 틀에 박힌 듯 글자로 쓰인 종교적 가르침을 좋아한다. 그는 멜로디에게 아주 아름답고, 얽매이지 않고 자유롭게 커피를 마시며 영화를 보고 쇼핑하는 인생을 보여준다. 그와 그의 사람들이 이 도시를 만들어냈다. 그리고 그곳의 주민들은 그들을 찬양하고 경의를 표한다.(사실 주민의 4분의 3이 마을을 떠나고 싶어하지만 다에시가 법으로 이주를 금지했다.) 빌렐은 경찰이든 IS든 모두가 그의 민병대와 같다고 한다. 그는 멜로디에게 라카에서는 여자들이 하나같이 몸과 얼굴을 가리고 다녀야 한다고 설명한다. 그리고 특정한 시간대에만 자신들의 남편이나 남자 형제들의 동반하에 외출이 가능하다. 그것이 유일한 단점이다. 그의 관점으로 봤을 때 사실 그것은 단점도 아니다. 라카의 거리에서 남편을 동반한 여자가 혹시 자신의 몸을 '제대로 가리지 못했다면' 다에시는 그녀의 남편에게 75~200유로의 벌금을 매긴다. 그리고 즉석에서 이 범법 행위에 대한 해결책을 마련하지 않으면 그의 부인은 사형을 당할 것이다. 만약 남편이 젤라바를 입고 있지 않거나 수염을 기르지 않았다면 다에시는 그에 대해서도 30유로 정도의 벌금형을 내린다. 마을 주민들은 IS에 꼼짝없이 포위당했다. 한마디로 '그들이 원하는 대로 움직이지 않

115

으면 죽음'이다. 이것이 독재 정권 치하에서 늘 반복되는 암울한 현상이다. 다에시는 이슬람의 다섯 가지 기본 교리 가운데 하나에 해당되는 돈은 정당한 것으로 받아들였다.[15] 바로 자캇zakat 자선, 기부의 뜻으로 일종의 세금인데, 이것을 왜 내야 하는지 아는 사람은 아무도 없다. 알아서도 안 된다. 사실 이슬람에서 자캇은 동냥하는 사람을 도와주어야 한다는 상징성을 지닌다. 구약성서에서 신은 "다른 사람을 자신처럼 돌보라"고 말한다. 그러므로 자캇은 수염이 너무 짧다거나 베일을 대충 둘렀다거나 '다에시의 국고'보다 돈이 많은 사람이 석유를 팔아 하루에도 수백만씩 긁어모은다거나 조직의 살상 계획에 자금을 대는 것과는 전혀 상관이 없다.

라카에서 빌렐은 휴대전화를 갖고 있으면 안 된다. 추적당할 수 있기 때문이다. 그는 무전기로만 통신이 가능하다. 아니면 아주 가끔씩 인터넷을 이용한다. 물론 모든 사람이 서로 무슨 일을 하는지 볼 수 있는 사이버 카페는 빼고 말이다. 그렇기 때문에 빌렐은 매일 아침 6시에 일어나서 멜로디에게 부드러운 말 한마디를 하기 위해 인적이 드문 장소를 찾아 나선다.

"좋은 하루, 베이비. 가끔은 내 생각도 해줘. 나는 항상 네가 보고 싶어."

그는 빨간 하트 모양의 이모티콘들도 함께 보낸다. 처음에는 이 모

---

15 알라 외에는 어떠한 신도 존재하지 않으며, 무함마드는 하나님의 전령이다. 하루에 다섯 번의 예배를 드려야 한다. 라마단의 달에는 금식을 한다. 가난해서 동냥하는 사람들을 위한 세금을 낸다. 일생에 한번은 메카로 순례여행을 간다.

든 것이 나를 얼어붙게 만들었다. 그렇지만 이제는 이런 것들을 보면 서 앙드레와 더불어 이 비밀을 함께하는 동료들과 웃어넘길 수 있는 정도가 되었다. 그리고 멜로디를 향한 그의 이 숨 막힐 듯한 태도를 어느새 즐기고 있었다. 그 생각을 하자 컴퓨터를 바닥에 패대기치고 싶은 충동이 인다. 나는 고개를 들어 하늘을 바라본다.

빌렐은 매일 아침 다른 군인들을 돕기 위해 무기를 가득 실은 차를 타고 병에 담긴 자신이 좋아하는 코코아 우유를 마시며 300킬로미터를 달린다. 그는 멜로디에게 이 이상 세세하게 설명해주지 않는다. 그는 가끔 매우 민감한 지역들 사이로 움직여야 한다. 나는 그가 지금 이라크 국경지대 근처에 있고 그의 사령부에서 300킬로미터 떨어진 데이르 에조르에 있다고 확신한다. 그는 이동하면서 프랑스인들로 구성된 전투부대에 명령을 전달한다. 그는 전장으로 가는 사람들에게, 그리고 IS의 지배하에 있는 마을에서 경찰 노릇을 하는 사람들에게 우선순위를 정해준다. 그들은 불신자들을 관리한다. 그들은 종교 수업과 언어 수업도 직접 준비한다. 왜냐하면 군인들이 세계 곳곳에서 무작위로 들어오는데, 그들이 모두 아랍어를 쓰는 것은 아니기 때문이다. 게다가 시리아에 있는 무자히딘들은 그들 고유의 아랍어를 쓰기도 한다. 같은 아랍어라도 지역마다 각기 방언이 있기 때문에 이러한 지속적인 교육이 없으면 그들은 서로를 이해하지 못할 것이다. 빌렐은 지휘관이다. 그렇기 때문에 그는 추후 벌어질 상황과 문제들을 예상하고 미리 대처해야 하는 것이다. 그는 제한된 위원회들로만 이루어진 비밀회의에서 나왔던 내용들을 멜로디에게 상세히 이야

117

기해준다. 그들은 이라크인이거나 알카에다 사람들이다. 그들은 매번 시리아와 이라크를 연결하는 비밀 지하 터널에서 이 회의를 열었다. 빌렐은 자신이 카드를 쥐고 있다고 하면서 많은 약속 장소를 전부 외우고 있다고 자랑한다. 그는 그가 직접 판 비밀 지하 터널도 몇 개 있다고 한다. 빌렐은 이 회의에서 "평화 협상"을 맡고 있다고 말했다. 왜냐하면 그가 프랑스인 중에서 직급이 가장 높고, 알 바그다디의 측근이기 때문이다. 그는 처음으로 멜로디에게 그와 '칼리프'의 관계 및 기톤의 목적을 말해준다.

빌렐은 최근에 알 바그다디가 자신에게 알 줄라니를 보냈던 이야기를 한다. 그는 무의식적으로 순진한 멜로디에게 허풍을 늘어놓는다. 덕분에 나는 아주 소중한 정보들을 모을 수 있었다. 아부 모하메드 알 줄라니는 알카에다에 속한 시리아인 분대의 대장이다. 시리아와 이라크에서 서로 맞서고 있는 여러 민병대 사이에서 그는 어느 순간 혜성처럼 나타나 중동 테러리즘의 간판이 되었다. 다에시가 빌렐에게 그런 사람과 협정을 맺으라고 보냈다는 사실만으로도 빌렐이 조직에서 상당히 중요한 자리를 차지하고 있다는 것을 확인할 수 있었다. 멜로디는 아무것도 모르는 척 시치미를 떼고 빌렐에게 마지막 만남은 어떻게 되었느냐고 묻는다. 빌렐은 두 사람이 동의하는 걸로 끝났다며 자랑스럽게 말한다. 그리고 칼리프는 조만간 이 협정을 발표할 것이다. 그런데 그건 누가 실행할 것인가? IS가 할 것인가, 혹은 알 누스라, 아니면 알카에다의 중심인물이 나설 것인가? 멜로디는 빌렐에게 자신이 아는 게 꽤 많다는 것을 보여주기 위해 물어본다. 빌렐의 얼굴이 일그러진다. 이것은 아주 중요한 문제다. 왜냐하면 모든 사람이 자신의 이름을 역사에 남기고 싶어하기 때문이다. 그는 두 사람이 적정한 타협점을 찾았다고 말한다. 시리아는 IS가 될 것이다. 알카에다가 서구를 집중적으로 관리하게 될 것이고 시리아에 있는 다에시의 존재감이 더욱 커질 것이다. 그는 간접적으로 이렇게만 말한다.

멜로디는 기회를 놓치지 않고 그에게 석유에 대해서 묻는다. 이 광신도는 으레 그랬듯이 질문을 못 들은 척할 것이다. 그리고 갈수록 번창하고 있는 석유 정제공장에 대해 말하지 않을 것이다. 그는 민족을 해방시키고 나쁜 사람들과 싸워서 이긴다. 멜로디는 그의 용기에 감탄한다. 그렇지만 그렇다고 해서 그녀가 그의 환상을 모두 이해한다는 것은 아니다. 그럼에도 불구하고 그녀는 그의 사상이 옳고 고귀하다는 것은 알고 있다. 이 남자는 그녀보다 인생에 대해서 너무나도 많은 것을 알고 있다. 그녀는 깊은 인상을 받았다. 그녀는 몇 명의 IS 전사가 그쪽에 있느냐고 묻는다.

"여기서는 IS라고 하지 않고 다우라 이슬라미야 피 이라크 와 샴 Dawla islamiyya fi Iraq wa Chaam 다에시의 원말이라고 해! 우리는 적어도 10만이 넘는 군대야!"

"아 그래? 그렇게나 많아?"

"어쩌면 10만도 넘을 수도 있어⋯⋯. 기차로 그것들이 계속해서 오면 6개월 정도 후에는 50만이 족히 넘을 거야."

"기차로 그것들이 온다니?"

"매일같이 새로운 전투원들이 기차로 도착하니까. 많은 프랑스인과 벨기에인과 독일인이 있어. 그리고 튀니지 사람들도 엄청나게 오기는 해. 근처에 있다가 우리에게 가담한 수니파 무장 세력들도 있고, 세계 곳곳에 퍼져 있는 우리에게 충성을 맹세한 보코 하람[16] 같은 분대들까지 사실상 셀 수도 없지."

물론 이 숫자는 조금 부풀려진 듯 보인다. 하지만 그 외 나머지 이야기는 거짓말 같지만 사실이다…….

빌렐은 오늘 저녁 비밀의 광맥 같은 존재다. 멜로디는 이것을 이용한다.

"내가 너한테 얼마나 관심이 많은 줄 알아? 혹시 너한테서 연락이 없을 때에는 나 혼자 이것저것 알아보곤 해. 그러다보니까 네가 있는 그곳은 모든 것을 잘 준비할 거라는 생각이 들더라. 그곳은 대체 어떻게 돌아가는 거야?"

"각자 자기 직위에 맞게 업무가 정해져 있어. 우선 이런 일에 전혀 경험이 없는 자들은 거의 똑같은 과정을 거치게 돼. 오전에는 언어 수업이 있고 오후에는 사격 훈련이 있어. 잠은 카티바[17]에서 프랑스어권 사람들과 함께 자고. 그리고 경험이 풍부한 군인들이 너의 영적인 신

---

16 나이지리아인들로 이루어진 극단적인 테러 단체다. 이 이름은 "서양식 교육은 죄악"이라는 뜻을 가지고 있다. 그들의 지도자인 아부카타르 셰카우는 2014년 4월 15일에 일어났던 273명의 여자아이 납치 사건의 주동 인물이다. 이 일을 계기로 전 세계가 '소녀들을 돌려달라Bring back our girls'라는 캠페인을 벌였다.

17 IS가 만든 주거지나 건물들.

앙생활을 이끌어주도록 함께 지내게 되지. 2주 정도가 지나서 전쟁에 나가 충분히 싸울 수 있을 정도가 되면 전장에 투입돼서 비밀활동을 하게 돼. 예를 들어 만약 군인 모집이나 간첩활동 등 특정한 분야에서 뛰어난 실력을 갖추게 되면, 부상을 입고 병원에 후송된 지하디스트를 방문한다든가 필요한 곳에 약을 공급하는 등 고귀한 임무를 맡게 되지. 그리고 누구든지 원하면 설교자가 되어서 무지한 사람들에게 코란을 가르칠 수도 있어. 남은 시간에는 네가 하고 싶은 건 뭐든 다 해도 돼. 이곳에서의 인생은 아름다워. 그리고 거기에 드는 비용도 얼마 안 돼! 우리는 자유롭게 살기 위해서 싸우고 있는 거야!"

자유롭게 살기 위해서라……. 빌렐은 멜로디에게 보여준 유토피아의 모습을 생각하며 지하디스트 대부분이 실제로는 말단직 역할을 하고 있다는 사실을 인정하지 않으려고 매우 조심한다.

"그렇지만 나는, 예를 들면 나는 돈이 없어. 거기서 사는 데 많은 돈이 필요 없다고는 하지만 샤리아를 지키려면 나는 일을 할 수가 없는데, 어떡해?"

"너는 달라. 너는 여자잖아. 게다가 내 미래의 부인이기도 하고. 인샬라. 어쨌든 조직에서 충성스러운 사람들에게는 한 달에 50에서 250달러[18]는 주니까. 너는 프랑스에서보다 훨씬 많은 돈을 가질 수 있어! 부자도 될 수 있어. 프랑스에서는 일부 부유층만 모든 걸 누리고 너 같은 애는 힘들고 소외된 삶을 살지만 여기서는 우리가 신앙심

---

18 시리아에서 인구 한 명당 평균 월급은 218달러 정도다.

없는 프랑스인의 등을 쳐 먹지! 그렇지만 남녀가 똑같은 임무를 받지는 않아. 방금 말한 건 남자들의 교육 방법이야."

"내가 알기로는 가미카제가 된 사람들은 빨리 죽고 싶어한다던데, 너무 초조해서 그러는 걸까. 어쩌면 그들의 고향으로 돌아가고 싶어 하는 것일 수도 있잖아. 돌아간다고 해도 결국에는 교도소에서 여생을 보내게 되겠지만. 진짜야?"

나는 니콜라 봉의 일을 떠올리며 말했다. 툴루즈 출신의 이 젊은 기독교인은 뒤늦게 이슬람으로 개종했다. 그는 그의 둘째 동생과 함께 올랑드 대통령에게 개종할 생각은 없냐고 묻는 동영상을 만들어 유명해졌다. 그는 웃는 얼굴로 많은 유럽인을 시리아에 있는 지하드에 합류하라고 초대했다. 그는 그의 동생도 자신을 따라서 입대하게 했다. 그러나 그의 동생은 몇 달 뒤에 죽었다. 이제 겨우 스무 살의 어린 나이에 그는 자신이 왜 죽어야 하는지도 모른 채 죽었다. 그 후 외국어 선생과 유럽인 모집책이라는 두 가지 직책을 맡고 있던 니콜라는 자발적으로 가미카제 작전에 합류한다. 다에시 진영에 합류한 이후 처음으로 가미카제 작전에 참여한 것이었다. 그는 알레프 근처에 주차되어 있던 트럭에서 자폭했다. 그 당시 나는 그가 죽기 몇 분 전의 사진을 보았다. 많은 이슬람인이 신을 향해서 그러듯 그는 검지로 하늘을 가리키고 있었다. 그의 얼굴에 나타난 미소는 전에 대통령에게 말을 건넬 때 지었던 웃음과는 전혀 달랐다. 그의 눈빛은 공허했다. 아니 더 정확하게 말하자면 환멸에 가득 찬 눈빛이었다. 두 아들의 죽음 후에 나는 그들의 아버지를 만났다. 순조롭게 돌아가는 태양열 집열판 제조회사의 대표였다. 그는 일 때문에 기얀에 정착하게 된 지 벌써 몇 년이 되었다고 말했다. 제라르 봉과 인터뷰 약속을 잡아 만난 날엔 비가 내렸다. 우리는 카엔 마을에 있는 한 우울한 호텔의 홀에서 만났다. 그는 듬직한 손을 내밀며 악수를 청했다. 나는 평생을 짊어져야 할 슬픔으로 가득한 그의 얼굴을 훑어보았다. 한 가족의 가장은 이렇게 말문을 열었다.

"미리 말하지만 나는 딱 20분만 인터뷰할 거요. 남의 사생활을 엿보거나 가식적인 눈물 혹은 감동을 주는 저널리즘 따위는 내 취향이 아니라서."

5분쯤 지나서 내가 그에게 이제 혼자 남은 막내아들에 대해 책임감을 느끼지 않느냐고 물었다. 순간 그는 갑자기 눈물을 흘리며 무너져내렸다. 나는 이미 그 전날 친구 무리에 섞여 있는 그의 막내아들을 보았다. 그의 친구들은 그의 형들의 친구이기도 했다. 내 눈에는 그가 충격을 받아 자책감으로 괴로워하고 있는 듯 보였다. 물론 나도 가끔 가까운 지인들의 죽음을 접할 때마다 엄청난 슬픔에 빠지곤 한다. 하지만 이 슬픈 감정이 평생 동안 가게 하지 않으려면 어느 정도 슬픔을 다독거려 감정을 잘 추슬러야만 한다. 고인의 이야기를 하는 대신 나는 이 가족의 아버지에게 살아 있는 사람들에게 최선을 다해 헌신해달라는 당부를 했다. 형제들 중 혼자 남게 된 막내아들을 위해서라도. 나는 그에게 내 자신의 두려웠던 경험들에 대해 털어놓았다. 내게 도움을 주었던 열쇠들도 함께 알려주었다. 그렇지만 우리는 살아가면서 결코 똑같은 자물쇠를 만나지 않는다. 그게 인생이다. 나

123

는 그렇게 할 수밖에 없었다. 하나도 아니고 두 아이를 잃은 괴로움을 겪으면서도 내게 말을 하겠다는 이 아버지에게 나는 그래야만 했다. 그리고 이 조용하고 신중한 남자는 그에 대한 보답에서인지 그가 직접 겪은 일들을 들려주었다. 그는 니콜라에게 돌아오라고 끊임없이 설득하고 명령했었다. 그렇지만 그는 매번 같은 말만 되풀이했다고 한다.

"그랬으면 좋겠지만……. 우리는 시리아를 그렇게 쉽게 떠날 수가 없어, 아빠……. 그리고 만약 내가 성공하더라도 프랑스에 돌아가면 어차피 나는 교도소행이야."

그는 자기 동생의 죽음에 대해 책임감과 죄책감을 느끼고 있었다. 그는 죄책감에서 벗어나지 못해 결국 자살을 택했던 것 같다. 빌렐이 멜로디에게 대답해주고 있을 동안 나는 이 가족의 망가진 삶에 대해 잠시 생각했다.

"전혀, 오히려 그 반대야. 가미카제는 누구보다 강한 병사들이야! 우리는 우리 힘을 두 가지로 평가해. 바로 믿음과 용기지. 알라를 위해 자폭할 준비가 된 사람들은 명예와 함께 천국으로 가게 되어 있지."

물론 가미카제가 그들의 인생을 희생할 준비가 되어 있는 완벽한 전투병일 수도 있다. 그러나 다에시에서는 대부분 가장 힘없는 사람들이 쉬운 업무를 맡는다. (예를 들면 운전을 한다거나 식사를 준비한다거나…….) 그리고 그들보다 조금 나은 사람들에게 자폭 임무가 맡겨진다. 하나가 빠지면 다른 하나가 들어오고……. 그들의 집단은 날이 갈수록 커지고 있다.

"너는 매일같이 오로지 한 가지만 기다린다고 말하잖아. 천국. 그런데 너는 왜 가미카제 작전에 직접 참가하지 않는 건데?"

그는 바로 대답하지 않고 뭔가 생각한다.

"여기서는 아직 내가 필요해……. 아직 내 시간이 되지 않은 거지. 인샬라."

"아까 새로운 사람들이 온다고 했는데, 그럼 너 같은 사람은 어떻게 되는 거야? 경험도 있고 나이도 있고 그러면? 넌 서른여덟이라고 했잖아. 여기 뉴스에서 보면 거의 미성년자나 이제 갓 성인이 된 젊은 청년들이 시리아로 몰리고 있다고 하던데?"

멜로디가 지능적으로 빌렐의 기분을 상하게 한다. 빌렐은 토라진 척 불만 섞인 투로 말한다.

"넌 내가 서른여덟이라는 건 어떻게 알았어?"

나는 당장이라도 자신이 천재적인 첩보원이라고 자만하는 이 멍청이에게 그의 스카이프 계정 프로필에 모두 써 있다고 말해주고 싶었다. 사는 곳: 라카, 국적: 프랑스, 그리고 나이: 38세. 좀더 사적인 프로필을 보면 빌렐은 1976년에 태어났다. 내 친오빠 중 한 명과 같은 해에 태어났기 때문에 나는 그것을 잊을 수가 없다. 운명의 아이러니인가, 나는 이 1976년이라는 숫자를 잘 보이지 않는 약지에 아주 작은 글자로 문신했었다. 다행스럽게도 빌렐과 우리 오빠가 같은 날에 태어난 것은 아니다. 멜로디는 그저 인터넷으로 봤다고 한다. 빌렐이 마초처럼 반응한다.

"그래, 그렇지만 난 내 나이로 보이지는 않아. 모든 사람이 내가 스 **125**

물이나 스물다섯이라고 믿고 있어. 내가 좀 동안이거든! 그리고 나이는 숫자에 불과해. 얼마나 많은 유럽 여자가 나를 위해 여기로 오겠다고 난리를 피우는지 너는 모를 거야. 자기도 직접 보면 내가 맘에 쏙 들 거야……."

이건 꿈이다! 빌렐은 이제 마치 자기가 록스타라도 된 듯이 말한다! 앙드레가 고개를 치켜든다. 나는 그가 빌렐이 했던 말을 다시 한 번 되새김질하는 것 같은 느낌이 들었다. 그리고 짜증내지 않으려고 엄청난 노력을 하고 있다는 것도 느껴졌다. 멜로디는 어쩌면 그녀의 사랑 빌렐에게 "지하드 메트로섹슈얼"의 모습을 유지하게 하기 위해서라도 그에게 안티에이징 주름개선기능 크림을 보내줘야겠다고 생각한다. 나는 이 세련된 군인의 새로운 면모를 보기 위해 잠시 말을 멈춘다. 유감스럽게도 인류학적인 관점에서 보면 그가 매력적이라는 사실을 발견한다. 그렇지만 나는 앙드레의 그만했으면 좋겠다는 눈치를 알아챈다.

"그럼 여자들은 뭘 해야 하는 건데? 혹시 개종하면 뭐가 달라져?"

"전혀! 우리 지하디스트는 개종한 여자들을 좋아해!"

그는 웃는다. 그리고 나와 앙드레는 서로 놀란 눈빛을 주고받는다.

"왜?"

멜로디가 묻는다.

"마샬라! 왜냐하면 개종한 여자들은 종교에서 더욱 준엄하기 때문이지. 그리고 인생이 훨씬 개방적이 된다고 할 수 있어! 너 같은 여자들은 신앙심이 없고 베일을 뒤집어쓰고 다니면서 남자들을 즐겁게 해주는 법을 모르는 시리아 여자들과는 다르니까. 인샬라."

빌렐은 방금 자신을 속였다. 멜로디에게 시리아가 민족을 해방시킨다고 찬양하던 그가 이번에는 이것을 반대로 말한다.

"어떻게 '개종한 사람들이 더 개방적'이 되지?"

"너도 잘 알잖아."

"아니……."

"여자들은 애교도 있고 앙탈을 떨 수 있지, 내가 무슨 말 하는지 알겠지만……."

"아니, 정말 모르겠어……."

"남편들과 말이야, 상상해봐……."

"그런 사적인 일에 '한껏 상상력을 가져라'라고 하는 건 하람 아니야?"

"남편과 단둘이 있을 때에는 네가 하고 싶은 대로 해도 되지만 만약 남편이 원하는 것이 있다면 너는 그게 뭐든지 해야 한다는 거지. 오직 그만을 위해서. 그가 원하는 것이라면 그게 무엇이든지. 너의 시타르와 부르카 안에는 네가 원하는 옷 아무거나 입어도 돼. 예를 들어 가터벨트나 망사스타킹이라든지. 네 남편이 좋아하는 것들 말이야. 자긴 어떤 속옷을 좋아해?"

월요일, 저녁 7시 30분

나는 다짜고짜 연결을 끊어버린다. 나는 이 불쌍한 멜로디가 도대체 어떤 대답을 해야 하는지 도저히 모르겠다. 나는 그녀를 매일매일 그리고 조금씩 조금씩 가공해서 만들어낸다. 어쩌면 지금까지 로맨틱한 분위기 등 너무 많은 것을 꿈꾸고 있었던 것은 아닐까? 그렇지만 이런 에로틱한 말투는 내 사전에 없었다. 오늘따라 이 검은색 두꺼운 옷이 숨 막히게 싫다. 나는 신경질적으로 히잡을 벗어버리고 컵에 물을 가득 따라서 마신다. 그리고 담배에 불을 붙인다. 이 순간만큼 기자 따위 존재하지 않는다. 그저 한 사람의 인간일 뿐이다. 그렇다. 이 테러리스트가 나를 함정에 빠트렸다. 나는 다른 부분에 너무 집중한 나머지 그가 나를 이런 식의 상황으로 몰고 가리라는 것을 예상하지 못했다는 사실에 화가 났다. 나는 완전히 얼이 빠진 앙드레 곁으로 다가가려다가 거실에서 계속 빙빙 돈다. 흡사 우리에 갇힌 사자 같다.

"아니, 이 정신 나간 변태는 자기가 무슨 대단한 사람이나 되는 줄 아나봐. 무슨 속옷을 좋아하냐고! 처음에는 너한테 하루라도 빨리 이곳을 뜨라고 하더니, 그다음에는 자기랑 결혼하자고 하고, 이제는 가터벨트라니! 다음번에는 또 뭘 하라고 할까, 아예 자기 앞에서 홀딱 벗고 있으라고 시키겠지? 신을 위해서? 난 이런 스타일 진짜 혐오해."

나 역시. 그렇지만 진정해야 한다. 우선 급한 일은 얼른 빌렐에게 답장해야 한다는 것이다. 그가 다시 부르는데 멜로디가 대답이 없다면 의심을 살 수도 있다. 조금이라도 이상한 낌새를 눈치채게 해서는 안 된다. 시대착오적인 중세적 애정 표현에 난감해진 멜로디는 숨을 꾹 참고 계속해서 대화를 이어나간다. 꽉 죄는 코르셋을 입고 있는 기분이다.

"나야 당연히 우리 남편이 좋아하는 것을 입어야겠지. 그렇지만 나는 아직 결혼하지 않았으니까 이런 대화를 계속해서 할 수는 없어."

"그래 좋아. 너는 정말 순결한 것 같아, 멜로디. 네 얼굴을 보기도 전에 난 바로 알아차렸지. 네가 예쁠 거라는 걸 직감했다고."

"그렇지만 네가 종교에서는 겉모습이 중요하지 않은 문제라고 했었 잖아……."

"당연하지. 그렇지만 너와 내 아이들은 정말 흔치 않은 아름다움을 지니게 될 거야. 인샬라. 넌 아무리 봐도 내 이상형이야. 그리고 너한테 이미 말했는지 모르겠지만 나 꽤 잘생겼어……."

이번에도 역시 빌렐은 멜로디의 대답을 중요하게 듣지 않는 것 같다. 그는 입술을 지그시 깨문다. 나는 눈을 슬쩍 내리깐다. 어서 이 시간이 지나가기를 기다리는 수밖에 별다른 도리가 없다. 거실의 앙드레가 앉아 있는 자리에서는 모니터를 볼 수 없다. 빌렐은 혀를 내밀어 입술을 가볍게 핥는다. 어떻게, 이 순간에, 내가 바그다다나 다른 어떤 것에 관해서 물어볼 수 있을까? 나는 이를 악문다. 조금만 더 참으면 된다.

"내가 네 스타일이니?"

그가 다시 입을 연다.

"나는 특별히 좋아하는 스타일은 없어."

"어쨌든 네가 보기에도 내가 잘생긴 것 같다며! 네게 따로 이상형이 없다면 너한테 다시 한번 나의 부인이 되어달라고 물어봐도 될까……."

"그렇지만 빌렐, 그런 얘길 들으면 사실 겁부터 나. 나는 너를 잘 알지 못해. 내가 만약 너한테 네 부인이 되겠다고 대답한다면 나는 죽을 때까지 너에게 정조를 지키며 살아야 하잖아. 사실 너한테 이미 여러 명의 부인이 있을지도 모르는데……."

그는 내 말을 가로막았다.

"내 말을 들어봐. 너는 내 귀중한 보석이고 우리와 우리 아이들이 살게 될 집은 네 왕국이 될 거야. 너는 그냥 오기만 하면 돼, 그리고 네 눈으로 직접 보게 될 거야. 나를 믿어도 돼. 참, 한 가지만 물어보자."

이렇게 진도가 나갔으니 이젠 뭘 물어도 겁이 안 난다. 그는 매번 이런 식으로 산만하게 대화를 이끌어간다. 그는 피비린내 나는 무서운 이야기를 하다가도 순식간에 여자에 굶주려 대화방 사이트를 들락거리는 저속한 남자로 변하는 놀라운 민첩함을 지니고 있었다.

"너 머리는 길어?"

"응……. 그런데 그건 왜 물어?"

"머리가 아주 길어? 아니면 단발 정도? 왜냐하면 많은 여자가 자기들이 긴 머리를 가지고 있다고 해도 실제로는 단발이더라고. 거짓말 하는 거지."

그래서……? 나는 그가 무엇을 말하고 싶어하는지 모르겠다. 나는 얼빠진 표정의 앙드레 앞에서 웃음이 터지지 않도록 조심해야 했다. 그 역시 나처럼 빌렐이 어떻게 그의 '업적'을 이야기하다 갑자기 가련하게 여자를 꾀는 전략으로 넘어가는지 지켜보면서 완전히 어처구니없다는 표정을 짓고 있었기 때문이다.

잠시 동안 우리는 마치 'adopteundjihadiste.com'^{지하디스트를 신봉한다는 뜻의 사이트로 지금은 폐쇄됐다}에 나오는 사람들 같았다. 나는 항상 인간에게서 상대가 누구든 간에 좋은 점을 먼저 찾으려고 한다. 그리고 인간은 살아가는 동안 피할 수 없는 어려운 상황들에 맞닥뜨린다. 물론 분명 그에 맞는 해결책들도 있다. 그렇지만 이 사람을 위해서 내가 할 수 있는 것은 아무것도 없다. 이런 상황에는 더더욱 없다. 그렇지만 멜로디의 머리카락 길이에 대한 이런 상식을 벗어난 토론은 가끔 나를 혼란스럽게 하는 질문들에 비해 아주 좋은 치유제가 된다.

"내 머리카락은 등 중간까지 내려오는데!"

"그럼 긴 건 아니야, 그건 단발이나 마찬가지야!"

"그래서?"

"아니, 그냥 내가 아주 긴 머리 스타일을 좋아해서. 그럼 생머리야? 아니면 곱슬?"

"곱슬머리까지는 아니고, 살짝 웨이브 진 반곱슬이야."

"완벽해. 난 항상 알라에게 내가 가는 길에 갈색 머리와 푸른 눈을 가진 개종한 여자를 달라고 했거든. 그리고 멜로디 네가 내 인생에 나타난 거야. 내 여자……."

"난 아직 승낙하지 않았어……. 이제 그만 나가봐야 해. 방금 언

131

니가 들어왔거든. 베일이랑 옷이랑 전부 벗어야 해. 안 그러면 언니가 엄마에게 다 일러바칠 테니까."

"컴퓨터를 네 방으로 가져가면 되잖아. 시간이 좀 걸리면 기다릴 게. 그리고 전지전능한 알라의 이름으로 나를 좋아한다고 맹세해 줘……."

"난 언니랑 같은 방을 쓴단 말이야. 빌렐, 이제 정말 나가봐야 해."

"알았어. 그렇지만 알라께서 내가 가는 길에 너를 나타나게 해주 고 만나게 해주었다는 사실 잊지 마."

"오케이, 빌렐. 마샬라. 잘 자."

"멜로디…… 이제 넌 내 여자라는 것을 잊지 마. 너는 영원히 내 거야. 알겠어? 잊지 마!"

월요일, 저녁 8시

나는 노트북을 닫는다. 앙드레가 소파로 다가와 말없이 담배를 건넨다. 한참 동안 우리는 한마디도 하지 않는다. 코미디를 본 것처럼 웃음이 터져나오려는 순간과 불안 및 공포에 휩싸인 순간이 반복되면서 나는 태어나서 처음으로 내가 이러다 정신분열증에 걸리는 건 아닌가 하는 생각을 해본다. 앙드레가 갑자기 고함을 꽥 지른다.

"이제 그만 해! 지금 당장 그만둬! 이번 취재는 이것으로 끝이야! 끝이라고! 랄라스Rhallas!19 너 지금 이게 위험한 일인지 몰라? 빌렐과의 대화는 내일이 마지막이야. 그리고 멜로디는 영원히 사라지게 하는 거야. 알아들어?"

나는 잠자코 침묵을 지킨다. 결국 나도 동의한다. 도대체 무슨 말을 해야 할지 모르겠다. 내 속에 꾹꾹 눌러져 있는 것들이 밖으로 나올 엄두를 내지 못한다. 나는 마치 보이지 않는 줄 위로 걷고 있는 줄 타는 곡예사 같았다. 곧 밀랑이 도착할 것이다. 적어도 나는 시간에 맞춰 일을 끝냈다. 마치 다른 사람의 껍질을 쓰고 있는 듯한 내 모습을 밀랑이 보는 것은 별로 달갑지 않다.

밀랑은 내가 요즘 무슨 일을 하고 있는지 정확히 알지 못한다. 그는 그저 내가 시리아에 있는 프랑스 국적을 가진 지하디스트와 정기적인 교류를 하고 있다는 사실만 알고 있다. 그 외에 다른 것은 전혀

---

19 '그만해!'를 아랍어로 표현한 것이다.

모른다. 나는 몸 안의 에너지가 모두 빠져나간 듯한 느낌이 들었다. 인터폰이 울린다. 밀랑일 것이다. 나는 앙드레에게 우리의 취재에 관해서는 대충 얼버무려달라고 부탁한다. 그러고 나서 나는 문을 열어주고 다시 앙드레가 있는 거실로 돌아간다. 바로 그 순간 컴퓨터에서 스카이프 신호가 작동한다. 빌렐이 다시 부른다. 내가 지금 대답하는 건 생각할 수도 없는 일이다. 그러나 앙드레는 내가 멜로디의 변장 도구를 다시 집어들기를 바라는 것 같았다. 어쩌면 빌렐이 중요하게 이야기할 게 있을지도 모른다. 아니면 왜 멜로디가 지금 대화를 할 수 없다는 것을 알면서도 다시 부르겠는가? 나는 망설인다. 밀랑이 헬멧을 벗고 계단을 뛰어 올라오는 소리가 들린다. 숨이 막힌다. 더 이상 생각하지 않고 나는 베일과 젤라바를 주섬주섬 걸친다. 밀랑이 현관문을 여닫는 소리를 들으며 동시에 나는 녹색 버튼을 누른다. 복도를 걸어와 3초 뒤면 밀랑은 나를 발견할 것이다. 이런 상황이 그에게는 어떤 느낌일까. 나는 그에게 잠시 눈길도 주지 못하는 자신이 원망스러웠다. 앙드레가 그에게 아무 소리도 내지 말고 거실 한구석에서 움직이지 말라는 사인을 보낸다. 나는 빌렐이 나에게 무슨 말을 할 것인지에 대해서만 집중하려고 애썼다. 그렇지만 내 눈은 자꾸만 거실 구석에 있는 애인에게로 향한다. 우리의 시선이 교차한다. 그는 바로 시선을 돌린다. 그는 나를 몰라보는 걸까, 아니면 이런 상황을 참을 수 없는 걸까. 담배를 거의 피우지 않는 그가 창가로 가더니 담배에 불을 붙인다. 그 앞에서 다른 남자에게 아양을 떨고 미소 짓고 있는 내 모습이 순간 창피하고 수치스러웠다. 아무리 프로의식이라고 해도

134

말이다. 이런 것을 두고 최악의 상황이라고 하는 모양이다. 사실 지금 내가 하고 있는 이 모든 것이 내가 살면서 단 한 번이라도 하게 될 것이라고는 꿈에도 상상하지 못한 일들이었다. 그것도 내가 좋아하는 사람이 보는 앞에서! 만약 내가 그에게 내 아바타를 꾸며주는 어두운 변신 도구들을 말한다는 것을 깜빡했다면 다른 것들에 대해서는 얼마나 더 거짓말을 꾸며낼 수 있었을까……. 물론 다른 것들에 대해서 거짓말한 적은 없다. 하지만 난 돌이킬 수 없는 실수를 저질렀다. 나는 빌렐이 또다시 이상한 말을 할까봐 겁이 난다. 그가 내 생각을 하면서 잠이 든다거나 뭐 그런 것 말이다.

"잘 자라고 다시 한번 말하고 싶었어, 자기야."

다행이다! 빌렐은 멜로디에게 다시 한번 말하고, 또 말하고, 점점 귀찮다고 느낄 정도로 그의 '사랑'의 감정을 표현하는 것 외에 따로 할 말이 있었던 것은 아니었다. 앙드레의 말을 듣고 이 마지막 부름에 응답하는 게 아니었다. 특히나 밀랑 앞에서……. 내 인내심도 바닥났다. 멜로디는 별로 사랑스럽지 않은 말투로 대답한다.

"오케이. 잘 자, 빌렐. 말했잖아, 내가 지금 이렇게 너랑 대화하는 건 별로 신중한 행동이 아니야. 부탁이야. 네가 나에게 일러준 금기 사항들은 모두 지키고 있어. 그러니 너도 내 부탁을 좀 들어줬으면 좋겠어. 만약에라도 언니가 방에 들어온다면 나는 바로 죽음이야. 이만 끊을게."

"알았어. 좋은 꿈 꿔, 여보. 그리고 너는 항상 내 거라는 거 잊지 말고."

그가 로그아웃한다. 거실은 이번 취재가 시작되면서부터 무거운 **135**

침묵으로 가득 찼다. 앙드레와 내가 한 번도 자세하게 이야기한 적 없는 냉담한 언어들로 말이다. 그러나 이런 무분별한 단어들이 나를 심리적으로 동요시키는 건 처음이다. 왜냐하면 빌렐은 자신도 모르는 사이에 나에게서 어떤 틈을 발견했기 때문이다. 그는 멜로디를 통해서 나의 가치와 확신, 그리고 인류에 대한 내 생각을 공격하고 있는 것이다. 바로 여기, 방금 내 사생활에 대해 알게 된 밀랑 앞에서 말이다. 더 최악인 것은 그것이 바로 내 잘못에서 비롯되었다는 점이다. 숱한 감정이 내 안에서 뒤죽박죽으로 섞인다. 난처함과 분노가 방금 내가 정의한 것보다 더 앞서간다. 모든 것이 너무나도 빠르다. 히잡과 젤라바를 던져버리고, 나는 다시 나 자신으로 변신한다. 그리고 창 쪽에 있는 밀랑에게 다가간다. 그는 담배를 피우지 않는 사람들이 담배를 피울 때 으레 그렇듯이 미동 하나 없는 모습으로 창가에 서 있다. 나는 그런 그를 뒤에서 안는다. 그리고 그에게 미안하다고 속삭인다. 그는 신경질적으로 그의 말버러 라이트를 빨아들인다.

앙드레는 되도록 빨리 짐을 챙겨 사라지는 것이 나을 거라고 생각한다. 그는 밀랑에게 이 일에 대해 어쭙잖은 설명을 한다. 물론 자세히는 말하지 않는다. 그리고 그가 나가면서 현관문을 닫자 밀랑은 나에게 오토바이 헬멧을 내민다. 그리고 오늘 밤에는 자기 집에서 자고 가라며 내 의사를 묻는다. 당연하지……. 나는 그가 지금 어떤 기분일지 잘 알고 있다. 처음에는 나도 내 집에서 잠드는 것이 싫었다. 그는 내 미니스커트와 영국 그룹 더 클래시의 초상화가 그려진 티셔츠를 유심히 살펴본다. 그의 눈빛이 보통 때와는 달라 보였다. 그는 내

136

가 걱정된다고 말한다. 그는 지금 시리아에서 벌어지고 있는 모든 일을 알고 싶어하지 않는다. 하지만 내가 위험을 감수하고 있다는 것은 그도 잘 아는 사실이다. 그는 내가 전에 미리 말해주었다면 좋았을 거라고 말한다. 그렇기는 하지만 이제 그가 봤으니 나에게 문제가 생긴다거나, 이번 취재로 인해 출장을 간다거나 하지만 않는다면 그도 더 이상은 알고 싶어하지 않을 것이다. 이 정도면 됐다. 이제 남은 저녁 시간은 전부 우리 둘만의 것이다. 그렇지만 나는 또 한 명을 이 이야기에 끌어들였다는 사실에 대해 죄책감을 느낀다. '모르는 게 약'이라는 말도 있지 않은가.

나는 머릿속이 혼란과 당혹감으로 뒤섞인 채 잠이 든다. 흡사 간통을 하다 현장을 들킨 기분이랄까. 밀랑은 팔로 내 몸을 감싸고 있었지만 그의 이런 행동은 다정함이라기보다는 기계적인 것에 가깝다. 오늘 저녁 처음으로 내 아바타인 멜로디의 이야기가 내 인생에 엄청난 영향을 주었다. 그저 가상의 인물에 지나지 않는 그녀가 말이다.

137

그 다음 다음 날

아부 빌렐이 멜로디와 결혼하겠다고 선포한 이후, 멜로디는 온라인 친구가 부쩍 늘었다. 그녀가 최근 페이스북에 올린 '인도적인' 지하드 선동 글 덕분인지 '친구 신청'과 수신 메시지가 폭증했다. 자신의 프로필에 남자는 친구 수락을 하지 않겠다고 명시한 'Umm 아무개'라 불리는 여자아이들은 멜로디에게 샴으로 가는 가장 안전한 방법에 대해 조언을 구했다. 프랑스어, 플랑드르어, 아랍어, 독일어까지 다양한 언어로 된 메시지가 가득했다. 아랍어의 방언까지 유창하게 하는 내 친구들도 변형이 심한 아랍어 지방 사투리를 보고 혀를 내두를 정도였다. 질문은 매우 구체적이면서도 엉뚱했다. "생리대는 몇십 박스 정도 가져가야 할까요, 아니면 거기서 구할 수 있나요?" 혹은 "남편이 없는 상태로 시리아에 간다면 티 팬티를 가져가는 것은 신경 쓰지 않아도 될까요? 미래의 남편이 저를 원할지도 모르는데, 그곳에서 구할 수 있을까요?"……. 죽음의 세계에 자발적으로 발을 내딛고자 하는 그녀들의 고민거리는 상상을 초월했다. 나는 어떻게 대답을 해줘야 할까?

나는 날마다 빌렐의 이야기를 들으며 저녁 시간을 보냈다. 보이지 않는 제3의 대화 참여자인 앙드레 없이 대화를 나눌 때 빌렐은 멜로디에게 만나자며 집요하게 요구하기도 했다. 나는 더 이상 시리아에서 그것도 다에시로부터 직접 얻은 정보에만 전념할 수는 없다는 생각이 들었다. 우크라이나 사태와 같이 바로 옆에서 일어나는 상황을 간과한 채 오로지 시리아에만 온 신경을 쏟고 있었던 것이다. 밀랑을 만나러 가기 전이나, 혹은 그가 바쁠 때면 나는 멜로디라는 히잡을 쓰고 어두운 밤의 흐릿한 빛 속에서 그녀의 청혼자를 찾았다. 거의 매일 집에서 정장을 입고 히잡을 쓴 채 소파에 앉아서 저녁 시간을 보냈다. 취재를 목적으로 여자아이들에게 답변해주는 것은 옳지 못한 일이었다. 그 부분은 나도 미처 예상하지 못했다. 어린 나이에는 무언가에 열렬히 꽂히기도 하고 때론 그로 인해 쉽게 무너지기도 한다는 사실은 알고 있었다. 다만 이들이 행동으로 옮기지 않기만을 바랄 뿐이었다. 나는 그녀들과 끝없는 대화를 했다. 나에게 당장 필요한 정보를 제공해줄, 시리아로 떠나고자 하는 아이들의 사연에 대해서만 답변을 했다. 나는 집을 떠나는 것을 만류하는 동일한 내용의 메시지를 복사해서 붙이기를 반복했다.(오타를 고치지도, 이모티콘을 첨가하지도 않았다.)

자매여 안녕,

나도 너와 마찬가지로 고국에서 희망을 잃고 갈피를 못 잡았단다. 그곳에선 우리의 법[20]에도 적응하지 못했지. 이슬람은 환멸과 불행으로부터 나를 구해줬어. 하지만 훌륭한 사람이 되기 위해서는 우선 의연하고 신중하게 행동해야 해. 코란으로부터 종교적인 믿음을 가져야지, 말도 안 되는 것을 전도하는 동영상을 믿는 것은 옳지 않아. 지하드는

---

20 이슬람 율법.

종교적 규율을 지키면서 자기 마음속에서 행해지는 거야. 그렇게 되면 시리아든 다른 나라든 장소는 중요치 않아. 무언가를 확인하기 위해 무작정 떠나는 것은 아무런 의미가 없어. 너는 눈을 떠야만 해. 네 주변 사람들과 가족의 도움이 필요할 거야. 궁금한 게 있다면 나처럼 부모님에게 이야기해봐.(결국 난 개종하긴 했지만.) 그리고 네가 집을 떠났을 때 남겨진 사람들이 얼마나 슬퍼할지 상상해봐. 어쨌든 나는 모든 여정을 미리 계획했었고 수많은 지하디스트와 연락을 했었어. 내 자신을 믿었지. 그리고 내가 너에게 해준 조언을 항상 머릿속에 떠올렸지. 지금은 그 어느 때보다 행복해.

내 말은 소녀들이 빠진 파멸의 바다에서 물 한 방울에 지나지 않는다는 걸 알고 있었지만 그렇다고 해서 가만히 보고만 있을 수만은 없는 노릇이었다. 어쩌면 이렇게라도 해서 양심의 가책을 조금 덜려는 것인지도 몰랐다.

프랑스어권 지하디스트도 멜로디에게 말을 걸었다. 그들은 예의 바르고 상냥했다. 나이는 열여섯부터 스물일곱까지 다양했고, 이들은 하나같이 세 가지 질문부터 했다.

"당신은 샴에 있나요?"

"당신은 몇 살인가요?"

"결혼은 했나요?"

별로 중요하지 않은 이 질문에 상세히 대답할 시간은 없었다. 반면 스물일곱 살의 프랑스인 아부 무스타파와는 계속해서 연락했다.

140

그는 IS 대원으로 다른 사람들보다 명석하고 정직해 보였다. 아부 무스타파는 아주 어린 시절부터 종교를 믿었다. 그는 종교의 기원에서부터 오늘날에 이르는 역사를 꿰뚫고 있었다. 그는 신의 뜻에 따라 자신의 삶을 영위했다. 그래야 주변 사람들에게 전도하지 않고도 자기 자신이 성숙해질 수 있다고 믿었기 때문이다. 그는 전쟁을 선동하지 않았다. 그는 무엇보다도 지하드가 본인을 위한 정신적 탐구 가운데 하나라고 믿었다. 마치 기독교인이 바티칸에 성지 순례를 떠나는 것과 같다고 생각했다. 지하드는 전쟁을 의미하지 않았다. 하지만 헤지라는 다르다. 알카에다, 다에시, 그 밖의 이슬람 조직들은 헤지라를 선동하고 있었다. 아부 무스타파는 오로지 종교적인 이유에서 중동으로 떠났다. 정체성을 찾는 것이 목표인 그는 아직 암살자가 되진 않았다. 레반트에 있는 자신을 찍은 사진이나 선동 슬로건 따윈 전혀 올리지 않았다. 내가 그에 대해 아는 것 중에 그가 군인이라는 사실을 말해주는 증거는 단 하나도 없었다. 그는 코란의 좋은 글귀를 적는 데 만족했다. 그가 유일하게 선동하는 것은 신앙인이라면 믿음을 실천하자는 것뿐이었다. 그는 종교적 규율을 항상 엄격하게 따랐고, 시리아에서 새로운 형제들과 함께 폐허가 된 땅에 이슬람 국가를 세우는 것을 최종 목표로 두고 있었다. 이는 그가 모든 것을 버리고 떠나오면서 상상했던 것이었다. 하지만 그가 그토록 원했던 곳에 정착한 이후, 실망감은 날로 커져만 갔다. 그는 가끔씩 멜로디에게 "거짓된 삶"을 사는 느낌이라고 털어놓았다. 우리는 글로만 대화했을 뿐이지만 그가 얼마나 외롭고 불안해하는지 느낄 수 있었다. 멜로디는 그에게 왜 돌아오지 않는지, 왜 그 잔인한 세계에서 벗어나 가족을 꾸릴 시도조차 하지 않는지 물었다.

"나는 아주 어렸을 때부터 이슬람을 믿었고, 가족들 모두 독실한 이슬람 신자예요. 내가 시리아에 있는 것에 대해 가족들은 부끄러워하지 않아요. 내 마음이 순수하다는 것을 알고 있으니까요. 하지만 그들도 다에시, 누스라, 바샤르 군, 그리고 종교적 명분을 내세워 살인을 저지르는 모든 이를 두려워해요. 가족들도 내가 돌아오기를 바라고 있어요. 훌륭한 무슬림은 죽음을 두려워하지 않아야 하지만 나는 가끔씩 죽음이 머지않다는 것을 느껴요."

"본국으로 돌아와서 적응하는 게 어렵나요? 가족이 보고 싶지도 않아요?"

"처음엔 정말 힘들어요. 친구들, 가족 모두 보고 싶죠. 내 여동생은 내가 떠난 직후 대학 입학시험에 합격했어요. 내 형제들도 생일 때마다 파티를 했죠. 나는 이 모든 순간을 함께하지 못했어요. 1년 전부터 시도 때도 없이 눈물이 나곤 해요……."

나는 멜로디가 그에게 어떤 말을 해줘야 할지 진심으로 고민했다.

"당신 말을 들으니 마음이 좋지 않네요. 시리아를 떠나는 게 얼마나 힘든 일인지, 그리고 유럽으로 돌아와서 또 다른 문제들이 당신에게 닥칠 거라는 거 잘 알아요. 하지만 아무것도 하지 않는 사람이 무엇을 얻을 수 있겠어요? 돌아오면 힘든 시간을 보낼 테지만 당신은 결코 손에 무기를 쥐지 않았다는 것을 증명할 수 있을 테고, 많은 NGO 기관이 당신에게 도움을 줄 거예요."

아부 무스타파는 대답을 못 하고 한참을 망설였다. 나는 그를 알지 못하지만 그의 말을 한마디도 놓치지 않고 귀담아들었다. 그것도 모니터를 통해. 나는 이미 디미트리에게 그를 탈출시키도록 도와달라고 부탁할 생각까지 하고 있었다. 하지만 결국 그가 들려준 대답은 선동적인 단어를 긁힌 디스크처럼 반복하는 것뿐이었다. 그럼에도 불구하고 나는 그가 멜로디의 조언을 진지하게 고민할 것이라고 확신했다.

"혁명 없이는 어떤 요구도 관철시킬 수 없어요. 고통과 인명 피해도 불가피하죠. 나는 우리의 칼리프인 아부 바크르 알 바그다디에게 충성을 바쳤고, 그만이 우리를 진정한 무슬림이 되는 길로 인도할 거예요. 여기까지 와서 1년을 보낸 이상, 남은 내 인생은 이곳에 바쳐야 해요. 비스밀라."

"내가 IS에 가입한다면 나는 인도적인 활동만 할 거고, 단지 규정에 따라 강요된 삶을 사는 게 아니라 내가 정말로 사랑하는 남자와 가정을 꾸릴 거예요."

"결혼했나요? 청혼자가 있어요?"

"내 대답을 기다리고 있는 청혼자가 있어요……."

몇 분이 흐른 뒤 그가 말했다. 실망한 것이 틀림없었다.

"나도 가족을 만들고 싶어요. 아빠도 되고, 내가 사랑하는 사람도 찾고 싶어요. 하지만 여기 시리아에서는 좀 복잡하죠……. 이곳은 어려워요. 시리아 여자들의 가치관은 우리와 무척 달라요. 그래서 나뿐만이 아니라 다들 유럽 여자와 결혼하고 싶어하죠."

143

"왜요?"

"시리아 여자들은 외국인 지하디스트를 믿지 않거든요. 그녀들은 다에시를 두려워해요. 우리 역시 그녀들의 신념에 동의하지 않죠. 시리아 여자들은 당신 같은 유럽 여자들처럼 샤리아를 준수하지 않아요. 시타르를 입지도 않고 작은 히잡만 두르죠."

히잡을 처음으로 써야 했던 순간이 떠올랐다. 평소엔 나와 전혀 상관없는 두건으로 보일지 모르지만 모니터 앞에서는 없어서는 안 될 필수품이다. 아부 무스타파는 계속해서 말했다.

"게다가 나는 프랑스에서 자랐지만 그녀들은 이곳에서 성장했어요. 문화적 차이가 상당히 커요. 서양의 사고방식과 그들의 폐쇄적인 가치관 사이에 괴리감이 엄청나죠. 그래서 당신 같은 사람과 결혼한다면 완벽한 삶이 될 수 있겠죠."

"폐쇄적인 가치관이라고요?"

"네, 그녀들은 어디에도 마음의 문을 열지 않아요. 종교에도, 남편에게도."

"유럽 여자들이 그곳에 많이 간다고 들었는데요……."

"그녀들을 찾아야 해요! 다들 어딘가에 꽁꽁 숨어 있는 듯해요."

"이곳에서는 거의 매일 중동으로 떠나는 사례가 보도되고 있어요. 특히 여자들이요. 나도 그곳으로 떠난 여자아이들을 많이 알고 있어요."

"유럽 여자들이 오는 이유는 남편이 기다리고 있거나 헤지라를 위해서일 거예요. 하지만 여자는 남자보다 행동에 옮기는 것을 어려워하죠. 여자들에게는 남자만큼의 용기가 없잖아요. 대개는 자신이 공주처럼 대접받을 거라는 생각으로 오는데, 이들은 도착한 첫날부터 공포에 떨기 시작하죠. 그 이후부터는 눈물의 나날을 보낸답니다."

대답을 하기 전에 나는 빌렐이 멜로디에게 지금까지 해온 이야기를 떠올렸다.

"라카와 같은 도시가 많은 것 같아요. 샤리아도 적용되고 서구사회의 기술도 똑같이 접할 수 있는 곳 말이에요."

"아, 아뇨. 꼭 그렇지만은 않아요! 누구를 위한 삶이냐에 따라 인생이 아름다울지 아닐지가 결정되죠. 외적인 조건은 완벽하게 갖춰져 있어요. 당신이 영향력 있는 사람이라면 더 풍요롭게 살 수 있죠. 그런데 난 지금 파리에 있지 않아요!"

"당신 파리에 살았어요? 난 툴루즈에 살아요."

"네. 내 종교적 신념을 자유롭게 표현할 수 없는 프랑스에서는 더 이상 살고 싶지 않았어요. 나는 단지 내가 믿는 규율에 따라 살고 싶었을 뿐이에요."

아부 무스타파는 빌렐과 달랐다. 그 역시 가족과 주변 사람을 잃었지만, 자신의 정체성을 완전히 잃지는 않았다. 그는 이슬람 종교에 대한 여러 가지 관점, 그리고 이와 상반되는 자신의 신념 사이에서 갈등하고 있었다. 그는 모든 수단을 동원해 전체주의적인 이데올로기를 강요하는 조직인 다에시의 발전에 기여하기 위해 이곳에 왔다. 그리고 만약 그가 프랑스로 돌아간다면 그는 조직의 손에 파멸당할 것이다……

145

고국으로 돌아온 지하디스트는 우선 최소한의 감시를 받게 되고, 그가 어느 정도 위협적인 존재인지가 판단되면 정해진 거주지를 이탈하는 것이 금지당하거나 일시적으로 구류 조치가 된다. 법 앞에서는 어느 누구도 예외가 없다. 그들은 '테러리스트와 결탁해 범죄에 가담한 혐의'를 받는다. 하지만 일부 미성년자에게는 적용하기 난해한 문제다. 잘못을 회개하고 경찰에 협조하기로 한 테러리스트와 고국으로 돌아와서 테러를 자행하려는 광신도를 구별하는 것이 매우 어렵기 때문이다. 다에시에 몸담았던 메디 네무슈는 벨기에의 유대교 박물관에서 무차별 총기난사를 해서 체포됐는데 레반트에서 프랑스로 돌아온 직후 유럽 각지를 돌며 연쇄 테러를 계획했노라고 말했다.

프랑스에서는 2013년 1월 1일부터 법적으로 14세 이상 자국민은 부모나 법적 보호자의 허가 없이도 유럽 내 이동이 자유로워졌다. 이후 미성년자가 본국을 떠나는 사례가 급증했다. 학교 벤치에 앉아 공상에 잠겨 있는 아이들이 오늘 당장 터키로 가는 비행기에 몸을 싣고 다시 돌아오지 않는 여행을 떠날 수 있다는 이야기다. 정부는 이같은 현상에 심각한 우려를 나타내며 어떻게든 막아보려고 애쓰고 있다. 하지만 프랑스는 항상 테러 위협에 노출되어 있기 때문에 이미 시리아로 떠난 이들은 등골을 오싹하게 하는 존재다……. 베르나르 카즈네브 내무부 장관은 시리아로 가는 통로를 막기 위해 노력했다. 우선 그는 가능한 모든 시리아행을 예측해 사전에 차단하려 했고 본국으로 돌아온 이들에 대한 대책도 마련했다. 하지만 카즈네브는 이

146

들을 구조하기보다 체포하는 데 급급했다……. 지하디스트들은 보란 듯이 본국과 시리아를 정기적으로 왔다 갔다 하고 있다. 멜로디는 페이스북에서 '내 의견을 원한다면Si tu veux mon avis'이라는 이름을 사용하는 군인을 추적했다. 그 군인은 고향 마르세유에 '친구들을 만나러' 가서는 군복을 입고 당당하게 포즈를 취한 자신의 사진과 함께 자화자찬을 늘어놓는 글을 페이스북에 올렸다. 그리고 꽤 길어 보이는 칼라시니코프 소총을 들고 있는 사진을 첨부한 글에서는 이런 말도 했다. "네가 무엇을 가지고 있는지 알면 네가 누구인지 알 수 있다.(힙합 그룹 IAM의 노래 '프티 프레르Petit frère' 가사 중)" 그리고 3일 뒤, 그는 시리아에서 머리부터 발끝까지 명품으로 도배하고 유럽인처럼 옷을 입은 채 찍은 자신의 사진을 올렸다.

빌렐은 멜로디에게 프랑스로 돌아가는 것은 쉬웠다고 자주 말했다. 단지 얼마나 빨리 프랑스에 도착하느냐의 문제였고, 프랑스 대외안보 총국이나 다른 기관에서 위치를 파악하기 힘든 경로를 잡느냐 그렇지 못하느냐의 문제였다.

빌렐은 오늘따라 유난히 멜로디의 '새로운 이슬람 이름'을 알려달라고 졸라댔다. 그에게 무엇보다 시급한 것은 둘의 미래였기 때문에 아내는 새로운 삶을 맞기 전에 서둘러 이름을 선택해야만 했다. 처음에 멜로디는 딱 잘라 말했다. "그건 나중에 생각해, 빌렐." 하지만 스무 살의 소녀 앞에는 원하는 것을 항상 얻어내는 남자가 서 있을 뿐이었다. 그녀는 어쩔 수 없이 말했다. "직접 골라 줘……." 그러고는 대화를 끝냈다. 이런 부탁을 하고 나니 내 자신이 바보처럼 느껴졌다. **147**

그녀는 가상 인물일 뿐인데, 나의 멜로디……. 물론 그녀는 사라질 존재다. 하지만 새로운 이름을 선택하는 것만큼은 빌렐이 결정하게 둘 수 없다. 나는 멜로디의 정체성이 바뀌는 순간이 기다려졌고 호기심이 생겼다. 날이 갈수록 그는 그녀를 천천히 죽이겠지. 그녀의 삶, 과거, 엄마, 사랑하는 모든 사람까지. 그리고 그녀의 존재를 증명하는 마지막 단서인 이름마저도 앗아갈 것이다.

나는 스카이프에 접속했지만, 로그아웃한 이후 지하디스트가 보낸 수십 개의 하트 메시지에 답변해줄 마음은 전혀 없었다. 빌렐은 우스꽝스러운 이모티콘을 가득 채운 가운데 한 문장을 떡하니 던져놓았다. "나의 삶, 나의 아내, 이제부터 네 이름은 움므 살라딘Umm Saladine이야. 진정한 이슬람의 세계에 온 걸 환영해." 다음 날 그는 이걸 똑같이 반복했다. 멜로디는 그저 쓴 웃음을 지었다……

다음 날

앙드레가 채팅에 참여하는 횟수는 점점 줄어들었다. 시간이 없기도 했고, 거실부터 방까지 빌렐과 멜로디의 모습을 가능한 한 모든 각도에서 사진으로 찍어야 했기 때문이다. 그는 우리가 지금 충분히 많은 자료를 확보하고 있다고 말했다. 온라인 지하드에 대한 취재를 위해 우리는 지금 너무 멀리 왔고, 덕분에 그간의 의문점도 많이 풀렸다고 했다. 그는 이 취재로 인해 우리가 보복의 위험에 처할 수도 있고, 멜로디를 계속 존재하게 내버려두면 내가 매우 위험해질 거라며 불안해했다. 그가 내게 말했다. "어쨌든 우리가 여기서 중단하지 않는 한, 너는 더 멀리 가게 될 거야." 빌렐이 내 얼굴을 알기 때문에 나는 보복과 위협에 관한 그의 의견을 받아들였다. 하지만 취재에 관해서는 여전히 목이 말랐다. 시리아로 떠난 아이들 가족의 안타까운 사연이 지금도 거의 매일 업데이트되고 있었다. 그들의 상황은 여전히 절망적이었다. 그리고 그 아이들에게 구체적인 도움을 줄 수 있는 방법을 아직 빌렐에게서 얻어내지 못했다. 빌렐은 그의 말을 빠짐없이 새겨들어야 했던 멜로디에게 온갖 허세 섞인 말들을 수없이 늘어놓았지만, 정작 새로운 정보나 가장 중요한 정보는 쉽게 빼낼 수 없었다. 나는 이미 멜로디가 아니었다면 결코 얻을 수 없었을 엄청난 양의 정보를 축적했다. 하지만 이것으로는 부족했다. 그리고 어쩌면 멜로디가 고생해준 덕분에 훗날 내가 명예롭게 이 바닥을 뜰 수 있을지도 모른다. 하지만 나는 아직 멜로디에게 빌렐로부터 벗어날 출구를

149

마련해주지 않았다. 나는 이번 일에 취재 수준을 넘어 몰입했고 내 호기심은 합법적이지만 위험 수위에 달했다. 앙드레는 이것을 간파했고, "네 일은 네가 알아서" 하라면서도 주의할 것을 당부했다.

앙드레는 오지 않았고, 멜로디는 예전처럼 빌렐과 매일 대화하지 않았다. 빌렐은 미쳐 날뛰었다. 그것은 멜로디를 향한 그의 집착에 대해 내가 할 수 있는 작은 복수였다. 멜로디는 그에게 엄마가 가족 공용 컴퓨터의 사용을 금지시켜서 안방에 숨겨놓은 맥북을 가져올 수 있을 때만 연락할 수 있다는 핑계를 댔다. 일주일에 딱 두 번, 그들은 스카이프에서 만났다. 대화는 항상 결혼 이야기에서 맴돌았다. 그에게서 새로운 정보를 알아내는 데 줄곧 실패했다. 하지만 나는 온라인 상에서 IS 무자히딘의 존재를 찾는 일에 계속 매달렸다. 그들은 자신이 직접 참수한 시신 옆에서 자랑스럽게 찍은 사진을 올렸다. 희생자는 대부분 무슬림이었다. IS는 블록버스터급 선동을 통해 세력을 확장했고, 여자아이들을 추종자로 끌어 모으기 위해 갖은 술책을 동원했다. 그뿐만이 아니다. 다에시의 '순교자'[21]는 천사의 얼굴에 평화로운 미소를 띠고 있다. 적의 시신이 참혹하게 그을려 있는 것과 완전히 대조적이다. 다에시는 순교한 군인들의 표정을 수정, 연출하여 사진을 유포했다. 그리고 불신자들의 시신은 사진을 찍기 전에 햇볕에 부패되도록 두었다. 시신은 마치 저승사자가 달려들어 갉아먹은 것 같았다. 부연 설명은 늘 같았다. "이 둘의 차이를 보라. 알라신을 본

---

21 IS에 따르면, 신을 위한 죽음이라는 뜻.

우리의 순교자는 행복하다. 왜냐하면 알라가 그들을 자랑스러워하고 그들이 이룩한 모든 것에 만족했기 때문이다. 이 쿠파르의 참혹한 시체를 보라. 알라가 이들을 벌한 것이다. 이들은 천국에 가지 못할 것이다." 기톤은 특히 이 말을 인용하는 것을 좋아했고, 유해를 비교하는 정신 나간 글을 올렸다. 그리고 그는 시리아에서 밀카 초콜릿을 들고 있는 사진을 올렸다. 또한 최근 들어 육류 품귀 현상이 일자 그는 자기 멋대로 동료 병사와 함께 터키와 시리아 사이의 국경을 넘었고, 칼라시니코프를 어깨에 두른 채 식탁에서 만족스러운 표정으로 양고기와 미국 탄산음료를 즐기는 영상을 찍었다. 음성은 다음과 같다. "시리아와 터키는 동지다. 우리는 모두 함께 있다! 마샬라, 음식은 최고급이고 프랑스보다 가격도 저렴하다, 형제들이여! 이곳으로 오라!" 그는 이따금 이 말도 덧붙였다. "안녕, 대외 안보총국. 우리를 염탐하기만 해봐!"

빌렐도 나에게 이 모든 것을 말해주었다. 그는 온라인에서 이런 방식으로 선동하는 모집책 중에서 서열이 아주 높았다.

나는 늘 다정다감한 밀랑과 커피를 마시며 즐거운 시간을 보냈고, 아쉬운 마음으로 헤어졌다. 빌렐과 피치 못할 약속이 잡혀 있기 때문이다. 빌렐을 만나러 가는 시간은 음산한 세계로 빠지기 전, 내 존재가 체로 한번 걸러지는 기분을 안겨주곤 했다. 이어폰에서 1980년대의 전설적인 TV 프로그램이었던 '레 앙팡 뒤 록Les enfants du rock'의 타이틀 곡으로 선보인 더 큐어의 '저스트 라이크 헤븐Just Like Heaven'이 흘러나왔다. 그 당시의 나는 어려서 기억이 잘 안 나지 **151**

만 이 노래를 들으면 두 오빠가 떠오르고, 어린 시절의 아름다운 추억이 되살아나며 나를 향수에 젖게 한다. 문을 열자마자 잘 다림질되어 옷걸이에 걸려 있는 멜로디의 옷이 눈에 들어왔다. 옷이 살아 있는 것 같았다. 일주일에 한 번씩 오는 도우미 아주머니가 새로 산 원피스로 알고 다림질해서 걸어둔 듯했다.

며칠 전부터 빌렐의 메시지가 아침, 점심, 저녁으로 쏟아졌다. 그야말로 고문이었다. 똑같은 말을 50번째 반복해서 보냈다. 마치 멜로디가 자신의 소유라는 듯이.

"너, 거기 있니?"

"너, 거기 있니?"

"너, 거기 있니?"

"너, 거기 있니?"

"너, 거기 있니?"

"너, 거기 있니?"

"너, 거기 있니?"

"너, 거기 있니?"

"자기야?"

'너 거기 있니?'가 수십 페이지를 장식했다. 스카이프부터 페이스북, 멜로디의 휴대폰까지, 그는 약속을 잊는 법이 없었다. 주변 사람들은 나에게 기자 노릇을 아예 집어치웠는지 묻기 시작했다. 나는 그들의 질문을 이해할 수 없었다. 멜로디가 영상 데이트 약속에 가끔 보이지 않거나 대답하기 난감한 주제에 대해 단호하게 뿌리치며 그를 안절부절못하게 만들 방법을 연구하는 데 집중하고 있다는 것은 인정한다. 취재가 진전될수록 나는 내 기자 경력에서 처음으로 뒤로 물러서는 법을 잊었다. 나는 계속해서 암살자, 강간범, 아동 성애자 등에 대해 찾아보았다. 그들의 얼굴에 침이라도 뱉고 싶은 심정이었다. 하지만 겉으로는 전혀 내색하지 않았다. 빌렐에 대한 묘사는 정상적이지도 도덕적이지도 않지만, 적어도 내 '감정'에 대해서는 정확히 표현하고 있었다. '제 꾐에 스스로 넘어가게 해서 마음껏 조롱하고 싶은 사람'이라고……. 내가 보기에 그는 종교적이지도 인간적이지도 않았다. 이 정신 나간 살인자는 다른 사람의 인생을 빼앗고 멜로디 같이 어린 소녀를 죽음의 세계로 꾀어 들이기 위해 자신의 모든 시간을 바쳤다. 나는 막강한 힘을 쥐고 있는 지하디스트와 그 군대를 공격할 순 없지만 사람의 결점을 공격할 수는 있다. 말하자면 상대로부터 인정을 받고 상대를 지배하고자 하는 욕망 말이다. 그는 어린 멜로디를 상대로 이러한 욕망을 채울 수 있다고 믿었지만 결과는 오히려 반대였다. 나는 빌렐이 내 비위를 맞춰줄 때마다 그를 비웃었다. 나의 사랑에 대한 가치관은 신뢰와 배려가 기본이었다. 가치관은 서로 완전히 달랐지만 나는 상대에게 일종의 스톡홀름 증후군 냄새를 풍겼다. 위험은 없었다. 하지만 사람들은 내게 회의적인 시선을 보냈다. "어떻게 그런 무시무시한 일을 계속할 수 있어요?"라며 단도직입적으로 묻기도 했다. 나는 단지 내 일을 할 뿐인데……. 그리고 빌렐에게서 얻은 정보를 바로바로 확인하고 이해하는 데만 몇 개월이 걸린다. 나는 그의 농담은 물론 그가 나에게 주는 역겨움에 대해서도

153

충분히 언급했다고 생각했는데 사람들은 취재의 수준을 넘어섰다는 듯이 나를 비난했다. 나는 모든 것을 이야기하지 않았다. 왜냐하면 나중에 알게 되겠지만 이러한 유의 주제는 위험부담이 있기 때문이다. 신중을 기했던 또 하나의 이유는 이 취재가 단순히 떠도는 이야기로 남을 것이 아니라 보도를 목적에 두고 있기 때문이었다. 그리고 빌렐과 멜로디의 사랑은 구두상으로 오간 것일 뿐 그 이상도 이하도 아니었다. 그는 얼굴을 보는 것 이상의 요구는 단 한 번도 한 적이 없었다. 그가 필요한 것은 오로지 얼굴을 보고 이야기하며 상대를 시리아로 끌어들이는 것뿐이었다. 나는 빌렐이 소름끼치도록 끔찍했지만 그가 내뱉는 말쯤은 이제 참을 만했다. 오늘 저녁, 또 시작되었다.

"아, 드디어 왔구나, 나의 아내! 지금까지 벌 받고 있었던 거야? 우리 이야기 좀 해. 너한테 해줄 말이 엄청 많아! 모두 좋은 소식이야!"

"아……. 말해 봐. 난 좋은 소식이 좋아."

"내가 라카의 카디kadi[22]와 이야기해봤는데, 그가 너를 애타게 기다리고 있어. 우리 결혼을 위해서 말이야."

"……"

"자기는 기쁘지 않아?"

"전에도 말했지만, 내 사촌과 함께 간다면 모를까 난 혼인도 하지 않은 상태에서 샴에 가고 싶지 않아……."

"스카이프에서 결혼할 수는 없잖아. 카디도 그걸 원하지 않고."

---

21 이슬람교의 재판관. '카이드caid'라는 단어도 '카디kadi'에서 유래됨.

"스카이프에서 결혼한다고? 그게 가능해? 온라인 결혼이 법적으로 인정되는 거야?"

"그럼. 여기선 인정돼. 하지만 카디는 내가 컴퓨터를 통해 결혼하는 것을 반대해. 그는 네가 이 신성한 땅에 오기를 원해. 그도 네가 오는 걸 간절히 바라며 이곳에서 우리 둘의 혼인이 이뤄지기를 바라고 있어."

멜로디가 아무리 세상 물정을 모른다고 해도 뇌가 없지 않고서야 무슨 일이 생기는지 눈으로 확인하기 위해 빌렐을 찾아 시리아로 떠나는 일은 결코 없을 것이다. 차라리 자살하는 편이 낫겠다. 언젠가 내가 그곳에 가더라도 분명 결혼이 목적은 아닐 것이다. 빌렐은 그의 계획에서 멜로디의 사촌을 완전히 지워버렸다. 멜로디가 사촌 이야기로 화제를 돌리면 그는 귀를 닫았다. 빌렐의 듣는 능력은 선택적이고 고집스러웠다.

"그곳에서 혼인은 어떻게 이뤄지는데?"

"사실, 우리는 이미 혼인했어……."

"……뭐라고?"

"난 너한테 이미 수차례, 충분히 내 아내가 되어달라고 부탁했어. 그리고 카디에게 다 이야기했고, 그가 혼인 증서까지 적어주었지. 우리는 공식적으로 부부야, 마샬라."

순간 나는 어떻게든 침착해야 한다고 생각했다. 하지만 모니터 건너편에서 멜로디의 얼굴을 살피고 있는 빌렐 앞에서 어찌할 도리가 없었다.

155

"내가 전에 여러 번 말했잖아. 그 대답을 하기 전에 먼저 널 만나고 싶다고 말이야. 널 만지고, 숨결을 느끼고, 손을 잡고 대화를 나누고 싶었는데."

빌렐은 아무 말이 없었다. 멜로디가 이어서 말했다.

"'공식적으로' 결혼했다는 건 무슨 말이야?"

"네가 시리아 땅에 발을 딛는 순간 우리 결혼은 유효하게 돼. 전에 말했듯이, 우리는 샤리아를 따르고 있고 너도 그래야 해. 넌 이제 진정한 내 아내야."

"미안하지만 무슨 말인지 도통 알아들을 수가 없어. 네 아내가 되기 위해 시리아 땅만 밟으면 된다고? 언제든지?"

내 취재 욕구가 나를 터키와 시리아 국경까지 오게 했더라도, 이 여행을 시작하기 전에 최소한 생존할 수 있는 정확한 방법은 알고 싶었다. 가능성이 거의 없는 것 같지만 말이다!

"맞아. 언제든지. 내가 살아 있는 한 말이야. 인샬라! 이제 넌 정말 내 거야……."

"……"

"우리 결혼 증서에 기입할 두 가지 사항이 있어. 혼수로 뭘 원해?"

"내가 무슨 혼수를 받아? 여기선 보통 신부 아버지가 혼수를 주는데. 하지만 난 아버지가 없어. 그런데 돈은 있어?"

"자긴 날 뭘로 보는 거야! 이곳에서 난 토니 몬타나 _{미국 영화 「스카페이스」의 주인공} 마약상으로 큰 성공을 거둔다라고! 마약 거래가 아닌 종교적 신념을 따른다는 것이 다를 뿐이지. 다에시는 강해……. 우리는 모든 여성을 존중해. 그래서 남자가 미래의 아내를 평생 보살피겠다는 약속의 징표로 혼수를 해주지. 넌 뭘 받고 싶어?"

나는 정말 이 상황에서 아무 생각도 떠오르지 않았다! 멜로디는 답변하기 전에 시간이 필요했다. 나는 시간을 벌기 위해 다른 질문을 했고 그 사이 멜로디에게 혼수를 해주겠다는 발상을 한 이 미친 작자와의 대화를 곱씹어보았다. 불현듯 엉뚱한 아이디어가 머릿속을 스쳤다. 멜로디가 말했다.

"칼라시니코프?……"

미래의 남편은 웃음을 터뜨렸다. 나는 그 웃음의 의미를 어떻게 해석해야 할지 몰랐다.

"칼라시니코프를 원한다고? 그게 전부야? 완전 감동이네. 더 원하는 게 있으면 이야기해봐!"

"그래? 이를테면?"

"글쎄, 궁전, 성, 아름다운 말들……. 아니면 널 공격한 자의 목을 따는 것."

"아니, 됐어! 칼라시니코프로 충분해!"

"어쨌든 라카의 수장이 우릴 위해 이미 멋지고 거대한 아파트를 마련해놨어."

나는 라카에서 F3프랑스에서 집을 설명하는 단위. F3는 침실 두 개, 주방, 식당이 딸린 집 구조를 말한다를 상상할 수도 없었다.

"자긴 정말 친절해……. 아파트는 어때?"

빌렐의 얼굴에 순간 당황하는 기색이 엿보였다. 그는 거짓말을 **157**

할 때마다 눈을 내리깔고 머리를 신경질적으로 긁으며 뒤로 살짝 젖히는 버릇이 있다. 나는 그의 우물쭈물하는 눈빛도 놓치지 않았다. 배우가 따로 없었다. 그의 표정 연기는 날이 갈수록 나를 짜증나게 했다.

"너도 와서 보면 알겠지만, 굉장히 크고 좋아……. 네가 꾸며야 할거야! 그럼 마지막으로 한 가지만 물어볼게. 가장 중요한 건데……."

"뭔데 그래?"

"진심으로 대답해준다고 약속해. 왜냐하면 여기서는 그게 아주 중요한 문제가 되거든."

"약속할게. 말해봐."

"너 숫처녀야?"

"응……."

"정말? 왜냐하면 혼인 증서에 기입하려고 카디가 네 대답을 기다리고 있거든."

"아, 내 순결이 라카와 관련 있다는 말이야?"

"아니! 그저 미래의 네 남편과 권력 기관의 문제지! 너 정말 순진하구나. 사실 그게 멜로디 너의 매력이지."

나는 웃고 싶은 마음이 손톱만큼도 없었다. 빌렐이 계속해서 말했다.

"만약 거짓말을 하면 사형에 처하게 돼……. 여기선 첫날밤을 치르기 전에 자신의 순결을 확인시키는 여자들도 있어……."

158　　나는 억지로 미소를 지어 보였다.

"마지막에 날 실망시키면 안 돼. 이미 모두에게 네가 여기 올 거라고 말했어. 다른 형제들과 국경의 경찰들도 함께 말이야. 나는 네게 내 모든 걸 걸었어. 그러니 날 실망시키면 안 돼. 더 강해져서 와! 넌 용맹한 암사자 같은 여자잖아!"

"국경의 경찰들이라니, 무슨 소리야? 그쪽에서 미리 배치해놓은 경비들이야? 아니면 진짜 경찰?"

나는 터키에서 경찰들이 국경을 넘는 사람들을 눈감아준 혐의로 고발당한 사건을 떠올렸다.

"둘 다야. 네가 출발하게 되면 다 설명해줄게. 이곳 상황은 매우 살벌해. 경찰이고 기자고 각지에서 이곳으로 침투하려고 난리지. 죽어 마땅한 불신자들이야."

멜로디는 쓴웃음을 지었다. 그녀는 화제를 바꿨다. 벌써 며칠 전부터 빌렐은 멜로디에게 자신의 지하드 조직을 동원해 그녀를 도와주겠다고 약속했지만, 네덜란드와 독일 둘 중 중간 경유지를 선택하라는 말뿐, 어떠한 정보도 주지 않았다. 그는 늘 듣고 싶은 것만 들었기 때문에 멜로디는 그의 입맛에 맞는 말만 했다. 그래, 멜로디는 기필코 지하드를 완수할 것이다. 그러기 위해서는 암스테르담을 거쳐야 할 것이다. 나는 여정을 알고 있었다. 비행기로 이스탄불까지 이동한 뒤 또 비행기를 타고 우르파터키 동남부에 위치한 도시나 킬리스터키 중남부에 위치한 도시로 간다. 멜로디는 문득 궁금해졌다. 네덜란드 다음은?

"가는 길에 대해서 이야기 좀 해야 할 것 같아. 그리고 야스민에 대해서도." 그녀가 말했다.

159

"야스민이 누구지?"

빌렐은 "좋은 남편과 꿈 같은 삶"을 주겠다고 약속했던 열다섯 살짜리 이 아이를 이미 잊었다. 나는 분노가 치밀었다. 멜로디는 격노하며 대답했다.

"지금 날 놀리는 거야? 내 가장 친한 친구 중 하나인 야스민. 나처럼 잘 돌봐주겠다고 약속했었잖아! 우리는 이 이야기를 수도 없이 했는데. 내가 야스민의 나이가 문제되는지 물었을 때 절대 그렇지 않다며 나한테 샤리아에 대해서 설명해준 것 기억 안 나? 난 야스민 없이 절대 가지 않을 거야!"

"아, 맞다. 그 소녀……. 열다섯이라 했나? (그는 턱을 쓰다듬으며 눈을 치켜떴다.) 진정해, 자기! 이런 식으로 남편에게 화를 내면 안 되지. 그건 하람이야……. 우리가 네 친구를 잘 보살필 테니 걱정 마."

"'우리'가 누구야? 군인들의 욕망을 충족시키는 데 이용당하고 있는 여자들에 대한 소문이 프랑스에도 파다하게 퍼져 있어. 성노예 말이야!"

"프랑스 여자들이 하는 그따위 헛소리에 귀를 기울일 필요 없어! 그들이 여기에 있는 것도 아니잖아. 그러니 여기에 있는 네 남편의 말을 믿어야 해. 알았지? 그리고 약속한 대로 내가 야스민을 잘 보살필게. 네가 네덜란드로 출발하기 전날, 어떤 경로로 와야 하고, 어떻게 해야 하는지 모두 설명해줄 거야. 안심해. 내가 그곳에 있을 거고, 아니면 다른 중요한 사람을 보내 너희 일행을 이스탄불에서 데려오게 할 거야."

160

"알았어, 그러지 뭐. 근데 우리가 이스탄불까지 가야 하는 거야?"

"응, 그건 그때 가봐야 알 것 같아, 마샬라. 중요한 건 너희가 빨리 와야 한다는 거지. 특히 너는."

"계단에서 엄마 목소리가 들려! 이만 끄고 방으로 돌아가야겠어."

나는 진절머리가 났다. 그와 이야기하는 것이 점점 더 고통스러웠다. 나는 처음에 의도했던 대로, 그의 행태를 파악하고 그가 하고자 하는 일을 방해하기 위해 그와 연락만 유지하고 이런 미친 짓에 가담하지 않는 편이 나았을 것이다.

"알았어, 사랑해, 마샬라."

"참, 잊지 마. 나, 내일 모레 여자애들과 일주일간 아랍어 수업을 들으러 튀니지에 가기로 했어. 당분간 못 볼 거야. 내가 가는 곳에 인터넷이 없거든."

"솔직히 말하면 네가 이곳으로 바로 왔으면 좋겠어. 여기 있으면 언어도 금방 배우고, 다른 것도 금방 익힐 수 있는데."

"이미 잡힌 일정이야. 지하드를 위해 나한테 유익한 시간이 되겠지. 엄마가 들어오시나봐. 그만 나갈게."

"내가 널 사랑한다는데도 넌 아무 느낌이 없니?"

"그렇지 않아. 이젠 진짜 나가봐야 해, 마샬라."

드디어 접속을 끊었다. 그러고는 소파에 널브러졌다. 야스민을 생각하니 마음이 무거웠다. 내 친구와 같은 이름을 가진 소녀. 물론 그 친구와는 전혀 관련이 없다. 나는 이 기사가 보도되기 전에 그녀와 함께 스시를 먹으러 가고 싶었다. 하지만 지금, 나는 멜로디의 친구인 **161**

야스민을 생각해야 하고, 그녀에게 조금이라도 실현 가능한 이야기를 들려주어야 한다. 나는 길에서 마주쳤던 소녀들을 상상하며 생각에 빠졌다. 웬디, 말렌, 샤를렌……. 리옹 교외 지역의 공격적인 '불량' 소녀들. 이들과 알고 지낸 지도 벌써 6년이 되었다. 그녀들은 나쁜 짓도 저질렀고 어리석은 행동을 하기도 했다. 하지만 지금 그녀들은 매우 신중하고 진지하며 올바른 길을 가고 있다. 어찌 되었건, 오늘의 속보는 내가 결혼을 했다는 것이다! 일단 나는 오늘 저녁 빌렐이 멜로디에게 고백한 모든 것을 접어두었다. 심각하게 생각하고 싶지 않았다. 셀린이나 앤드루 같은 절친한 친구들에게 전화해서 수다를 떨거나 목욕을 하고 싶을 뿐이었다. 그러다 갑자기 그 생각이 떠올랐다. 내가 정말 숫처녀인지 검사하는 여자들…….

욕실에 들어왔을 때 거울에 멜로디가 보였다. 히잡 벗는 것을 깜빡 잊고 있었다. 순간 나는 아무것도 하기 싫어졌다. 어서 내일이 왔으면 좋겠다. 잠이나 자야지.

목요일

점심 시간, 나는 루 그리고 다른 세 친구와 테라스에 앉았다. 따사로운 봄 햇살 속에서 우리는 끝없이 웃어대며 이야기를 나누었다. 우리는 바보 같은 사람들을 욕하고 깔깔대며 치즈버거를 먹었다. 갑자기 멜로디의 '일회용' 전화기가 울렸다. 친구들의 시선이 마주쳤고, 누가 전화했는지 눈치 챈 듯했다. 나는 전화를 받았고, 친구들 앞에서 연기하고 싶지 않아 멀찌감치 떨어진 곳으로 갔다. 나는 친구들을 격정시키고 싶지도, 나에 대해 이것저것 상상하게 하고 싶지 않았다. 빌렐은 '결혼'을 발표한 이후 시도 때도 없이 멜로디에게 요구했다. 그는 자신에게 용기를 북돋는 다정한 말 한마디를 듣고 싶어했다. 또한 자신의 아내가 시리아에 도착하는 날짜를 점점 더 집요하게 캐물었다. 통화는 짧게 끝났다. 멜로디는 안심했다. 하지만 친구들은 이미 내 태도에 대해 불안해하고 위험을 감지하고 있는 듯했다. 난 이해할 수 없었다. 5분 뒤 돌아와 아무 일 없었다는 듯이 자리에 앉았다. 그까짓 전화 한 통 받는 것은 정말 나에겐 일도 아니었으니까. 그의 교묘한 속셈을 파헤치는 것에 비하면 말이다. 정신분열증이 오면 이 취재를 더 이상 진행할 수 없겠지만 나는 그런 증세를 전혀 느낀 적이 없다. 나는 내 머릿속에 있는 나 자신을 정확히 알고 있다. 그를 향한 역겨운 반감도 마음대로 사라지게 할 수 있고, 모든 것에 나 자신을 기계적으로 맞출 수 있게 되었다. 그리고 이야기는 이제 종지부를 찍었다. 오늘 우리는 취재를 마칠 방법을 찾아야 하고 마무리 지어

163

야 한다. 나는 감자튀김을 한 움큼 집어 입에 넣었다. 고개를 드는 순간 모두의 시선이 나에게 쏠려 있다는 걸 알았다. 빌렐의 전화 한 통에 다들 식욕이 싹 달아난 듯했다. 친구들의 낯빛이 급작스레 어두워졌다. 그들은 빌렐이 휴대폰을 이용해 나를 추적할 수 있다는 생각에 불안해했다. "그가 이곳에 오면 어떤 일이 생길지 상상해봤어?" 물론이다. 나는 친구들에게 휴대전화는 선불 폰이고, 스카이프와 페이스북 대화는 모두 추적이 불가능한 IP 주소를 사용하고 있다는 점을 설명했다. 친구들은 내 말에 대해 여전히 납득할 수 없다는 표정을 지었다. 나는 다른 이야기로 화제를 바꿔보려 했지만 우리의 점심식사는 이미 망친 듯했다.

우리는 일하러 자리로 돌아왔다. 나는 친구들이 담배를 피우러 나가자마자 그들이 내 일로 걱정하고 불안해하며 심지어 최악의 사태까지도 우려하고 있다는 생각이 들었다. 그 모든 것이 날 힘들게 했다. 나는 그들을 충분히 안심시켰다. 내가 무슨 말이라도 더 하면 그것에 대해 또 불안해할 게 뻔했으니까. 나는 친구들에게 그런 걱정을 끼치고 싶지 않았다. 저녁이 되자 그들은 내게 메시지를 보내왔다. 평소보다 애정이 듬뿍 담긴 조언의 메시지였다. 그들의 어투는 매우 진지했고 격려하는 이모티콘이 아주 많았다. 나는 그들이 우려하는 것을 이해할 수 없었지만 다른 한편으로는 이해할 수 있었다. 모든 걸 예측하기란 불가능하다. 하지만 지금까지 항상 모든 일에 주의를 기울였고 위험한 미션에 애착을 가진 노련한 기자들과 함께 있으니 전혀 걱정할 필요가 없다. 나의 진정한 친구들이 보여준 염려는 부끄러워서 감사 표현도 못 할 만큼 감동적이었지만 근거 없는 우려일 뿐이다.

이제 멜로디는 빌렐과의 대화에서 주도권을 잡고 빠르게 정보를 수집하기 시작했다. 테러리스트의 입에서 나오는 달콤한 말들은 최대한 무시하려 애썼고, 오로지 모든 지하디스트가 행동으로 옮기는 데 결정적인 포인트인, 시리아행 경로에 관한 질문에 대화의 초점을 맞췄다. 멜로디가 미성년자인 야스민과 동행해야 하기 때문이었다. 미래의 남편을 자극하는 예민한 문제라 할지라도 그와 타협하는 것은 말도 안 되는 일이었다. 저녁에 아드리앙과 한잔 하고 있는데, 앙드레가 멜로디를 찾아왔다. 이제 취재를 마무리 지어야 했다. 우리의 전략에 마지막 에너지를 쏟아야 했다. 우리는 빌렐이 내게 청혼한 이후로 내가 그와 실제로 만나는 문제에 관해서는 단 한 번도 입 밖에 꺼낸 적이 없었다. 우리의 생존과도 직결될 수 있는 그의 광신적인 언행도 마찬가지다. 우리는 이미 명확히 알고 있었다. 시리아로 떠나는 것은 자살 행위나 다름없다는 사실을. 특히 유럽인들에게는 명백한 사실이었다. 그것도 프랑스 여기자라면……. 기자라는 직업에 막대한 위험부담이 있었다. 시리아로 떠나는 것은 자유지만 돌아오는 것은 우리 의지와는 철저히 별개의 문제라는 것도 인정해야 한다. 게다가 나는 아이가 없다. 하지만 우리에게 필요한 것은 어쨌든 멜로디가 이 여정을 시작하는 것이고, 거기서 우리의 모든 미션을 끝낸 뒤 우리 계획을 실행해야 한다.

집으로 돌아와 나는 서둘러 히잡을 쓰고 필요한 모든 도구를 준비하면서 내 컴퓨터를 도배해놓은 빌렐의 사랑 메시지를 노려보았다.

오늘 저녁 멜로디는 빌렐과 농담이나 주고받을 시간이 없었다. 바로 내일 나는 루와 함께 튀니지로 떠나야 했기 때문이다.(빌렐은 멜로디가 종교 클래스에서 아랍어 수업을 받으러 가는 줄로 믿겠지만.) 그리고 떠나기 전 마지막 저녁을 밀랑과 보내고 싶었다. 멜로디는 빌렐에게 엄마가 곧 있으면 돌아오기 때문에 시리아행 경로에 대해 서둘러 이야기하자고 재촉했다. 그는 "모든 것을 다 버리고 아무것도 남기고 와서는 안 된다"는 것을 강조했었다. 엄마에게 편지 한 장 남겨서도 안 되고 "도착해서 소식을 알리기 전엔 단지 그들로부터 사라지기만 하면 된다"고 했다. 하지만 빌렐은 경로에 대한 구체적인 정보를 주지 않았고 나는 앙드레와의 여행을 준비하기 위해 그 정보들이 필요했다. 지루한 대화가 오갔고, 빌렐이 말했다.

"이미 이야기한 대로 넌 네덜란드나 독일까지 비행기를 타고 오면 돼. 둘 중 어느 쪽을 선택할지는 네 몫이야. 거기서부터는 휴대폰의 전원을 끄고 버려야 해. 새 선불 폰을 산 뒤 스카이프로 알려줘. 내가 확인할 수 있게 말이야. 이스탄불로 오는 방법과 그다음 일정은 그 후에 자세히 설명해줄게."

"안 돼, 빌렐. 좀더 자세히 알려줘. 그냥 여행을 떠나는 게 아니잖아. 어린 야스민 생각도 해야지."

"떠나는 날, 엄마한테 야스민의 집에서 자겠다고 말해. 야스민도 네 집에서 자고 온다고 둘러대라 하고. 아침 일찍 평소 가지고 다니는 가방보다 더 큰 가방을 갖고 나와. 야스민도 똑같이. 서둘러 공항으로 오고 정체가 드러나지 않도록 조심해. 경찰들이 여기저기 깔려 있으니까. 평소처럼 행동해. 겁먹은 표정이나 눈에 띄는 행동을 해서는 결코 안 돼! 절대 뒤를 돌아보지도 말고. 너희가 있을 곳은 바로 여기야. 그것만 명심해. 알았지? 너 용감한 내 아내 맞지? 혹시라도 이스탄불에서 누군가 너희에게 질문하면(그는 눈을 찡긋했다) 국경없는 의사회라고 둘러대. 여권은 네가 항상 챙겨서 가지고 있어! 잊지 마! 시리아로 오는 가장 중요한 첫 단계야."

사실 이것은 시리아로 들어오는 신병이 도망치는 것을 사전에 막기 위해 도착하자마자 제압하려는 것이었다.

"너희가 여정의 첫발을 내디뎠을 때 사용할 안전 전화에 대해 미리 일러둘 게 있어." 그가 계속해서 말했다. "너희를 이스탄불에서 데려올 엄마의 번호를 알려줄게."

'엄마'라…….

"그 사람은 여자가 확실한 거지? 자긴 남자들이 여자들을 쳐다보는 것도 안 좋게 생각하는 사람이잖아. 설마 네 형제가 나와 첫 대면하게 하거나 돌보게 하는 건 아니겠지?"

"당연하지! 절대로! 미쳤어? 어쨌든 터키는 우리 집이나 다름없어. 우리가 원하는 모든 걸 할 수 있는 곳이라고! 네가 시리아 국경에 도착하면 몇 미터 떨어져 있지 않은 곳에 내가 있을 거야, 인샬라."

"거기가 어딘데?"

"나중에 말해줄게. 여느 동료들과는 달리 나는 터키에 발을 들일 수가 없어, 다른 곳은 괜찮지만……."

"이라크……?"

167

"맞아, 이건 절대 비밀이야. 우리는 지금 이라크를 되찾기 위해 대규모 미션을 비밀리에 수행하고 있어. 그리고 인샬라, 우리 둘이 그곳에서 살 수 있을 거야. 언젠간 그렇게 되겠지."

"모든 무자히딘은 터키 국경 도시에 원하기만 하면 가던데. 그들의 페이스북에서 사진을 봤거든. 그런데 넌 왜 안 돼?"

"꼭 안 되는 건 아냐. 하지만 난 좀 달라……. 그건 나중에 다른 곳에서 이야기해줄게. 어쨌든 지금 우리는 부부야. 이제 네 페이스북 계정은 완전히 폐쇄해!"

"왜? 내 페이스북에 나를 보여주는 건 하나도 없어. 난 그저 좋은 일을 하자고 선동했을 뿐인데 뭐."

"왜냐하면! 이제 넌 내 아내기 때문이야. 좋은 아내는 남편의 말을 무조건 들어야 해."

그래……. 멜로디는 동의했지만 난 계정을 삭제하지 않았다. 아직까지도. 자칭 '테러 전문가'인 빌렐은 정말 이해할 수 없는 사람이었다. 자신의 부대가 이라크를 점령할 계획이 있다는 사실은 공개하면서도 정작 그다지 중요하지 않은 다른 정보에 관해서는 거짓말로 둘러대거나 침묵으로 일관했다.

"좋아. 더 이상 묻지 않을게. 당장 야스민에게 가서 네가 한 말을 들려주고 계획을 짜야겠어. 그러고 나서 알려줄게."

"너, 비행기표 살 돈은 있어?"

"야스민은 없을걸. 하지만 내가 알아서 할게. 네가 그곳에서 해결해주기는 더 힘들 테니."

"그건 걱정 마, 자기. 나는 필요한 것 이상으로 많이 가지고 있어. 넌 내 보물이야. 라카는 네 궁전이고. 이미 말했지만 넌 공주 대접을 받게 될 거야."

멜로디는 말을 줄였다. '사랑해, 알라를 위하여'라는 말을 교묘히 피하고 대화창을 나오는 데 성공했다.

드디어 취재는 내가 원하는 방향으로 가기 시작했다. 나는 많은 정보를 알아냈지만 아직 끝나지 않았다. 여행은 정해졌다. 멜로디는 암스테르담을 거쳐 가기로 했다. 취재 차원에서 그곳에서 접촉할 사람이 있기 때문이다. 암스테르담으로 가는 비행기 안에서 나는 지하드 지원자가 될 만한 모든 어린아이를 검색할 것이다. 하지만 이 모든 것은 곧 끝이 날 것이다. 이미 고국을 떠난 이들이 그곳에 도착하고 나서부터 어떻게 해야 할지 나에겐 대책이 없었다. 나는 전혀 관련도 없는, 아니 빌렐이 가르쳐준 것과 조금은 관련 있는 코란의 구절과 규율을 떠올리며 잠들었다. 신성한 이 책에는 '어머니'라는 단어가 서른두 번 나온다. 나는 순진한 두 소녀를 살인자들의 먹잇감으로 보내기 위해 데리러 오는 것에 기꺼이 동의한 이 '엄마'라는 사람들을 다시 한번 떠올렸다.

금요일

드디어 나는 루를 공항에서 만났다. 이 휴가는 우리 둘 모두에게 너무나도 좋을 것이다. 비행기 안에서 우리는 『피플』지를 읽으며 엠앤엠즈 초콜릿을 실컷 먹고, 카메라로 셀카도 찍을 것이다. 평범한 두 친구처럼 말이다. 여기서 '평범함'이라는 단어가 조금 신경 쓰인다. 얼마 전부터 나는 이 여행을 마지막 바람을 쐴 수 있는 기회로 정해놓았다. 이 여행이 끝나기가 무섭게 나는 다시 현실로 돌아가서 지금까지 해왔던 취재의 마지막 단계를 마무리해야 하기 때문이다. 그렇게 휴식을 취하러 왔지만 내 여행가방 안에는 혹시나 해서 챙겨온 멜로디의 분장 도구가 들어 있다.

탑승 전 수화물로 부쳤던 여행 가방을 찾기 위해 기다리고 있을 때, 핸드백 안에 넣어둔 채 잊고 있던 멜로디의 휴대전화가 진동한다. 빌렐이 보낸 여러 개의 문자 중간에 바네사[23]라는 낯선 여자에게서 온 문자 하나가 보인다.

"안녕 자매님, 나는 임신한 지 6개월쯤 됐는데, 며칠 내로 시리아로 가야 해. 내 남편이 우리 모두를 위해 전장에서 싸우고 있고, 그가 네 번호를 주었어. 혹시 우리가 함께 여행할 수 있을까 해서. 왜냐하면 나의 이 불룩한 배 때문에 조금 걱정이 되기도 하고, 사람들 눈에 너무 띌 것 같아서 말이야. 소브라넬라Sobranellah, 내 자매여. 우리는

---

23 이름은 가명을 사용했다.

지하드 여전사가 되어

곧 그곳에 있게 될 거야."

그녀는 맨 뒤에 자신의 스카이프 주소를 적어 보냈다. 이때만 해도 나는 이 문자를 대수롭지 않게 여겼다. 사실이라고 믿기에는 좀 황당한 내용이었기 때문이다. 누구인지, 어디에 사는지도 모르는 여자가 자신이 임신을 했으며 나랑 함께 여행을 하고 싶다……. 아무리 생각해봐도 이상하다. 혹시 빌렐이 나를 시험하기 위해서 꾸민 짓일까? 어쨌든 상관없다. 이 며칠간의 휴가는 오로지 나만을 위한 것이다. 이 휴가를 멜로디에게 할애하지는 않을 것이며, 빌렐에게는 더더욱 아니다. 나는 휴대전화를 다시 가방 안쪽으로 쑤셔넣었다.

예약해둔 방에 들어서는 순간 우리는 웃음을 터뜨렸다. 백조 두 마리가 수놓아져 있는 침대 시트 위에 붉은 장미 꽃잎이 여기저기 뿌려져 있었다. 온도는 28도다. 창문을 활짝 열어젖히자 눈부신 햇살이 쏟아져 들어왔다. 수영장으로 내려가기 전에 우리는 일단 반바지, 민소매 티셔츠, 치마, 운동화, 그리고 선글라스 등 서로 비슷한 내용물이 가득 든 여행가방을 풀기로 한다. 우리는 각자 가벼운 니트도 하나씩 가져왔다. 내가 가방 안의 옷들을 끄집어내는 걸 보더니 루는 가방 맨 아래쪽에 있던 내 아바타의 검은색 젤라바를 발견한다. 루는 그것을 손가락 끝으로 집어들고 내 얼굴을 빤히 쳐다보았다. 그녀의 치켜 올라간 눈썹이 마치 나에게 질문을 하는 듯했다. 나는 그녀에게 짐을 싸다가 얼떨결에 가방에 집어넣은 것이고, 사실 꺼내서 옷장에 걸어놓을 생각도 아니었다고 말한다. 물론 히잡도 마찬가지였다. 내가 수영복 위로 하늘하늘한 원피스를 걸쳐 입는 동안 루는 젤

171

라바를 입고 있는 나를 상상하며 들뜬 표정을 짓는다.

"한번 입어볼까?"

내가 웃으며 그녀에게 말한다. 루는 어린아이처럼 방을 가로지르며 소리를 지른다.

"아니, 아니, 아니!"

루는 이미 멜로디와 빌렐의 채팅 사진을 봐서 알고 있긴 하지만 실제로 멜로디의 존재를 인정하고 싶어하지는 않았다. 그렇지만 지금 우리는 휴가 중이 아닌가. 나는 그녀를 놀려주고 싶었다. 그녀가 욕실로 들어갔을 때, 나는 이 괴상한 베일을 뒤집어쓰고는 혼자 신이 나 있었다. 대충 둘러쓰느라 눈까지 다 가려졌지만 웃는 표정까지 감추지는 못했다. 나는 선크림을 바르면서 그 모습을 셀프 카메라로 찍었다. 이 시기에 찍었던 사진들 가운데 그나마 씁쓸한 기억으로 남지 않은 것이었다.

우리는 기분 전환을 위한 며칠의 휴가를 제대로 만끽한다. 거의 하루 종일 수영장 풀 밖에서 선탠을 하면서 '여자들만의' 수다로 시간을 보낸다. 그러던 어느 날 오후, 휴대전화가 울린다. 내 것이 아니었다. 방 어딘가에 반무의식적으로 내던져둔 멜로디의 휴대전화였다. 우리는 마치 유령이라도 본 듯한 얼굴로 서로를 쳐다본다. 나는 조금 떨어져서 전화를 받는다. 전화기 반대편에서는 걱정으로 몹시 불안해하는 빌렐의 목소리가 들렸다. 그의 목소리는 전혀 위협적이지 않았으며, 오히려 어린아이처럼 나약해 보였다. 생각해보니 멜로디는 빌렐에게 71시간 동안 아무런 연락도 하지 않았던 것이다! 빌렐은 혹

172

시 그녀에게 무슨 일이 생긴 것은 아닐까, 아니면 그녀가 남편인 자신을 잊어버린 것일까 같은 걱정들을 했던 것이다. 멜로디는 나지막한 목소리로 그를 진정시킨다. 그렇지만 통화 질이 별로 좋지 않다. 빌렐은 멜로디가 하는 말을 잘 듣지 못한다. 나는 온몸에 오일을 바른 채로 이 방 저 방을 돌아다니며, 휴가를 즐기는 다른 사람들과는 조금 떨어져서 통화를 했다.

"마샬라, 자기야! 당연히 나는 여전히 네 거지. 여긴 인터넷도 안되고, 공부해야 할 게 너무 많아. 게다가 수업 시간에는 통화를 할 수가 없거든."

"어쨌든 다른 자매들과 같이 있는 건 맞지? 적어도 히잡은 쓰고 다니고? 다른 남자들이 너를 본다는 생각을 하면 심장이 터져버릴 것 같아. 만약 그 사람들이 이런 내 모습을 본다면 다들 겁을 먹고 도망칠걸……."

"비스말라, 여기에는 여자들밖에 없어. 여자들은 모두 머리에서부터 발끝까지 완전히 감싸고 다녀! 그리고 하루 종일 수업하느라 정신이 하나도 없어."

영락없이 보드빌 2.0 연극_{심리적 의도나 교훈 없이 상황극에 기반한 코미디다}을 보는 것 같다. 다른 피서객들이 이상하다는 표정으로 나를 흘깃거린다. 루는 큼직한 목욕 가운에 파묻히다시피 한 채 멜로디를 쳐다본다. 거의 벌거벗은 모습으로 프랑스어랑 아랍어를 섞어가며 연기하는 내 모습을 보고 루는 웃음을 참지 못해 눈물까지 글썽인다. 나는 사람들의 시선을 피해 뒤로 돌아섰다. 새빨개진 얼굴로 몸을 어디

173

에 뭐야 할지 몰라 안절부절못한다.

"아 그래, 다행이다……. 난 또 혹시나 네가 나한테 질렸거나 누군가 너를 못살게 구는 사람이 있나 했지."

"무슨 소리야, 그럴 일은 전혀 없어."

"그러면 왜 나한테 연락을 안 한 거야?"

왜냐하면 나는 지금 휴가 중이니까. 더 정확히 말하자면 빌렐 너를 피하기 위한 휴가를 보내고 있으니까! 그러나 이번에도 역시 그는 멜로디의 말을 건성으로 듣고 있으므로 멜로디는 다시 한번 말한다.

"내가 지금 있는 곳에서는 인터넷을 못 할 거라고 지난번에 이야기했잖아. 튀니지라서 휴대전화가 잘 터지지 않고 통화료가 엄청 비싸기도 하고……."

"알았어, 자기야……. 네가 그런 상황에 있는 줄은 몰랐어……. 너 돈은 있어? 앞으로는 내가 너와 우리 가족을 챙길게."

"응, 걱정하지 마. 그런데 내 요금제가 얼마 안 남았어! 혹시 모르니까 조금은 남겨둬야 되거든. 너는 잘 지내고 있지?"

"응, 내 걱정은 하지 마. 나중에 이야기해줄게. 새로운 일들이 있었어."

"아, 그래, 무슨 일인데?"

"나중에 이야기해줄게. 하지만 우리한테 좋은 일이라는 것만 알아 둬……. 인샬라. 언제 올 거야?

빌렐은 다에시가 6월에 실행에 옮길 이라크의 대도시 습격에 대한 임무를 맡은 것 같았다. 그리고 다음번에는 그에게 칼리프의 명령이

174

있을 것이다.

"곧."

"언제?"

"야스민과 이야기해봐야 해. 이스탄불로 가는 항공료가 가장 저렴한 날이 언제인지도 알아봐야 하고."

"그러니까 그게 언제냐고? 응? 멜로디? 자기야?"

불과 몇 분 사이에 피곤과 스트레스가 밀려왔다. 한동안 잊고 있던 숨 막히는 느낌과 거짓말들이 나를 짓눌렀다. 나는 통화가 끝날 때까지 소파에 앉지도 못했다.

"다음 주쯤 되지 않을까……."

"오케이. 미리 알려줘야 돼, 알았지?"

"당연하지."

"약속해!"

"약속할게, 빌렐."

어찌되었든 간에 내가 그의 지시대로 이스탄불에 가는 것은 사실이다. 야스민이 아닌 앙드레와 함께 간다는 것이 다를 뿐. 계획은 간단하다. 빌렐의 말대로라면 어떤 나이 든 여자가 우리를 찾으러 올 것이다. 그렇지만 그 여자는 부르카를 입은 두 젊은 여자가 올 것이라고 생각하고 있을 것이기 때문에 청바지와 운동화를 신은 남녀는 주의 깊게 보지 않을 것이다. 우리는 다른 여행객들 사이에 숨어 있다가 택시를 잡을 것이다. 앙드레는 워낙 '숨는 짓'을 잘하기 때문에 그 여자 포주의 사진도 알아서 잘 찍을 것이다. 나는 그보다 몇 미터

175

앞에서 그에게 주의해야 할 점이 있으면 바로 알려줄 준비를 하고 있을 것이다. 나이 든 여자가 야스민과 멜로디를 어딘지 모를 곳으로 데려가는 동안, 앙드레와 나는 그들을 따라가다가 킬리스에서 접선자를 만날 것이다. 이곳은 시리아의 국경지대에 있는 마을이지만 다른 어느 곳보다 경비가 삼엄하다. 왜냐하면 쿠르드인들이 검문을 하기 때문이다. 킬리스는 전쟁의 소음이 없는 곳이지만 슬픔이 있는 마을이었다……. 우리는 그곳에서 기톤과 인터뷰를 하면서 그가 하는 말과, 빌렐과 아부 무스타파 등이 했던 말들을 비교해보기로 했다. 그러고 나면 시리아 국경에서 몇 미터 떨어져서 찍은 멜로디의 뒷모습을 담은 사진과 함께 이번 조사는 끝날 것이다. 지옥의 문 앞에서 멈춰선 기자와 그 안에 들어가고 있는 멜로디의 모습이 상상된다. 이야기는 여기서 끝나고, 어느 누구도 희생되지 않을 것이다. 적어도 실제로는 말이다. 됐다. 이제는 끝이 보였다. 그렇지만 나에게는 이 조사를 끝내야 하는 이유가 충분하지 않았다. 특히나 멜로디가 그랬다. 두 인격을 연기해야 하는 것과 갈수록 무겁게 옥죄이며 내 사생활까지 침해하는 이 조사를 드디어 끝내게 되는 것이다. 랄라스. 얽히고 설킨 매듭은 이제 말끔히 풀릴 것이다. 튀니지에서 마무리 지어야 했던 것들이 내가 빌렐과 통화를 마치는 순간 하나씩 끝나가고 있었다.

나흘 후

튀니지에서는 짧은 휴전이 조용히 끝나가고 있었다. 우리가 떠나기 전날, 빌렐은 지금까지 보이지 않았던 집착을 드러냈다. 지난번 수영장에서 짧은 전화 통화를 한 이후로 그는 멜로디에게 셀 수 없을 만큼 많은 메시지를 보냈다. 그는 멜로디가 연락을 자주 하지 않아서 상처를 받은 듯했다. 그는 그녀를 몹시 그리워했고, 자나 깨나 그의 여자인 멜로디 생각뿐이었다. 며칠 전부터 머릿속은 온통 그녀를 만나는 것에 대한 기대로 가득 차 있었다. 왜 그녀는 자신에게 거리를 두는 것일까? 그의 목소리가 무겁게 가라앉는다. 그가 멜로디를 세뇌시키기 위해 시도했던 많은 것과 그들이 함께 대화하며 보낸 긴 시간이 그 자신마저 길을 잃어버리게 만들었다. 나는 빌렐에게서 사랑에 빠진 한 남자를 보았다……. 그리고 이런 것들이 내게는 결코 이롭지 않다. 빌렐은 여러 단점 중에서도 특히 비정상적인 자아로 인해 고통을 받고 있었다. 만약 그가 자신이 좋은 감정을 가지고 있는 한 여자가 사실은 기자이고, 그를 가지고 놀았다는 것을 알게 된다면 나는 지금보다 훨씬 더 위험한 상황에 처할 수도 있다. 나는 내 생각이 틀렸기를 바란다. 왜냐하면 배신당한 남자는 어느 날 갑자기 돌변해서 지금까지는 몰랐던 자신의 본모습을 드러낼 수도 있기 때문이다. 빌렐 같은 지하디스트도 그럴 것인지 나는 상상하고 싶지 않았다. 결코 아량이 넓지 않은 그가 너그럽게 넘어갈 리는 만무하다. 그는 증오와 복수심에 불타는 남자다. 우리가 묵고 있는 호텔은 홀에서

만 인터넷을 쓸 수 있었다. 벌써 며칠째 나는 루와 함께 여느 피서객들과 마찬가지로 거의 하루 종일 수영복 차림으로 웃고 떠들며 시간을 보냈다. 남편을 안심시키기 위해 다시 히잡을 뒤집어쓰고 아바타로 변신해야 할 생각을 하니 난감했다. 히잡만으로는 아쉬운 감이 있어 같이 챙겨 입어야 하는 검은색의 긴 원피스는 또 어떻고……. 같은 시가, 나는 그가 내 모습을 봐야만 안심하고 더 이상 의심하지 않을 것 같다는 생각이 들었다. 카메라는 내가 각도를 조절해서 빌렐이 멜로디만 볼 수 있게 만들면 그만이다. 그가 카메라를 움직여달라고 주문하지 않기만을 바랄 뿐. 나는 내 이런 행동이 루에게 얼마나 큰 스트레스를 주는지 알고 있었다. 그녀는 아무렇지도 않은 얼굴을 했지만 사실 나는 이미 그녀의 속마음을 읽었다. 빌렐을 의식해서일까. 아니면 내가 걱정되어서일까? 모든 일에 극도로 조심성이 많은 루는 이런 식의 돌발적인 행동을 싫어했다. 오늘 저녁, 우리의 휴가지에서도, 빌렐은 멜로디에게 강요한다. 다시 말하자면 멜로디가 아니라 우리에게 강요한다. 그리고 그가 이긴다. 그는 이번 주 모처럼 맞은 우리의 좋은 시간에 오점을 남긴 것만으로도 부족해 이제는 우리의 마지막 밤마저도 아예 망쳐버렸다. 우리는 호텔의 홀에 있는 긴 의자 중 하나에 자리를 잡는다. 둘 다 무릎 위에는 노트북을 올려놓고 있다. 나는 루에게 혼자 하겠다고 했지만 그녀도 인터넷을 써야 할 일이 있다며 따라 나섰다. 어쩌면 그녀는 그런 핑계를 대서라도 내 곁에 있어주고 싶었는지 모른다. 아니면 나를 보호해주고 싶다든지. 발에는 샌들을 신은 채 나는 내 짧은 흰색 원피스 위로 검은색 베일을 뒤집어썼다. 하루 종일 공부하기 위해 틀어박혀 있는 사람치고 내 얼굴은 너무 까매 보였다……. 루는 나를 보고 있지 않은 척했다. 오히려 다행이다. 지금은 내가 다른 인격을 연기하면서 그녀를 웃겨줄 상황은 아니기 때문이었다. 나는 그녀를 정말 친동생처럼 여기지만 내 이런 모습을 보여주는 것이 조금 불편하기는 하다. 그러나 그녀는 이미 많은 것을 알고 있다. 괜찮아. 다 잘될 거야. 어차피 이번에는 짧게 할 것이다. 멜로디는 서두른다.

빌렐은 비로소 멜로디의 얼굴을 잠시나마 어렴풋이 본다. 그의 눈은 걱정으로 가득했다.

"잘 지냈어? 나는 너 없이는 아무것도 할 수 없어. 두번 다시 이런 짓은 하지 마. 나의 사랑, 나의 인생, 나의 여자……."

"마샬라, 빌렐. 걱정시켜서 미안해. 그렇지만 여기서는 인터넷 하기가 여간 힘들어야 말이지. 그리고 사람들 눈에 띄어서도 안 돼……. 출발할 때가 다가오고 있어……. 이곳에선 우리에게 아랍어만 가르치는 게 아니고 지하드의 위험성에 대해 강조하며 관심을 갖게 하려 하고 있어. 그렇지만 괜히 추측하고 그러고 싶지는 않아."

"그런 건 듣지 마! 네 자리는 바로 여기야, 네 남편인 바로 내 옆이라고! 인샬라, 네가 얼마가 그리웠는지 너는 모를 거야……. 이제야 몇 시간은 잘 수 있겠다."

"내가 지난번에 연락 못 한다고 이야기한 뒤로 잠을 못 잔 거야?"

"사실은 거의 못 잤어……. 내가 알라를 만난 이후부터 나는 일밖에 몰랐어. 그렇지만 네가 내 인생에 들어온 뒤로 내가 사는 이유는 **179**

바로 네가 되었지."

나는 연결을 끊었다. 이유를 따지자면 한두 가지가 아니었다. 나는 곁에서 스카이프로 대화하고 있던 루를 몰래 살핀다. 나는 루가 빌렐이 마지막에 했던 말을 들었는지 궁금했다. 내가 보기에 루는 못 들은 눈치였다. 그녀는 줄곧 나에 대해 무관심한 척하고 있었다. 그리고 이유는 알 수 없지만 모기라는 별명을 가진 호텔 직원이 계속 우리 주변을 맴돌고 있었다. 호텔 직원들이 우리에게 먼저 말을 건네는 경우는 그들이 수구를 할 때뿐이다. 왜냐하면 그들은 우리가 앉아 있는 바로 코앞에서 수구를 했기 때문이다. 아니면 다들 들어가고 낮잠 자는 사람이 우리밖에 남지 않으면 우리를 깨우러 오는 정도였다. 그리고 가끔은 우리 같은 피서객들을 즐겁게 해주기 위해 접근하거나 환심을 사려 애쓰기도 하는데, 그것이 바로 오늘 저녁인가 보다. 만약 어떤 남자가 속삭이는 목소리를 빌렐이 듣게 된다면, 그야말로 재앙이 될 것이다. 그는 분명 다시 나를 부를 것이다. 내 주변의 몇몇 사람은 여전히 놀란 눈길을 거두지 못하고 있었다. 심지어 경멸스러운 눈빛으로 쳐다보는 사람도 있었다. 그의 전투 중인 사진이 다시 노트북 모니터에 나타났다. 나는 '대답하기' 버튼을 누른다.

"너도 나를 좋아한다고 말해줘, 멜로디!"

"소리가 잘 안 들려, 자기야. 나는 잘 지내고 있다고 말하고 싶었어. 그리고 나는 내일 프랑스로 돌아갈 거야. 내가 툴루즈로 돌아갈 때까지 조금만 더 기다려줘. 그때는 꼭 시간을 낼게. 약속해……."

"자기야, 나는 잘 들려. 그리고 다행이야. 그렇지만 모든 남자가 너한테 눈길을 준다고 생각하면 또 너무 싫어."

"괜찮아, 난 베일을 쓰잖아……."

"어쨌든 간에 그러고 밖에 돌아다니면 안 돼. 그 생각만 하면 화가 나서……."

"알아서 잘하고 있으니 염려 마. 그리고 네가 말했잖아, 몸을 가리면 밖에 나가도 된다고!"

"여기서는24 그렇지! 하지만 신앙심이 없는 다른 나라에서는 안 돼!"

"난 지금 튀니지에 있다니까……."

"그럼 더더욱 안 되지! 하이힐을 신는 여자들 하며! 샴에 있는 지하디스트 중에서 가장 많은 수가 튀니지에서 온 사람들이야. 그들은 어린 양 같은 여자를 부정한 여자로 변하게 하는 늑대 같은 인간들이야. 구역질나는 인간들이지. 아무도 네 근처에 다가오지 못하게 해, 아니면 내가 그를 죽일 거야. 알라 앞에서 맹세해!"

"어떤 남자도 나한테 말을 건 적은 없어, 걱정하지 마……. 알았어?"

"알았어……. 그렇지만 나는 네 머릿속에 이상한 생각을 집어넣게 하는 자는 그 누구도 용납할 수가 없어. 너는 오로지 아랍어만 배우면 돼. 그러고 보니 피부가 많이 탔네. 조금 달라 보여."

나는 그가 이런 말을 할 것이라고 이미 예상했었다. 그렇지만 그의 목소리에서 의심이라고는 찾아볼 수 없었다.

"달라 보인다고? 잘됐네, 아닌가? 나는 이게 더 귀여운 것 같은데,

---

24 라카에서.

이런 피부색의 여자가 더 좋지 않아?"

"(그는 경멸하는 듯한 말투로 대답한다.) 네 까만 피부를 보니까 내가 아는 여자애들과 닮았다는 생각이 들어……. 나는 알라가 원하는 모습 그대로 네 하얀 피부가 더 좋아. 왠지 네 순수함이 사라진 것 같아……. 하지만 너의 푸른 눈과는 잘 어울려. 잠들기 전에 너의 이 모습을 떠올려야겠어."

나는 속으로 안도의 숨을 내뱉는다. 루는 조심스럽게 모니터를 힐끗 쳐다본다. 나는 인터넷 접속이 잘 되지 않는다는 핑계를 대면서 몇 번이나 이 대화를 끊으려 했다. 그렇지만 멜로디는 그녀의 '남편'과 조금 더 대화를 하는 수밖에는 없었다.

그러고 나서 나는 조심스럽게 히잡을 벗고 루에게 몸을 돌렸다. 나는 지금 그녀의 뾰로통한 얼굴이 어떤 의미인지 아주 잘 알고 있다. 그녀는 매우 언짢은 것이다. 그리고 그녀 안에서 감정이 뒤죽박죽되어 무슨 말을 어떻게 해야 할지 모르는 것 같았다. 나는 그녀에게 몇 마디 건넨다. 그녀는 빌렐의 목소리를 듣는 것이 매우 불편하다고 했다. 그렇다면 그녀는 우리가 했던 대화를 조금은 엿들었다는 이야기다……. 그녀는 기자가 자기 자신을 이렇게까지 위험에 처하게 만드는 것은 도저히 있을 수 없는 일이라고 말했다. 루는 멜로디가 빌렐에게 종속되어 있다는 느낌을 받는다. 그리고 그 느낌은 그녀를 얼어붙게 만들어버린다.

루는 아직 스카이프로 채팅 중인 모양인데, 나중에 다시 이 이야기를 꺼낼 게 분명하다. 그녀가 방으로 다시 올라왔을 때, 나는 침대

182

위에 있었다. 그녀는 조용히 자신의 침대 위에 누웠다. 나는 그녀와 눈길이 마주치기를 기다리고 마침내 그녀가 나를 보고 웃는다. 우리는 방금 전에 있던 일을 다시 입에 올리지 않는다. 나는 매니큐어 세트를 꺼내서 그녀의 손톱을 빨갛게 칠해준다.

수요일 저녁

나는 멜로디의 옷처럼 어두운 색깔의 내 소파가 그리웠다. 나는 다시 일상으로, 내 아파트로 돌아온 것이 너무나도 좋았다. 나는 이 인큐베이터 같은 집이 여행을 떠나기 전보다 더욱더 나를 보호해주는 듯한 느낌을 새롭게 발견했다. 나는 내 덩치 큰 애완견과도 재회했다. 낸시 시나트라의 노래 제목을 따서 이름을 지은 이 녀석은 잠만 자는 거대한 인형을 닮았다. 오늘 저녁, 나는 샤워를 한 뒤 바로 이불 속으로 들어간다. 방 안에서 빌렐에게 연락할 생각이었다. 앙드레는 내가 방에서 채팅하는 것을 별로 좋아하지 않지만 가끔 사진을 찍으려면 조명 때문에 선택의 여지가 없을 때도 있었다. 촛불을 밝힌 방 안 분위기는 부드럽고 아늑했다. 나는 노트북을 무릎 위에 놓고, 간단히 베일만 뒤집어쓴다. 카메라는 빌렐이 나 말고는 다른 어떤 것도 볼 수 없도록 각도를 잡아놓는다. 나는 아주 뜨거운 차 한 잔을 준비해 침대 옆 나무 탁자 위에 놓는다. 전화를 건다. 그는 첫마디부터 나를 피곤하게 했다. 이제는 정말 진절머리가 난다.

"나 보고 싶었어? 나 사랑해? 나는 너를 너무나도 사랑해……. 멜로디, 내 여자……."

"뭐라고 하는지 잘 안 들려. 뭐 새로운 소식은 없어?"

"너한테 꼭 해줄 말이 있어! 내가 어떤 형제의 부인에게 네 번호를 줬거든. 그녀도 곧 여기에 오게 될 텐데, 그녀가 지금 임신 6개월째래. 그래서 네가 동행해준다면 안심이 될 것 같아서. 너도 이제는 지휘관

184

의 아내이니까 말이야. 이해해줘……. 대신 그녀는 같은 여자로서 너한테도 도움이 될 거야……. 그녀의 이름은 바네사야."

나는 바로 접속을 끊어버린다. 전혀 예상치 못한 이야기에 불안감이 몰려왔다. 튀니지에서 받았던 그 거짓말 같은 문자가 사실이라니! 한눈에 봐도 미성년자임을 알 수 있는 여자아이가, 그것도 임신을 해서 지옥으로 가려고 하고 있었다. 빌렐이 나를 다시 불렀지만, 나는 이미 오래전에 망가진 노트북 뚜껑을 쾅 닫아버린다. 나는 멜로디의 휴대전화를 꺼내 바네사의 문자를 찾는다. 그리고 바로 그녀에게 답장한다. 나는 손에 불이 나게 자판을 쳐댄다.

"살람 알레이쿰 자매님, 이제야 답장을 해서 미안해. 우리의 여행에 대해 조금 생각할 시간이 필요했어……. 지금이 여행을 떠나기에 좋은 시기일까? 임신까지 했는데……."

바네사는 나에게 바로 답장을 보냈다. 그녀의 문자는 프랑스어와 아랍어가 뒤섞여 있어서 무슨 내용인지 알아듣기 힘든 것도 있었다. 나는 그녀가 이미 마음의 결정을 했다는 것, 그리고 아이의 아버지를 찾아가려 한다는 것을 알았다. 그녀는 자신과 함께 가달라고 부탁했다. 대신 내가 궁금해하는 것은 전부 대답해주겠다고 약속했다. 나는 당황한 나머지 어떻게 해야 할지 망설였다. 경찰에 신고를 해야 할까? 그렇지만 나는 기자고, 누군가를 고발하는 일을 해서는 안 된다. 특히나 이 불안정한 어린 소녀에게 그런 짓은 안 될 말이다. 이 사실을 그냥 신고해버려야 하는 건가 아니면 이 소녀를 보호해줘야 하는 건가? 나는 머리를 쥐어짜며 궁리한다. 멜로디는 결국 바네사에게 준비할 시간이 필요하니 일주일만 시간을 달라고 한다. 어쨌든 얼마간 시간을 번 셈이다. 바네사는 선선히 받아들였고, 약 20분에 걸쳐 문자를 주고받은 우리의 협정은 일단락 지어졌다. 이로써 나는 조금의 시간을 벌었고, 상사에게 보고도 할 수 있게 되었다. 이제는 빌렐에게 말해야 할 차례다. 나는 다시 접속한다. 조금 전보다 더 내키지 않지만 어쩔 수 없다. 멜로디는 자신의 언니 핑계를 대며 얼렁뚱땅 사과한 뒤 그가 말하도록 놔둔다. 나는 처음 계획했던 것보다도 훨씬 방대한 양의 정보를 모았다. 이제 내가 바라는 것은 오직 한 가지뿐이다. 어서 이 취재를 끝마치는 것.

나는 그가 달콤하게 속삭이는 말에는 전혀 귀를 기울이지 않았다. 멜로디는 그가 잘 알아들었는지 확인이라도 하듯 그에게 이틀 후면 그를 만나러 갈 것이라는 말만 계속해서 반복했다. 나는 채팅을 하기 전에 준비해놓은 찻잔을 들었다. 제발 침착하자고 주문이라도 외우듯이 나는 이미 식어버린 차를 후후 불었다. 이제 시간이 별로 없다.

"오, 안 돼! 네가 지금 하는 것은 하람이야, 당장 그만둬! 오, 멜로디!"

당장 그만하라니, 대체 무엇을? 나는 전혀 이해하지 못했다. 어쨌든 그는 몹시 충격을 받은 듯했다. 휘둥그레진 눈이 마치 튀어나올 것 같았다. 대체 내가 멜로디에게 무슨 짓을 했기에 저러는 거야?

"차를 마실 때 불면 안 돼!"

"그렇지만 너무 뜨거워!"

"그건 마크룸25이야! 너 정말 이게 뭔지 몰라?"

"응, 몰라…… 그게 왜?"

"지금 네가 한 짓은 이슬람법을 거부하고 너의 나라 법을 따르는 행위야! 맙소사, 멜라니!"

170여 개국 중 민법에 '뜨거운 음료에 대한 적합한 행동'이라는 조항이 있는 나라가 있기는 한가?

"그게 무슨 상관인지 모르겠는데……."

"무엇이든 자연 그대로의 본질을 바꾸려 해서는 안 돼, 이것은 법에 적혀 있어……. 샤리아는 엄격한 법이야. 만약 네게 내일 당장 어떤 문제가 생긴다고 가정하자. 누군가가 너를 공격하고 해를 끼친다거나, 너의 어떤 것을 훔쳤다고 해서 네가 네 탓을 하지 않고 너의 나라에 불만을 가지는 것은 네가 비신자라는 말이야. 무슨 말이냐 하면, 네가 인간이 공평하다고 생각하는 순간 너는 이교도가 되면서 결국에는 나와 전능한 신의 적이 될 거라는 말이야. 네 어머니 경우도 보험 하나는 들어두셨겠지?"

"응! 한 개가 아니라 여러 개 같던데, 그리고 대부금도 있고!"

"그렇다면 그것 때문에 네 엄마가 네게는 적이 되는 거야. 왜냐하면 우리의 법인 이슬람법을 존중하지 않았기 때문이지. 따라서 넌 엄마한테 더 이상 아무것도 해주지 않아도 돼. 이제라도 타우히드와 다와[26]에 관한 수업을 다시 한번 복습하도록 해!"

---

[25] 여러 가지 사투리가 뒤섞여 완전히 변형된 은어. 대부분이 '좋지 않음'이나 '하면 안 됨'을 뜻한다.

[26] 이슬람의 메시지를 들으라는 이슬람교의 전도를 뜻한다.

그럼 그렇지. 구약성서를 읽고 나니 신약을 읽으라 하고, 그리고 그다음에는 코란이라니. 나는 샤리아의 기본을 이루고 있는 법을 연구하고 싶어 안달이 났다. 시간이 지날수록 나는 그를 경멸하게 되었다. 빌렐이 흥분한 눈빛으로 야스민에 대한 이야기를 하거나, 멜로디에게 입만 열면 타락과 거짓말을 늘어놓을 때마다 그는 영락없이 소아성애 도착자로 보였다. 그는 처음에 내가 생각했던 것처럼 양의 가죽을 쓴 늑대가 아니라 악마 그 자체였다. 나는 그가 멜로디에게 차를 불어서 마시지 말라며 소리칠 때 그의 눈을 보았다. 그는 멜로디의 엄마를 '그녀의 적'으로 지칭했다. 나는 계속해서 IS와 알카에다, 그리고 중동과 근동 지방에서 벌어지고 있는 일을 낱낱이 파헤치고 싶었다. 그렇지만 그의 램프에서 제멋대로 나오는 나쁜 요정 지니 없이 계속하고 싶었다. 멜로디는 이제 그만 끊으려고 했다. 그러자 빌렐이 불쑥 질문을 던졌다.

　　"네가 몇 살이더라?"

　　"우리가 그동안 이야기한 시간이 얼만데, 그걸 까먹어?"

　　"아니, 그게 아니고, 다시 한번 확인하고 싶어서."

　　나는 그를 떠보려고 슬쩍 거짓말을 한다.

　　"곧 열여덟 살이야."

　　"아, 알았어……. 아, 이 귀여운 아가씨야, 넌 정말 귀여워."

　　"정말 내 나이를 잊은 모양이네. 난 이제 스무 살이라고! 야스민이 미성년자고!"

　　"마샬라, 자기야. 날 놀리다니, 다음부터는 그러면 안 돼, 내 사랑."

"난 네가 서른여덟이라는 거 기억하고 있어. 그리고 1월 8일에 태어났다는 것도! 네 스카이프 계정에 적힌 걸 봤거든."

"그건 내 뒤를 캐지 못하게 하려고 조작한 거야!"

"그럼 서른여덟 살이 아니야?"

"그건 맞아. 그렇지만 난 1월생이 아니야. 나는 1976년 6월 6일에 태어났어! 가끔 신분을 바꿔야 해서 말이야……."

순간 내 심장은 무섭게 두방망이질 쳤다. 그 어떤 기자도 이런 상황에서 침착할 수는 없을 것이다. 나는 거의 제정신이 아니었다. 하마터면 베일을 벗어던질 뻔했다. 나는 그에게 애교 섞인 목소리가 아닌 평소의 내 목소리로 대답한다. 다른 사람인 척하는 짓도 더 이상은 못 하겠다.

"이제 그만 끝내야 돼, 빌렐."

"벌써?"

"응. 잘 자."

"그렇지만……."

나는 그의 말을 도중에 끊고 노트북 뚜껑을 쾅 소리 나게 닫는다. 오늘 저녁에만 벌써 두 번째다. 오늘 취재는 밀랑에게 들켰던 지난번 취재 다음으로 힘들었다. 빌렐과의 직설적인 충돌로 인해 내가 두 번은 힘들었을지 몰라도 세 번째로 힘든 순간은 앞으로 결코 없을 것이다. 나는 담배 한 개비에 불을 붙여 물며 노트북을 바닥에 던져 박살내고 싶은 충동을 간신히 참는다. 아주 오래전에 내 오빠들 중 빌렐과 같은 해에 태어난 오빠가 한 말을 나는 지금도 잊을 수 없다. 그

189

당시 우리 가족은 새 아파트로 이사를 했는데, 새집은 아주 널찍하고 좋았지만 바로 맞은편에 묘지가 있다는 게 영 찜찜했다. 우리는 창문으로 어린 우리 눈에는 그야말로 거대하게 펼쳐져 있던 이 부동의 공간을 바라보고 있었다. 우리는 함께 조용히 말보로 레드를 피웠었다. 그때 불현듯 오빠가 나지막한 소리로 이렇게 중얼거렸다. "우리의 미래는 저마다 전조가 있지." 그리고 얼마 지나지 않아 오빠는 자살을 했다. 6월 6일, 그의 스물여섯 번째 생일이 막 지났을 때였다. 빌렐과 내 오빠는 같은 해, 같은 날 태어났다. 다른 점이라면 한 명은 살아 있고, 다른 한 명은 그렇지 않다는 것이다.

나는 이 사실을 누구에게도 말하지 않았다. 난 단 하루도 그의 크고 검은 눈과 긴 속눈썹을 떠올리지 않은 적이 없었다. 나는 아직까지도 그 아파트에 살고 있는 부모님을 생각했다. 그리고 나는 이처럼 기괴한 일치가 뭔가 불길한 전조임을 직감했다.

다음 날 아침, 이른 시각

전화벨 소리에 잠이 깼다. 비몽사몽간에 손을 뻗어 전화기를 집어든다. 앙드레였다. 그는 내일 암스테르담까지 나와 동행하지 못하게 되었다며, 방금 전 그의 아버지가 돌아가셨다는 소식을 전했다. 그는 이번 프로젝트를 끝까지 함께하지 못해 미안하다며 사과했다. 그의 목소리에는 우리가 지금까지 함께 취재해온 것들이 있는데 끝까지 함께하지 못한다는 고통과 실망이 섞여 있었다. 그렇지만 지금 그는 아버지의 마지막 가는 길을 지켜야 했다. 나도 눈물이 났다. 취재는 아무래도 좋으니 그를 꼭 껴안고 위로해주고 싶을 뿐이었다. 그에게 아무 걱정 말고 취재며 빌렐 등의 일은 모두 잊어버리라는 말을 어떻게 해야 할지 모르겠다. 그는 신문사에 먼저 알려야 한다고 했다. 나는 바로 신문사에 전화를 한다. 그리고 샤워를 하고 옷을 입고는 집을 나섰다. 신문사에 도착하니 이미 앙드레를 대신할 '믿을 만한' 사진작가를 찾기 위해 한바탕 난리가 벌어지고 있었다. 시리아와 터키 국경지대에 접근했을 때, 나를 충분히 이해해주고 신경 써줄 사람이여야 하지만 무엇보다도 이 미치광이 이슬람 광신자의 정신 상태 또한 잘 알고 있는 사람이어야 했다……. 위험을 감수할 작정을 해야 하고 냉정함과 침착함은 기본이며, 관련 지식도 어느 정도는 갖추고 있어야 한다. 이제 편집실에서는 나를 보내는 것 자체를 고민할 만큼 극도로 신중을 기했다. 유럽인들이 레반트 접경 지역에서 납치당하지 않으리라는 보장이 전혀 없었기 때문이다. 두 명의 상사와 영상팀 팀장, 그리고 이번 취재를 처음부터 감독한 아드리앙과 함께 우리는 두 명의 후보를 추려내는 데 몇 시간을 보냈다. 망설이는 이도 있었고, 딱 잘라 거절하는 사람도 있었다. 몇몇은 사진기자들이야 임무만 수행하면 되기 때문에 실력 같은 건 중요하지 않다는 말도 했다. 선택은 더 어렵고 까다로워졌다. 최종적으로 샤를리로 정해졌다. 그는 꽤 이름 있는 사진작가였는데, 내가 그와 일한 적은 한 번도 없었다. 그가 찍은 충격적인 사진들 중에는 분쟁의 한복판에서 찍은 현장 사진이나 지난 30년 동안 벌어진 위기 상황을 담은 것도 있었다. 내 안의 기자 본능이 안도의 한숨을 내쉬었다. 샤를리와 함께라면 모두 잘될 것이다. 그렇지만 개인적으로는 사실 다른 사람이 정해졌으면 했다. 예를 들어 줄리앙 같은 사람 말이다. 나는 이미 그를 잘 알고 있었고, 그의 경력을 인정할 수밖에 없을 정도로 그는 놀라운 일을 많이 해냈다. 어쨌든 샤를리는 내가 다른 여자로 변신한 모습을 나와의 첫 만남으로 기억하게 될 것이다. 몇 주 전부터 나로 인해 벌어지고 있는 이 즉흥적인 코미디 공연을 단순한 관람객보다는 나와 가까운 지인이나 동료가 봐주기를 바랐다. 나는 샤를리가 나에 대해 섣불리 판단하지 않았으면 좋겠다고 생각했다. 이따금 사무실에서 마주칠 때면 그는 지나칠 정도로 진지해 보였다. 신문사의 브리핑이 끝나고 우리는 저녁에 다시 연락하기로 한다. 내가 말하려고 입을 여는 순간 그가 내 말을 잘랐다.

"이봐요, 숙녀분. 나는 그쪽의 진짜 이름을 알고 싶지 않아. 나에게 그쪽은 그저 멜로디일 뿐이니까. 왜냐하면 나는 이 취재에 손해를 끼치고 싶지 않고, 당신의 실명을 부르는 위험 속에 뛰어들고 싶지도 않다 이거야. 이번 취재가 끝나면 당신의 진짜 이름을 말해줘."

뭐야, 꽤 괜찮은걸! 그의 말에 나는 픽 웃었다. 나는 이 남자가 유머도 전혀 없고 엄격한 사람이라고 상상했는데 뜻밖이었다. 그리고 오늘, 나는 신에게 감사했다. 혹 신이 존재한다면 우리가 함께 일할 수 있게 해주셔서 감사하다고 했다. 우리는 잠시 이야기를 나누었다. 샤를리는 불과 24시간 전에는 전혀 알지 못했던 어려운 취재에 끼어들게 된 것이다. 그리고 그 취재를 위해서 바로 내일 오로라를 볼 수 있는 네덜란드로 가게 될 것이다. 이어 그다음 날에는 터키와 시리아의 국경 지대로 가게 된다. 이번 취재는 다른 보도와 달리 기자도 한 명의 주인공이 될 것이다. 그는 어떻게 하면 최대한 나를 노출시키지 않고 일을 진행할 수 있을지 고민했다. 그는 원래 총알이 머리 위를 날아다니는 현장에서 취재를 해왔던 사람이라 이런 상황이 조금은 당황스러운 눈치였다. 신문사는 그에게 세 가지를 부탁했다. 첫째는 내가 암스테르담에서 만나기로 한 롤라[27]라는 젊은 여자의 존재가 노출되지 않게 할 것. 둘째는 이스탄불에서 멜로디와 야스민을 데리러 오기로 한 '엄마'라고 불리는 여자의 사진을 찍을 것. 셋째는 킬리스에 가서 멜로디와 기톤에게서 들은 정보가 사실임을 확인하는 것. 롤라는 벌써 내 경로를 정해놓았다. 다행스럽게도 그녀는 멜로디가 지나는 길에 있는 한 마을에 살고 있다. 나는 원래부터 이 마을

---

27 이름은 가명을 사용했다.

을 아주 좋아했기 때문에 내 선택은 이미 결정된 것이나 마찬가지였다. 게다가 주말에는 아드리앙이 '올해의 사진상'을 뽑는 월드 프레스 포토 시상식에 참석하기 위해 온다는 것도 이러한 결정을 내리게 하는 데 한몫했다. 대부분이 칸 영화제의 사진기자들일 것이다. 멜로디는 인터넷으로 자매들과 채팅을 하면서 이 롤라라는 여자를 알게 되었다. 롤라는 한때 마음을 주었던 다에시 전투원을 만나기 위해 시리아로 갈 뻔했다고 했다. 다행스럽게도 그녀는 터키로 출발하기 몇 분 전 마지막 순간에 경찰에 의해 출국을 저지당했다. 나는 멜로디의 상황과 비슷한 이 이야기가 궁금해서 죽을 지경이었다. 경찰은 그녀가 그 지하디스트와 연락을 하지 못하게 철저히 감시했다. 롤라는 자기 '가족'이 자신을 통제한다고 믿었다. 그녀는 열 개가 넘는 서양과 중동 사이트들을 검색하면서 자신이 뭔가 알아낼 수 있을 거라고 생각했다. 그러나 결국 그녀는 다에시 군대의 이데올로기 안에 들어가지 못했다. 그녀는 현재 보호센터에서 지내고 있다. 왜냐하면 그녀는 아직까지도 전쟁의 한가운데로 가려고 했던 자신의 행동이 왜 저지당했는지 이해를 하지 못하는 듯했으며, 계속해서 자신의 종교를 극단적으로 따랐기 때문이었다. 기독교도였던 그녀의 부모는 그녀가 적어도 집에서만은 부르카와 장갑을 벗을 수 있을 때까지 그녀를 받아들이지 못하겠다고 했다. 그러나 롤라는 이를 거절했다. 그녀가 감시와 도청을 당하고 있었기 때문에 우리는 그녀를 직접 만나는 게 더 나을 거라고 생각했다. 사실 그녀도 자신에 대한 선입견을 가진 기자를 **194** 만나는 것이 별로 내키지는 않을 것이다. 이 여행은 어디까지나 그녀와의 인터뷰를 통해 내 기사를 보완하는 데 목적이 있었다. 그리고 언젠가 멜로디가 빌렐에게 그를 만나러 가지 못하겠다고 말해야 할 때, 그에게 뭐라고 설명해야 할지 대비하는 것이기도 했다. 이번 임무는 결코 만만치 않을 것이다. 빌렐은 자신의 먹잇감을 쉽게 놓치지 않을 테니까. 롤라는 오후 4시쯤에 만나기로 약속했다. 샤를리는 이미 그쪽에 와 있는 아드리앙의 도움을 받아 망원렌즈를 이용해 우리가 만나는 것을 촬영할 것이다. 그는 누가 우리의 얼굴을 알아보지 못하도록 옆모습만 찍을 것이다. 특히 롤라는 절대 얼굴이 노출돼서는 안 된다. 그러고 나서 빌렐과 멜로디의 최후의 대화가 이뤄질 것이다……. 이 대화에서는 내가 지하드로 들어가기 위해 지나쳐야 할 코스들을 알게 될 것이다. 나는 이 모든 것이 궁금해서 안달이 날 지경이었다. 그리고 다음 날 아침 빌렐은 야스민과 내가 이스탄불행 비행기에 막 몸을 실었을 거라고 생각하겠지만, 샤를리와 나는 암스테르담에서 이스탄불로 오는 비행기에서 이미 오래전에 내린 후일 것이다. 만약 이 모든 것이 계획대로 진행된다면, 야스민과 멜로디를 데리러 오기로 한 '안내인' 여자가 누군지 알아낸 뒤, 킬리스로 떠나는 교통편을 제시간에 탈 수 있을 것이다. 기톤과 인터뷰하기로 되어 있긴 하지만, 나는 내 눈으로 직접 이 국경지대 마을의 분위기와 침통함을 확인하고 싶었다. 남자들에게 질문해보고, 가능하면 여자들에게도 질문해가며, 청소년들을 만나서 지금 그들이 느끼는 심경을 알고 싶었다. 나는 여러 사람을 인터뷰해야 할 필요가 있다고 생각했다. 그리고 크게 심호흡을 한 뒤 좀더 안전한 쪽을 택한다. 내 안에 있는 **195**

멜로디라는 존재의 압박감을 털어내고, 그녀를 자유롭게 풀어주는 것. 무엇보다도 나 자신을 자유롭게 하는 것이 가장 중요했다. 멜로디는 곧 빌렐에게 마지막 메일을 보낼 것이다. 누군가가 그녀를 고발해서 그녀는 터키행 비행기를 탈 수 없게 되었으며, 누군가가 그녀를 감시하는 것 같다고 말할 것이다. 그리고 잠시 동안은 프랑스에 있어야 할 것 같다는 말도 덧붙일 것이다. 그런 다음 멜로디는 마치 증발한 것처럼 더 이상 이 세상에 존재하지 않을 것이다. 빌렐은 두 번 다시 멜로디의 이야기를 듣지 못할 것이다. 사실 나는 킬리스에 도착하는 즉시 이 '인터넷상의 지하드' 이야기를 끝낼 작정을 하고 있다.

그런데 모든 것이 우리의 예상대로 흘러가지 않았다.

25일, 금요일

오를리 공항의 인파 속에서 샤를리가 보였다.

"하마터면 못 알아볼 뻔했어. 멜로디."

나는 그에 비하면 내 명성은 그의 발뒤꿈치도 못 따라간다고 말해준다. 우리는 금세 사이가 좋아졌다. 그는 이미 멜로디를 비웃고 놀리기 시작했으며, 나는 이렇게나마 웃을 수 있어 좋았다. 샤를리는 내가 생각해왔던 이미지와는 전혀 달랐다! 그는 앙드레와는 또 다른 면이 있었다. 샤를리는 매우 여유 있어 보였고, 목소리도 나긋나긋했다. 아무리 사소한 것이라도 직설적인 대답은 피했다. 그 자신은 어떻게 생각할지 모르지만 항상 스스로를 통제했다. 거기다가 그의 무기는 유머와 냉정함이었다. 그는 모든 상황을 심각하게 여기지 않았고 취재 능력까지 뛰어났다. 나는 오래전에 아버지에게서 선물받은 롤라이 플렉스 카메라를 가져왔다. 거의 1940년대쯤에나 사용했을 법한 구닥다리였다. 나는 이것을 한번 사용해보고 싶었다.

"봐봐, 되게 쉬워."

샤를리가 내 손에 카메라를 쥐여 주면서 말했다. 내가 사진 찍는 법을 열심히 배우고 있을 때 아드리앙이 도착했다. 샤를리와 아드리앙은 이미 몇 년 전부터 서로 잘 아는 사이였다. 그리운 앙드레와 함께하지 못한 데 대한 슬픔과 나의 불길한 예감에도 불구하고, 우리는 드디어 끝을 향해 즐거이 달려가고 있었다.

비행기 안에서, 나는 내 기사의 도입부를 써나갔다. 왜냐하면 지 **197**

금부터는 모든 일이 일사천리로 진행될 테니까. 탑승 시간이 겨우 한 시간도 안 되기 때문에 나는 한쪽 귀로 영화 「로키」의 유명한 주제가인 '호랑이의 눈Eye of the Tiger'을 듣고 있었다. 만약 스튜어디스가 내게 셀러리 절임과 토마토 주스를 주지 않는다면 나는 어퍼컷을 날려버릴 것이다. 빌렐에게 그토록 한 방 먹이고 싶었던 것처럼.

우리는 네덜란드에 도착하지미자 서둘러야 했다. 롤라는 전화를 걸어 약속시간을 30분 뒤로 미뤘다. 그녀는 지금 망설이고 있었다. 그리고 그녀는 다시 전화를 걸어 지금은 센터에서 나갈 수 없으니 약속 시간을 한두 시간만 더 늦추면 안 되겠느냐고 했다. 젠장! 인터뷰 약속이 있을 때 상대방이 계속해서 약속 시간을 변경하는 것은 아주 나쁜 징조임을 샤를리와 나는 알고 있었다……. 어찌되었든 그녀가 우리와의 약속을 아예 취소하지 않기만을 바랄 뿐이다. 빌렐이 멜로디에게 당부한 대로 추적되지 않는 선불 폰을 사고 있을 동안, 샤를리와 아드리앙은 뜨겁게 내리쬐는 태양 아래서 사진을 찍기에 가장 적합한 장소를 물색하고 있었다. 4월 말인데도 이 동네는 벌써 30도가 넘을 정도로 더웠다. 우리는 네덜란드의 국민 축제인 킹스 데이King's day(네덜란드어로는 Koningsdag)도 구경할 수 있었다. 거리 곳곳에서 수많은 디제이가 각각 다른 음악을 틀고 있었다. 주민들은 전통에 따라 오렌지색 옷을 입은 채 웃고, 마시고, 노래를 불렀다. 우스꽝스러운 가발을 쓴 사람들은 복고풍의 스테레오를 런 디엠시Run DMC[28]처럼 어깨에 짊어지고 있었다. 떠들썩한 소음과 열기로 산만한 가운데 이 모든 것을 짧은 시간 안에 끝내야 한다는 부담감 때문에 우리는 신경이 매우 날카로워져 있었다. 그 와중에도 나는 오늘 밤 우리가 묵을 호텔을 발견했다. 이 호텔은 강가에 자리잡고 있었기 때문에 그런대로 조용했다. 환상적이군. 롤라와 만날 시간을 기다리면서 나는 멜로디와 빌렐의 마지막 스카이프 채팅에 필요한 것들을 준비하기 시작했다. 그가 요구한 두 개의 전신 부르카와, 대화들을 녹음하기 위한 개인 휴대전화, 서로 연락을 주고받기 위한 새 선불 폰, 혹시나 해서 가져온 멜로디의 휴대전화 등 챙길 것이 많았다. 요 몇 달 사이에 살이 많이 빠졌다. 반쪽이 된 얼굴은 그동안 내가 이 일에 얼마나 매달려왔는지 여실히 증명해주고도 남는다. 나는 마지막으로 호텔 방 침대 위에 올려놓은 멜로디의 젤라바와 히잡을 쳐다보았다. 가슴이 아팠다. 멜로디를 놓아주는 것이 아니라 버리는 것이기 때문이었다. 나는 이런 흥분 상태에서 빠져나올 때마다 번번이 그럼 이제 뭘 하지? 하고 스스로에게 묻곤 했다. 진심으로 하는 말이지만, 빌렐이 그립지는 않을 것이다. 그리고 빌렐의 왜곡된 눈을 통해 소개된 시리아에서의 일상 역시 내 인생에서 자취를 감출 것이다. 빌렐이 한 말들의 진실 여부가 밝혀진다면 그것이야말로 최고의 정보가 아닐까. 나는 내가 이 취재에 미쳐 있다는 것을 인정해야만 했다. 머릿속이 뒤죽박죽 엉망이었다. 피곤했다.

가뜩이나 긴장해 있는데, 아버지한테서 또 전화가 걸려왔다. 오늘만 벌써 몇 번째인지 모르겠다. 내 생각이지만 이것은 분명 동유럽

---

28 1980년대의 유명한 미국의 래퍼 이름이다.

출신의 유대인 엄마를 둔 탓이다. 오늘 아침, 나는 공항에서 이미 엄마, 그리고 오빠와 통화를 했다. 아버지는 나의 암스테르담행에 대해 자세히 알지 못했는데도 불구하고 내게 암스테르담에 가지 말라고 말했다. 일주일 전, 나는 아버지에게 요즘 좀 특별한 일에 매달리고 있다고 이야기했다. 물론 자세한 것까지는 말하지 않았다. 그렇지만 아버지는 얼렁뚱땅 넘어갈 사람이 아니었고, 내가 어떤 취재에 관심을 갖고 있는지도 환히 알고 있었다. 그는 나에게 암스테르담에서 뭘 할 것인지 물었다.

"터키에 관해서 이야기하는 것을 들었어. 네가 만약 시리아나 그 근처 어디 국경지대라도 간다면 나는 진짜 화낼 거야! 넌 시리아에서 벌어지고 있는 인질극을 못 봤니? 응? 이래서 기자들이란! 그쪽에는 절대 얼씬도 하지 마라. 잘못되면 다시는 거기서 못 나올 수도 있다고."

평소 성격이 차분하고 온화한 사람답지 않게 아버지는 소리를 질렀다. 그의 걱정스러운 목소리가 휴대전화를 타고 울려 퍼질 때, 샤를리는 바로 내 옆에 있었다. 나는 혹시나 이 유명한 사진작가가 우리의 대화를 엿듣고 있지는 않나 신경 썼다. 나는 '단지' 내가 동쪽으로 간다는 것 때문에 그 앞에서 아버지와 싸우는 모습을 보여서 조금 창피했다. 나는 스무 살 이후로 나에게 어떤 문제가 생기면 부모님에게 감추려고 했다. 내가 진심으로 원하는 취재를 위해 여행을 떠나는 것도 그 어떤 문제들에 속한다. 부모님은 내가 어딘가로 떠나는 것을 별로 좋아하지 않기 때문이다. 엄마는 내가 조심성이 많다는 것을 안다. 그렇지만 아버지가 주장하는 바는 조심하고 안 하고의 문제가 아니라 위험은 항상 다른 곳에서 온다는 것이었다. 나는 통화를 하면서 적당히 둘러댈 핑계를 찾아보지만 실패한다. 나는 어떻게 설명해야 할지 몰랐다. 사실 그의 딸이 IS 중에서도 세상에서 가장 위험한 사람의 오른팔 역할을 하고 있는 프랑스인과 결혼을 약속한 멜로디라는 것을 어떻게 그가 놀라지 않고 알아들을 수 있게 설명한단 말인가? "그럼 터키는 뭔데?" 내가 국경지대에 간다는 것을 도저히 이해할 수 없다는 듯 아버지가 물었다. 나는 아무런 대꾸도 할 수 없었다. 나는 호텔 방에서 아버지에게 화요일에는 프랑스로 돌아갈 것이고, 지금은 아직 네덜란드에 있으며, 내일 다시 전화하겠다는 약속을 하고 전화를 끊었다.

이제 모든 준비가 끝났다. 나는 동료를 기다리면서 페이스북의 내 진짜 계정인 안나의 프로필을 로그인했다. 혹시나 기톤이 내 마지막 메시지에 답장을 했나 싶어서였다. 됐다! 한 가지 걱정은 덜은 셈이다! 그런데 기톤이 보낸 메시지를 몇 줄 읽는 순간 머리를 강하게 한 대 얻어맞은 것처럼 멍해졌다.

"혹시 인터뷰하고 싶으면 ASL[29]과 함께 민트 차나 한잔 같이 마시면 돼."

무슨 말이지? 내가 뭘 잘못했나? 왜 갑자기 이렇게 태도가 돌변한 거지? 어제까지만 해도 사진작가를 동반한 인터뷰에 응하겠다는

---

[29] 시리아의 바샤르 정권에 반대하는 자유군대로, 다에시의 적들 중 하나다.

호의적인 메시지를 보냈었는데 말이다. 나는 혹시나 모를 납치에 대비해서 그에게 우리가 리비아(지하디스트의 또 다른 거처)에 있는 다른 이슬람인들도 만나면서 엄청난 기사를 준비하고 있다고 말했다. 사진작가도 동반해야 한다고 했고 그들은 매우 호의적이었다. 그들은 우리의 안전까지 생각해주었다. 우리는 기톤과 그의 군대가 만약 다른 광신도들에게 비춰질 이미지를 생각해서 우리에게 함정을 놓는다면 그들에게도 좋을 게 하나도 없다고 생각했다. 왜냐하면 이야기의 대부분은 '나쁜 사람들'이 주를 이루기 때문이다. 결국 IS와 알카에다는 시리아에서 그들의 힘을 서로 합치는 게 이득임을 알게 될 것이다.

이제 슬슬 변장해야 할 시간이었다. 어제부터 아무것도 먹지 못해서 그런지 갑자기 현기증이 났다. 부모님, 밀랑, 친구들의 걱정과 격려가 담긴 문자들이 계속해서 도착했다. 왠지 민망한 기분이 들면서 온몸에서 후끈후끈 열이 났다. 창문을 열자 바깥의 소음이 밀려들어 머릿속이 더욱 어수선해졌다. 이런저런 생각들로 머릿속이 온통 하얘지는 기분이었다. 죽음이 두렵지는 않았다. 하지만 강간은 무서웠다. 그렇지만 강간은 다에시에 붙잡힌 인질들에게 수시로 일어나는 일이었다. 나는 기톤이 왜 갑자기 태도를 바꿔서 매몰차게 대하는지 이유를 알 수 없었다. 그는 인터넷으로 이미 기자인 내 신분을 알고 있다. 그리고 우리는 석 달 전부터 연락을 해오고 있었다. 어째서 이 '친절한 보도 담당관'이 갑자기 이런 태도를 보이는지 이해할 수 없었다. 그는 내가 마치 적인 것처럼 대했다. 무슨 일이 일어나고 있는 거지?

나는 이 모든 것이 멜로디와 무관한 것이기를 빌었다. 만약 IS의 프랑스인 군대가 멜로디와 안나를 연결 짓기라도 했다면 모든 게 끝장이다. 킬리스에서의 계획은 물거품으로 돌아갈 것이고 불안과 의심만 끌어안게 될 것이다. 나는 기톤에게 짧은 메시지를 보낸다. 나는 그가 24시간 동안 어디에 있을지 궁금했다. 그가 자신이 했던 말에 책임을 져야 하고 알라의 이름으로 약속했다는 사실을 상기시켰다. 기톤은 답장을 하지 않았다.

나는 이 별로 즐겁지 않은 소식을 샤를리에게 전해주기 위해 그를 기다렸다. 그는 내가 빌렐에게 연락할 때를 알려줄 것이다. 나는 그제야 호텔에 들어오고 나서 처음으로 방 안을 찬찬히 둘러보았다. 침대가 어마어마하게 컸다. 소파나 의자는 없었다. 나는 베개에 기대앉아 빌렐에게 말하게 될 것이다. 침대 머리맡에는 장미 문양이 오렌지색으로 장식되어 있었다. 이것은 동양적인 분위기를 한층 더 돋보이게 했다. 나는 빌렐이 혹시 멜로디에게 방을 보여달라고 할 것에 대비해서 의심을 살 만한 물건들은 모두 미리 치웠다. 샤를리와 아드리앙이 땀을 뻘뻘 흘리며 돌아왔다. 그들이 두 시간 넘게 카메라를 설치하고 테스트를 거치며 찾은 적합한 장소에 갑자기 머리부터 발끝까지 오렌지색으로 차려입은 디제이가 나타나더니 카메라 화면을 떡 가리고 서더라는 것이었다. 그들은 더 나은 장소를 찾을 시간이 없었다. 약속 시간이 다가오고 있었다. 게다가 롤라는 아직까지도 인터뷰에 대해 확실한 답을 주지 않고 있다. 결국 우리는 간단한 해결책을 마련했다. 우리가 지금 묵고 있는 방은 호텔에서 가장 작은 방이었고, 도로변을 향해 창문이 나 있었다. 샤를리는 이 창문을 통해 사진 찍을 수 있을 것이다. 롤라도 내가 그녀를 몇 발자국만 움직이게 하면 사진에 잡힐 것이다. 맞다! 아드리앙은 우리를 도와주느라 월드 프레스 행사에 가는 걸 깜빡하고 있었다. 그는 서둘러 샤워를 했고, 샤를리는 나에게 빌렐에게 연락해보라는 눈짓을 보낸다.

암스테르담, 금요일, 저녁 6시

나는 멜로디로 변장한다. 그리고 스카이프로 빌렐에게 내 새 휴대
전화 번호를 보낸다. 샤를리는 웃느라 정신이 없다. 그는 입에 담배를
물고 나를 관찰했다. 나는 그동안 해온 것처럼 내 오른손 가운뎃손가
락의 반지를 잘 뺐는지 확인한다. 샤를리는 이제 내 본명을 아는데도
나를 멜로디라고 불렀다. 그러면서 그는 얼굴을 다 가려버려서 별로
안 예쁘다는 말을 덧붙인다. 나도 나름대로 이 무거운 분위기를 바꿔
보려고 애를 쓰며 그의 칭찬 아닌 칭찬에 미소로 답한다.

바로 그때, 빌렐이 스카이프로 화상 채팅을 요청했다. 갑자기 온몸
이 긴장한다. 내일 우리는 시리아에서 불과 몇 미터 떨어진 곳에 있
을 것이다. 이제 마지막이 될 빌렐의 채팅 요청이 내가 지금까지 온
길을 생각나게 했다. 지금이야말로 그동안의 일이 마무리되는 것 같
았다. 이 순간 가장 두려운 것은 샤를리가 테러리스트와 채팅하는
나를 미친 사람 취급하지나 않을까 하는 것이었다. 나는 그가 이 이
야기에는 오로지 기자와 꼭두각시 인형 단 둘밖에 등장하지 않는다
는 것을 이해해주었으면 했다. 나는 침대에 똑바로 앉아서 승낙을 뜻
하는 초록색 버튼을 눌렀다. 빌렐은 멜로디에게 할 이야기가 너무 많
은데 무슨 말부터 해야 할지 몰라 허둥댔다.

"살람 알레이쿰, 내 사랑. 진짜 암스테르담이야? 믿을 수가 없어. 이
제 곧 여기로 오겠네. 그러면 나는 이 세상에서 제일 행복한 남자가
되겠지. 내가 널 얼마나 사랑하는지 넌 모를 거야……."

205

나는 그의 얼굴에 이렇게도 행복한 표정이 있었는지 미처 알지 못했다. 그는 흥분으로 눈을 빛내며 기뻐서 어쩔 줄 몰라 했다. 이 감정이 진심이라는 데는 어느 누구도 반박하지 못할 것이다. 빌렐은 사이버 카페에 혼자 있었다. 그는 그의 '일'을 방금 끝냈다.

"응, 자기야, 야스민과 함께 있어! 그리고 내일은 이스탄불로 가는 비행기를 탈 거야. 그런데 여기는 너무 더워, 너무 눈에 띄지 않아야 하는데⋯⋯. 어서 나한테 설명해줘, 내가 어떻게 해야 하는지⋯⋯."

이번에도 빌렐은 멜로디의 말에는 건성이고 그가 하고 싶은 말만 했다.

"너 오늘 정말 예쁘다! 어서 네 여행 이야기를 해줘! 그리고 비행기 표는 어떻게 결제한 거야?"

"엄마 신용카드를 훔쳐서[30] 인터넷으로 미리 구입했어. 그리고 여권을 들고 나와서⋯⋯ 이렇게 된 거지."

나는 그가 의심하지 않도록 활짝 웃으며 말했다. 멜로디는 빌렐을 만나 결혼하기 위해 그녀의 모든 것을 버렸다. 멜로디의 태도와 행동에는 일관성이 있어야 했다.

"역시 내 여자야. 대단해! 네가 정말 자랑스러워. 너와 네 친구 둘다 정말이지 암사자같이 용맹해! 혹시 아직도 신용카드 갖고 있으면 나도 뭐 좀 사줘!"

"뭐가 갖고 싶은데?"

---

30 cramer. 직역하면 '태우다'이고, 뜻은 '훔치다'이다.

"너도 잘 알잖아, 자기야……."

그의 요구가 어떤 것인지 감을 잡을 수가 없었기 때문에 나는 쉽게 대답하지 못한다. 무기 같은 걸 원하나? 아니면 돈? 그것도 아니면 사탕을 사줘야 하나?

"아니, 잘 모르겠어……."

"향수 말이야! 기왕이면 좋은 브랜드로! 네가 알아서 해……."

나는 놀란다. 이 잔인한 남자는 사람을 죽이기 전에 향수를 뿌리는 걸까? 아프가니스탄에서는 원래 죽은 사람을 땅에 묻기 전에 향수를 뿌린다고 했다. 빌렐도 몇 년 전 이 나라에서 그가 이루고자 하는 것들을 이루기 위해 뭐든 다 했다는 말을 했었다…….

"좋은 브랜드라……. 뭐 좋아하는데?"

"샤넬의 에고이스트 좋아해. 아니면 디올 것도 좋고. 네가 골라줘. 마샬라."

"다른 거 뭐 더 필요한 건 없어?"

"네가 알아서 나를 깜짝 놀라게 해줘……."

"오케이, 자기야……. 내일 계속해서 말할까? 야스민이 약간 스트레스를 받은 상태거든. 그 엄마라는 사람이 우리를 데리러 오면 그다음엔 어떻게 되는 건지 알고 싶어……. 아무것도 몰라서 걱정되거든."

"아 맞다, 그걸 알려준다는 걸 깜빡했네……. 잘 들어. 너희가 이스탄불에 도착하면 바로 새 휴대전화를 하나 사서 개통하도록 해. 그리고 지금 갖고 있는 건 버려. 그런데 반드시 현금으로 지불해야 해, 네 엄마의 신용카드 말고! 경찰들이 추적하면 안 되니까……."

"알았어. 그런데 그 엄마라는 사람은 어디서 우리를 기다린다는 거야?"

"아니, 사실은 아무도 너희를 데리러 가지 않을 거야. 네가 다시 새로운 비행기 표를 사야 돼. 자동차로는 너무 멀거든."

"무슨 소리야? 아무도 우릴 데리러 오지 않을 거라니? 네가 약속했었잖아!"

"응, 그렇지만 괜찮아. 너도 이제 성인이니까. 내 여자이기도 하고, 안 그래? 열 명도 넘는 유럽인이 매주 그렇게 해서 이쪽으로 오고 있어! 넌 암사자같이 용맹하니까 잘할 수 있을 거야!"

나는 이 순간 멜로디의 목소리에서 두려움이 새어나오게 하는 데 별다른 노력을 하지 않아도 되었다.

"그렇지만 그런 얘긴 없었잖아. 빌렐…… 우리가 지금까지 얼마나 많은 이야기를 나누었는데……. 너는 분명히 어떤 여자가 와서 우리를 안전하게 데려다줄 거라고 말했어. 그리고 지금까지 수도 없이 말했잖아. '네 안전보다 중요한 것은 없다'고 말이야."

그의 목소리가 조금 가라앉았다.

"잠깐, 진정하고 내 이야기 좀 들어봐. 내가 다 설명할게. 네가 할 일은 거의 없어. 이스탄불 공항에 도착하면 우르파로 가는 비행기 표만 두 장 끊으면 되는 거야. 비싸지도 않아. 너와 야스민 각각 50유로 정도만 있으면 돼. 왕복 말고 편도로 끊으면 되고. 이것도 역시 현금으로 계산해야 해. 알겠어? 아니면 내가 내줄게, 문제없어. 지금 당장 네가 필요한 만큼의 현금만 인출하고 신용카드는 버려. 네덜란드에서

208

쓰던 휴대폰도 물론이고."

우르파? 지금 그곳에 가는 것은 자살 행위나 마찬가지다! 이 터키의 동남부에 위치한 마을은 시리아에서 킬리스만큼이나 가까웠다. 이런 치밀한 계획까지 전부 IS가 감시하다니! 이곳에 간다는 것은 이미 시리아에 있는 것이나 다름없었다. 바로 그 순간, 기톤과 그의 무리가 총을 메고, 허리에는 수류탄을 차고서 케밥을 먹는 모습이 떠올랐다. 모든 것이 한꺼번에 무너지는 느낌이었다. 나는 당황한 나머지 순간 마치 고양이처럼 침대의 이곳저곳으로 옮겨다니던 샤를리를 잊고 있었다. 나는 그에게 눈으로 신호를 보냈다. 그는 내게 조용히 뭔가 잘못되어가고 있다는 눈치를 주었다. 두려움이 나를 덮쳤다. 빌렐의 제안에 놀란 듯한 샤를리가 걱정되었다. 마치 뱃속이 무언가에 의해 짓눌리는 듯 갑갑한 느낌이 들었다. 멜로디는 자신이 빌렐에 대한 신뢰를 잃었고, 야스민은 울고 있다고 말했다. 그녀가 겁에 질린 미성년자라는 핑계를 댔다.

"나는 상관없지만, 야스민은 완전히 겁에 질렸어. 걔는 이제 겨우 열다섯 살이라고……. 이것 때문에 우리 계획이 틀어지는 것은 원치 않아. 그쪽은 감시가 엄청 심하다면서? 그동안 매번 네가 도와준다고 했는데도 모든 걸 나 혼자 알아서 해왔어. 이번에야말로 내가 도와달라고 하는데……."

그의 목소리는 조금 더 가라앉았다. 얼굴 표정은 이제 전혀 즐겁지 않았다. 그는 멜로디를 탓하는 것 같았다.

"그런 바보 같은 소리 좀 그만할 수 없어? 야스민 좀 바꿔봐. 내가 다 말할 테니까. 그럼 모든 게 다 정리된다고!"

"아니야, 내가 잘 이야기해볼게. 괜찮아. 걔는 내 친구야. 내가 잘 설명해줄게."

"바꾸라니까, 내가 바꾸라고 했지!"

"조금만 있어봐. 바꿔줄게……. 방문 앞에서 울고 있단 말이야. 그냥 나랑 이야기해. 그리고 나한테 그렇게 무섭게 말하지 마. 내가 너한테 바라는 건 최근 한 달간 네가 나에게 약속했던 것을 지켜달라는 것뿐이야. 너를 믿어도 된다며……. 그런데 내가 처음으로 어려움에 처하니까 나를 버리는 것처럼 말하잖아……. 너무해!"

"넌 나한테 그런 식으로 말하면 안 돼! 너 대체 뭘 믿고 그러는 거야? 명령은 내가 한다고! 알겠어? 당장 네 방이나 한번 보여줘봐……."

나는 몹시 당황했다. 이 작은 방에서 뭘 보여달라는 거지? 채팅 시간이 길어질수록 샤를리는 최대한 조심스럽게 행동하며 자리를 옮기고 있었다. 그는 자신의 라이카 카메라로 마치 유령처럼 사진을 찍고 있었다. 우리는 서로 말할 수 없었다. 물론 서로 쳐다보지도 못했다. 그렇지만 샤를리는 바로 무릎을 꿇고 자신의 몸을 최대한 구부려서 내가 카메라로 비추는 곳만 피해서 요리조리 움직였다. 빌렐은 지금 흥분한 상태다. 그는 사소한 것 하나까지 낱낱이 살폈다. 그는 점점 목소리를 높이며 다시 한번 방을 보여달라고 한다. 그리고 마치 그가 아랫사람에게 명령하듯이 위협적인 말투로 계속해서 말했다. 나는 그가 이렇게 나오리라고는 상상도 못 했다. 이 상황을 모면하려면 일단 멜로디가 부드러운 말투로 사과를 해야겠다고 생각했다.

"너 지금 정확히 어디야?"

"자기야, 이미 말했잖아. 암스테르담이라고. 내가 거짓말하지 않는다는 건 너도 잘 알잖아! 방도 전부 다 보여줬고! 내 여행 가방 봤지? 아니면 아예 바깥도 보여줄까?"

늘 그랬듯이 테러리스트는 멜로디의 말을 듣지 않았다.

"야스민 바꿔봐! 걔가 울든 말든 상관없어!"

"빌렐, 진정해…… 내 비행기 표라도 보여줄까?"

나는 물론 그가 보여달라고 하지 않기를 바라면서 내 비행기 표와 여권을 집어 든다. 야스민에 관해서는 대체 어떻게 해야 할지 모르겠다……. 게다가 기톤은 아예 포기했고 롤라에게서는 아무런 연락도 없다……. 오늘 아침 일을 시작하기 전에 나는 샤를리에게 우리의 채팅 사진을 보여줬었다. 그는 사진에서 사랑에 빠진 남자를 보았다. 그렇지만 동시에 위험한 남자도 보인다고 했다. 그는 멜로디를 보고 있는 빌렐의 눈빛이 사슴 같긴 하지만 젊은 여자를 꾀는 수단과 방법은 사악하다고 덧붙였다. "불쌍한 인간"이라고 그는 말했다. "이 모든 것이 종교 때문이라니……" 그리고 드디어 빌렐의 가면이 벗겨졌다. 빌렐의 독재자 같은 말투는 그의 이미지를 망가뜨렸다. 그리고 그는 자기 입으로 "자신의 보물"이라고 불렀던 멜로디를 처음으로 협박했다. 나는 그에게서 여러 명의 목소리를 들었다. 이런 모습은 정말 뜻밖이었다. 그의 말투는 공격적이고 무서웠다.

"어서 야스민이나 바꾸라니까? 더 이상 날 바보 취급하지 말고, 당장 입 다물어. 나는 테러리스트 조직의 일원이야! 내가 누군지나 알

211

아? 나한테 그런 식으로 말을 하게? 여기서는 내가 100명이 넘는 군인에게 명령을 한다고! 나는 국제적으로 현상금이 걸려 있어. 그래서 터키에 있는 우리 마을31에서도 마음대로 움직일 수가 없다고. 나는 이라크 말고는 갈 데가 없어. 그리고 나는 서른여덟 살이야, 너나 네 친구가 이래라저래라 할 사람이 아니라고! 조심해. 넌 아직 내가 누군지 잘 몰라."

그는 말을 끝내며 잔인한 웃음을 보였다. 나는 멜로디의 목소리를 높이면서 조금 성격이 있다는 것을 보여주려고 했는데 빌렐은 이것을 전혀 좋아하지 않았다. 멜로디는 아주 순종적인 목소리로 답한다.

"너를 가지고 놀 생각은 전혀 없었어. 나는 너를 만나려고 낯선 나라까지 가는데 네가 그런 식으로 생각한다니 너무 섭섭하고 슬퍼. 뭐라고 말해야 할지 모르겠어. 나도 그냥 울고 싶다. 내가 알아서 할게. 우르파로 가는 비행기 표를 끊어서 가도록 할게. 약속해."

"네가 너무 약해 보여서 좀 실망했어……. 나는 그래도 내가 꽤 강한 여자를 선택한 줄 알았는데. 야스민 좀 바꿔줘. 내가 그 앨 잡아먹기라도 할 것 같니."

밖을 보니 이미 밤이 되었다. 나는 이 밤중에 어디서 어린 여자아이를 데려올 수 있을까 생각했다. 그러나 만약 그런 아이를 찾는다고 해도 지하디스트와 몇 마디 나눠줄 수 있냐고 부탁할 수도 없는 노릇이고 도무지 답이 나오지 않았다. 샤를리는 꽤 잘생겼지만 가발 하

---

31 IS의 손에 넘어간 마을들.

나로 그가 소녀처럼 보이리라는 건 어림도 없는 일이다. 멜로디는 계속해서 빌렐에게 미안하다고 사과하고 그를 진정시키는 수밖에는 다른 도리가 없었다. 그가 천천히 이성을 찾는 게 보였다.

"비행기를 타고 여기까지 올 용기가 없다면 그냥 데려오지 말았어야 했어. (그는 한숨을 쉰다.) 그냥 내버려둬. 자기 집으로 가버리게."

"나는 야스민을 포기하지 않아. 네가 아까 설명한 것은 다 이해했어. 내가 어떻게든 잘 달래볼게. 걱정 마. 그리고 내일 저녁이면 우리는 우르파에 도착해 있을 거야."

"그래, 이제야 좀 너답구나. 내 여자…… 우르파에 도착한 다음에 어떻게 해야 하는지 설명해줄게. 우르파에서는 감시가 워낙 심해서 말이야. 10분 뒤에 다시 통화해, 네가 오는 것에 대해 대비를 해놔야 겠어."

금요일, 밤 9시

나는 히잡을 벗어던지고 일어났다. 그리고 손으로 머리를 감싼 채 작은 방 안을 빙빙 돌았다. 모든 것이 무너지는 기분이었다. 나는 빌렐이 멜로디가 한 말을 믿었으면 좋겠다고 생각한다. 그렇지 않으면 우리의 취재는 혼란에 빠지고 말 것이다. 롤라는 바람을 맞혔고, 기톤은 함정을 놓았으며, 빌렐은 세상에서 가장 위험한 도시 중 하나에 나를 끌어들이려 하고 있었다. 샤를리는 입을 꾹 다문 채 말이 없었다. 신중한 성격의 그는 내 쪽에서 이 불편한 침묵을 깨기를 기다리는 듯 보였다. 나는 그를 돌아보며 한마디 건넨다.

"뭔가 잘못된 거 같아, 그렇지 않아?"

샤를리는 고개를 끄덕이더니 내가 말하기만을 기다렸다는 듯이 입을 열었다.

"이런 일을 겪고도 어쩜 멀쩡한 정신일 수 있지? 나도 살면서 온갖 경험을 다 했지만 이건……. 정말 대단한 정신력이다. 저런 미치광이 녀석을 상대하다니! 널 사랑한다고 하질 않나, 향수를 사달라고 하질 않나, 그리고 나서는 네 어린 친구를 버리고 오라고 너를 협박하질 않나!"

그는 이제야 이 취재를 조금씩 이해하기 시작한 듯했다. 샤를리는 분명 이보다 훨씬 더한 일을 겪었을 것이다. 그렇지만 그는 조금 충격을 받은 것 같았다. 분명 테러리스트는 곧 멜로디를 부를 것이다. 그걸 기다리는 몇 분의 시간이 우리에게는 영겁의 시간처럼 느껴졌다. 그 사이에 우리는 가능한 모든 시나리오를 써보았다. 그가 곧바로 채팅을 하려 할까? 우리는 연락이 오지 않는다는 것에 실망하지 않고 천천히 다시 한번 준비했다. 우리는 둘 다 기자이고, 우리가 시작한 취재는 우리 손으로 끝마치는 것을 좋아한다. 오늘 아침부터 우리의 계획은 마치 연이어 넘어지는 도미노 팻말처럼 처음부터 끝까지 전부 다 틀어졌다. 나는 문득 이게 어떤 전조가 아닌가 하는 생각을 했다.

20분 후, 스카이프의 채팅 연결음이 울렸다. 사실 샤를리와 나는 거의 기대하지 않고 있었다. 우리는 이 연결음이 취재의 마지막을 뜻하는 것일지도 모른다는 생각에 숨을 죽이며 노트북을 바라보았다. 나는 창가에 서서 담배를 피우며 이 취재를 도와주고 있는 편집장에게 오늘 있었던 일을 보고한다. 전화를 끊고 나는 침대로 간다. 그러고 나서 스카이프의 채팅 요청이 끊기려고 하는 찰나에 승낙 버튼을 누른다. 빌렐이 모니터 화면에 나타났다. 그는 흥분이 좀 가라앉은 듯 보였고, 심지어 미소까지 짓고 있었다. 그런데 갑자기 그의 눈이 휘둥그레졌다. 허겁지겁 채팅을 수락하다보니 내가 미처 베일을 쓰지 못한 탓이었다. 어휴 덜렁이! 다행히 밤이라 방 안이 어두웠고, 나는 머리를 포니테일로 묶고 있었다. 빌렐이 넋이 나간 표정으로 묻는다.

"베일을 벗은 거야?"

"응, 잠깐 아래층에 음료수를 좀 가지러 갔다 왔거든. 말했잖아. 사람들 주의를 끌고 싶지는 않다고. 네가 채팅 요청을 했을 때 막 들어

215

온 참이어서 베일을 쓸 겨를이 없었어. 안 그랬으면 채팅을 놓쳤을 거야……. 잠깐만, 다시 쓸게…….”

빌렐의 눈이 평소보다 더 반짝였다. 그는 멜로디의 말을 가로막는다.

“아니야, 안 그래도 돼! 어차피 지금 야스민이랑 단 둘이 있는 거잖아. 나는 상관없어. 마샬라. 우리의 자식들은 우리 같은 부모를 뒀으니 얼마나 귀여울까……. 인샬라.”

빌렐은 관대한 척 굴었다. 나는 그에게 미소 지으면서 슬그머니 샤를리에게 짜증난다는 눈치를 보낸다. 샤를리는 그저 천장을 쳐다보고 있다.

“야스민은 이제 걱정 안 해도 돼. 방금 전에 아래로 내려갔고. 내일 일은 내가 알아서 설명했어. 우리가 정확히 뭘 해야 하는 거야?”

그는 잠시 침묵한다. 그 짧은 몇 분이 내게는 무척이나 길게 느껴진다. 그는 내 얼굴을 위아래로 훑어보더니 자신의 입술을 깨물었다. 그는 미래의 자기 부인을 더 자세히 보려는 듯 고개를 들이민다.

“됐고, 우리의 허니문에 대해서나 이야기해보자…….”

“둘만 있을 때 이야기해. 너무 부끄러워…….”

“알았어……. 하지만 그날은 나를 위해 화끈하게 입어줘야 해……. 알지? 지난번에 이야기했잖아. 네 남편 앞에서는 뭐든지 해도 좋다고…….”

“나중에……. 나중에 이야기하자, 빌렐…….”

“그래. 이해해……. 어차피 내일 저녁이면 만날 텐데……. 이제 24시간도 안 남았어. 내 사랑…….”

"맞아……. 그러니까 그 남은 시간 동안 도대체 내가 뭘 해야 되냐니까?"

"오늘 여기는 통신에 문제가 좀 있어. 내가 전화번호를 하나 줄 테니까 이따가 네 휴대전화로 전화해. 전화 받는 사람에게 네가 아부 빌렐 알 피란지의 부인이라고 말하고, 시리아의 아부 오마르 툰시의 연락을 받고 전화한다고 해. 너는 나중에 네가 타고 갈 비행기 편과 우르파 공항에 도착하는 시간을 그 사람한테 말해주면 돼."

"알았어. 그런데 나랑 통화할 사람은 누구야?"

"그건 몰라도 돼! 자, 받아 적어. 그리고 내가 보는 데서 전화해."

그는 나에게 시리아 전화번호인 여덟 자리 숫자를 말해주었다. 그리고 계속해서 스카이프로 나를 감시하고 내가 하는 말들을 들었다. 나는 전화를 걸었다. 어떤 남자가 프랑스어로 전화를 받더니 내가 누구인지 물었다. 멜로디는 빌렐이 알려준 그대로 말했다. 그러자 전화를 받은 남자는 내일 우리가 이스탄불에서 우르파로 가는 국내선 비행기를 타야 한다고 알려준다. 왜냐하면 '요즘 일반 도로는 감시가 무척 심해졌기 때문'이라고 했다. 특히 미성년자에 대한 감시가 더욱 삼엄해졌다고 덧붙인다. 멜로디는 알았다고 대답한다. 그는 멜로디에게 비행기 표를 살 돈은 있는지 묻는다. 그녀는 돈이 충분하며 다른 필요한 것들도 모두 있다고 대답한다. 그러자 그는 무척 친절한 목소리로 지금 이 시각부터 국경에 도착할 때까지 밤중이라도 상관없으니 아무 때나 도움이 필요하거든 망설이지 말고 연락하라고 한다. 멜로디는 그에게 감사하다고 말하며 전화를 끊는다. 그러고 나서 컴퓨터

217

모니터로 고개를 돌린다. 빌렐이 바로 말을 이었다.

"끊은 거 맞지?"

"응, 빌렐."

"오케이. 잘했어. 마샬라. 어쨌든 다시 한번 전화를 하긴 해야 할 거야. 그 사람한테 네가 탈 비행기 편과 우르파 공항에 도착하는 시간을 알려줘야 하거든. 이번에는 다른 곳에 또 한 번 전화를 해야 돼. 이 사람은 국경지대로 오는 자매들의 안전을 맡은 사람이야. 그에게 전화해서 네가 내 부인이고, 너를 마치 여왕처럼 잘 대해야 한다고 말해."

"너는 그 자리에 못 나오는 거야?"

"응, 나는 터키에 갈 수 없어. 지난번에 말했잖아……. 그렇지만 가까운 곳에서 너를 기다리고 있을 테니 걱정하지 마, 내 여자. 그리고 우리가 만나게 되면 너를 놓지 않을 거야."

잘됐다! 그 순간 나는 내가 네덜란드에서 선불 폰을 살 때 충분한 금액을 충전해놓았지만 이미 여러 차례 국제통화를 하는 바람에 돈이 거의 다 떨어져간다는 것을 알았다. 물론 나는 멜로디의 원래 휴대폰을 갖고 있긴 하다. 하지만 그것 역시 금방이라도 수명이 다할 것 같았다. 네덜란드에서 공중전화 카드로 시리아에 전화한다면 분명 길게 통화하기는 어려울 것이다.

"오케이. 그럼 이제 내가 뭘 해야 하는지 알려줘."

빌렐은 나에게 아까와는 다른 시리아의 전화번호를 알려준다. 전화를 했는데 만약 한 번에 바로 받지 않는다고 해도 결국에는 아랍

218

어만 할 줄 아는 누군가라도 전화를 받는다고 했다. 빌렐은 멜로디에게 혹시 아랍어로 대화를 할 수 있는지 묻는다. 그러자 멜로디는 간단한 대화는 할 수 있다고 대답하지만 사실 자신은 없다. 하지만 멜로디가 스카이프를 켜놓은 채 이 전화번호로 전화를 걸고 휴대폰의 스피커를 빌렐이 잘 들을 수 있게만 해주면 빌렐이 직접 아랍어로 통화를 해도 되니 걱정할 건 없다. 불과 한 시간 전만 해도 빌렐은 입닥치라며 멜로디를 협박했었다. 그리고 지금은 마치 아무 일도 없었던 것처럼 이렇듯 소중한 정보들을 전부 멜로디에게 전해주고 있다. 이 일로 빌렐은 엄청난 타격을 입을 수도 있다.

사실 멜로디는 암스테르담의 호텔 방에서부터 모든 일을 혼자 알아서 하고 있다. 물론 내가 지금 겪고 있는 이 모든 일이 실제로 전쟁을 겪는 사람들에 비하면 아무것도 아니다. 하지만 이 상황들은 사람의 혼을 쏙 빼놓고도 남았다. 내가 할 수 없는 것들을 멜로디는 할 수 있었다. 전화를 계속 걸어보지만 걸리지 않는다. 선불 폰 충전 금액이 바닥난 모양이다. 늦은 시각이라 가게들도 모두 문을 닫았을 것이다. 만약 다른 사람의 휴대폰을 사용한다면 휴대폰 주인이 위험해질 수 있다. 결국 처음 이 취재를 시작했을 때부터 모든 상황을 시시각각 녹음했던 내 휴대폰을 쓰는 수밖에는 달리 방법이 없었다. 그렇지만 잘못될 경우 내 실체를 온 세상에 알리게 될 수도 있었다. 나는 전화번호부에도 등록되어 있기 때문에 내 본명과 직업을 알아내는 것은 식은 죽 먹기다. 게다가 요즘 세상에 전화번호만 알면 사람을 찾는 것은 일도 아닌 사람들도 있다. 그런 일은 IS가 전문이지 않

219

은가. 웬만큼 절박한 상황이 아니고서야 나도 이쯤에서 마무리를 지었을 것이다. 나는 머리가 터져버릴 것만 같았다. 어쩔 수 없지. 프랑스에 돌아가는 즉시 열여섯 살 때부터 사용해온 이 번호를 해지하는 수밖에. 그러고 나서 다른 통신사에서 새 번호를 개통하면 되는 일 아닌가. 하루 온종일 계획대로 된 게 하나도 없었다. 여기서 더 좌절을 맛볼 수는 없다. 결국 나는 내 개인 휴대폰을 집어 들고는 두 남자가 통화를 할 수 있게 한다. 빌렐은 한쪽 눈으로는 계속해서 멜로디를 주시하면서 약 3분 정도 그 남자와 통화를 했다. 샤를리와 나는 물론 말을 하지 못했지만 이제야 눈을 맞출 수가 있었다. 샤를리는 내가 괜찮은지 물었고 나는 괜찮다는 사인을 보낸다. 후에 아랍어를 잘하는 기자 친구가 이 두 남자의 대화를 해석해주었다. 나는 두 사람의 통화에서 빌렐이 멜로디를 프랑스 국적을 가진 자매라고 강조하며 소개하는 것을 들었다. 빌렐은 '자신의 부인'을 위해 원하는 모든 것을 해주라고 했다. 그리고 그들의 대화는 끝난다. 바로 그 순간 아침부터 밤 10시가 다 된 이 시각까지 고생한 아드리앙이 도착해서 문을 두드렸다. 30분 정도라도 쉴 생각으로 온 모양이다. 샤를리가 최대한 조용히 몸을 움직여서 문을 열어준다. 그리고 아드리앙에게 아무런 소리도 내지 말라는 당부를 한다. 이로써 멜로디의 실체를 본 사람이 한 명 더 늘었다. 물론 아드리앙은 이미 사진으로 내가 변장한 모습을 여러 번 보았지만 튀니지에서의 루처럼 실제로 보고 듣는 것은 처음이었다. 사진으로 보는 것과 실제로 보고 듣는 것은 사뭇 다른 느낌일 것이다. 그 사이 나는 베일을 다시 쓰고 있었다. 아드리앙은 내게서 등을 돌린 채 벽을 보고 앉아 담배에 불을 붙였다. 그가 멜로디를 쳐다보지 않는 편이 더 나을 것이다. 그는 오늘 저녁에 무슨 일이 있었는지 전혀 모르니까. 빌렐이 분노해서 날뛴 일 따위는 꿈에도 모를 것이다. 며칠이 지난 뒤 아드리앙은 사실 그날 멜로디를 똑바로 쳐다보고 있기가 너무 불편했다고 털어놓았다. 그는 내가 다른 사람을 연기하면서 겪는 위험과 어려움에 대해 걱정을 많이 했다고 말했다.

빌렐은 자신이 원하는 것을 모두 이루고 나더니 다시금 조용해졌다. 그는 내일이 오기만을 기다린다고 하면서 간간이 애정 어린 표현을 했다. 그리고 내가 이스탄불에 도착하거든 자신에게 전화하라고 몇 번씩 당부했다. 그는 멜로디의 안전을 책임지겠다고 말했다. 어찌됐든 나는 이제 더 이상 못 하겠다. 오늘따라 왜 이렇게 마무리를 짓지 못하는 걸까. 물 한 모금도 마음대로 마실 수 없는 이 손바닥만한 비좁은 방에 세 명이 옹기종기 모여 있으려니 숨이 막혔다. 바깥의 소음 때문에 창문을 여는 것은 엄두도 못 냈다. 멜로디는 대화를 마무리 지으려고 했다. 그러나 빌렐이 계속해서 말을 건넨다.

"내가 부탁한 거 잊지 않았지? 왜 내가 지난번에 말했잖아, 면으로 된 반바지 말이야. 더운 지역이라 긴 옷을 계속 입고 있으면 피부가 가려워서 말이야."

이런, 완전히 잊어버리고 있었다. 나는 그런 부탁 따위는 애초에 안중에도 없었으니까.

"그럼, 당연하지!"

221

"큰 사이즈로 샀지? 내 사랑?"

"응……."

"오케이. 그리고 우리 결혼식을 집전할 카디한테 줄 두건도 챙겼고?"

"그럼, 빌렐. 물론 그것도 샀지."

"오케이. 알았어. 네 어머니 키드로 왕창 긁어. 현금 인출해놓는 깃도 잊지 말고……. 그리고 나한테 줄 선물들도! 믿기지가 않아. 바로 내일이면 네가 여기에 온다니……."

"그러게……."

"눈에 띄지 않게 조심해, 응? 넌 암사자 같으니까 해낼 수 있어!"

"응……."

"좋아?"

"당연하지!"

"두려워?"

"네가 두려워하지 말라며. 그래서 괜찮아."

"그렇지만 우리의 허니문이 무섭지는 않아?"

"내일 이야기하자……."

"그래…… 입을 옷 몇 벌하고 여성 용품 외에는 모조리 버리고 와. 어차피 여기서도 다 구할 수 있으니까. 물론 속옷은 빼고. 그건 미리 알아서 준비해……."

"오케이. 그럼 노트북은? 엄마 걸 몰래 들고 나온 건데."

222 "그건 당연히 챙겨와야지!"

빌렐은 기뻐하는 기색이 역력했다.

"기종이 뭔데?"

"최신형 매킨토시야."

"그럼 당연히 가져와야지! 어쨌든 내일 아침 전까진 네 모든 것을 지워버려야 해! 행여나 값싼 감상에 빠져서 누군가한테 연락한다거나 하지 말고! 움므 살라딘, 이제 우리를 갈라놓을 것은 아무것도 없어……. 그럼 야스민이랑 조심해서 와."

"알았어. 내일 봐, 빌렐."

"나는 세상에서 가장 행복한 남자야……. 이제 넌 내 거니까."

멜로디는 그에게 미소 짓는다. 지금까지 빌렐에게 지어온 미소 중에서 가장 믿음이 가지 않는 미소였다. 더 이상은 버틸 수가 없었다. 이번 달 내내, 특히 오늘은 기가 완전히 다 빠진 듯했다. 겨우겨우 채팅을 끝냈다. 나는 내 인생에서 가장 긴 한숨을 내쉬었다. 마치 외줄타기를 한 기분이었다. 나는 끝까지 멜로디가 되지 않으려고 버텼다. 하지만 마음 한구석에는 추락을 겁내는 곡예사의 공포가 자리 잡고 있었다.

금요일, 밤 10시

샤를리 역시 지친 기색이 완연했다. 아드리앙은 우리를 식당으로 데려갔다. 나는 그전에 내 자신으로 돌아와 정신을 추슬러야만 했다. 나는 옷을 갈아입고 머리를 풀었다. 우리는 서둘러 저녁을 먹었다. 아드리앙이 고른 이 식당은 운하가 보이는 매력 있는 곳이었다. 이제야 숨통이 트이는 기분이다.

나는 사실 전날까지만 해도 이 두 친구의 진심어린 우정을 모르고 있었다. 이런 어려운 상황들이 내 성격을 더 좋게 만들어주는 것 같았다. 식욕은 없었다. 빌렐이 내 정체를 알아차리지는 못했지만 우리 계획의 일부가 무산된 것은 사실이었다. 내일 킬리스로 갈 것인지도 아직 미지수다. 그렇지만 내 안에서는 이미 못 가게 될 것이라는 사실을 알고 있었다. 돌아오는 길에 나는 편집장에게 전화를 걸어서 우리가 처한 상황을 알렸다. 나는 솔직하게 내 기분을 털어놓았다. 편집장이 보기에는 말도 안 된다고 여기겠지만 우리는 지금 우르파로 가거나 아니면 기톤을 만나기 위해 킬리스로 가거나 둘 중 하나를 선택해야 하는 기로에 놓여 있었다. 결국 우르파에서 납치를 자초하느냐 아니면 킬리스로 가느냐 하는 것이었다……. 편집장은 우리를 더는 위험한 상황에 처하게 내버려둘 수 없다고 말했다. 어쨌든 내일 아침까지는 결정을 내려야 한다. 그녀는 유럽1Europe1 소속의 기자 에두아르 엘리아스와 디디에 프랑수아가 열 달 동안 다에시에게 붙잡혀 있다가 풀려난 이야기를 걱정 어린 목소리로 말했다. 나는 다

224

른 기자들의 취재가 수포로 돌아갔다는 생각에 씁쓸함이 밀려왔다. 그리고 한편으로는 멜로디가 걱정되었다. 샤를리와 아드리앙은 내 주의를 딴 데로 돌리기 위해 계속 다른 이야기를 꺼냈다. 우리 셋 다 조금은 긴장을 풀 필요가 있었다. 샤를리는 자신의 경험담을 이것저것 들려주었다. 우리는 샤를리의 이야기를 들으며 배꼽을 잡고 웃기도 했고, 숙연해져서 눈시울을 붉히기도 했다. 나는 말을 많이 하지는 않았지만 포도주를 약간 마셨다. 사실 나는 술을 잘 못 마신다! 석 잔 정도 마시면 완전히 취해서 같이 있는 친구들을 난처하게 만들곤 한다……. 마치 고삐 풀린 망아지처럼 큰 소리로 떠들고 남의 시선 따윈 아랑곳하지 않는다. 어쨌든 내가 그런 행동을 한다면 분명 많이 취한 것이다. 나는 내가 술만 마시면 전혀 다른 사람으로 돌변한다는 걸 잘 알기에 술을 자제한다. 그런데 오늘 저녁은 아무리 마셔도 취하지 않을 것 같다. 당장 내일 어떻게 해야 할지 모르겠다는 생각이 머릿속에서 떠나지 않았다. 시간이 얼마 남지 않았다. 이제 벌써 금요일이다. 나는 모든 일을 월요일까지 마무리 지어야 한다. 물론 기사까지 다 써내야 하는 것을 말한다. 한 달 동안 벌어진 일을 종이 한 장에 간추릴 생각을 하니 신경이 곤두선다. 아드리앙도 내 기분을 눈치챈 듯했다. 그는 내게 한 시간만이라도 월드 프레스 행사에 참석해서 바람을 좀 쐬라고 한다. 그렇지만 나는 그럴 만한 마음의 여유가 없다. 하루 종일 조금밖에 먹지 못해서 그런지 머리가 아팠다. 결국 나는 보르도 산 와인을 한 잔 마시기로 한다. 그렇게 한두 잔 마시다보니 나는 마치 마법처럼 행복함에 도취되어 나도 모르

225

는 사이에 파티를 즐기고 있었다. 나는 이미 월드 프레스에서 내가
잘 아는 사람들을 찾아서 춤추고 술을 마시며 조금 전의 스트레스
를 조금씩 날려버리고 있었다. 그러다 어느 순간 눈앞의 것들이 흐릿
하게 보이며 정신을 차릴 수가 없었다. 그 와중에도 시계를 보니 새벽
2시였다. 이제 그만 돌아가야겠다. 나는 우리 팀에게 먼저 간다고 말
한다. 그들은 "소지품 보관실에서 만나"라고 대답한다.

그 뒤 무슨 일이 있었는지 기억이 가물가물하다……. 내가 왜 그
렇게 경비원에게 화를 냈는지 모르겠다. 내가 시비를 걸면서 나보다
덩치가 두 배는 큰 경비원에게 주먹을 휘두른 것도 같다……. 그러
다 누군가가 내 팔을 붙잡으며 말렸고, 아드리앙과 샤를리, 그리고 친
구들이 소리를 질렀다. 그 고릴라 같은 남자에게 뺨을 얻어맞은 기억
도 난다. 화가 난 나는 그 경비의 바짓가랑이 사이를 찼다. 아드리앙
은 온 힘을 다해 나를 뜯어말렸다. 그러고는 나에게 속삭였던 것 같
다. "그만해, 너 지금 스트레스 때문에 이러는 거야……. 이제 그만 호
텔로 돌아가자. 괜찮아질 거야……." 사람들은 무슨 구경거리라도 난
듯 몰려들고 있었다. 순간 술에 취해 실수를 했다는 생각이 들었다.
나는 아드리앙을 찾았지만 그는 보이지 않았다. 샤를리가 나를 택시
에 태웠다. 호텔로 돌아가는 길은 끝없이 길고 멀었다. 나는 여전히
아드리앙이 어디 있는지 몰랐다. 그렇지만 내가 샤를리에게 아드리앙
이 어디 있냐고 물어봤는지 아닌지는 기억나지 않는다.

226

토요일 아침

눈을 뜨니 머리가 지끈거리며 아팠다. 술을 과하게 마신 탓인지 기억이 가물가물했다……. 정신이 들자 어젯밤에 있었던 일들이 조금씩 기억나기 시작했다. 빌렐과 나눴던 대화도 되새겨보았다. 머리만 아픈 게 아니라 팔이며 어깨까지 욱신거렸다. 어느새 9시였다. 샤를리에게 전화하니 그는 아드리앙을 공항까지 데려다주고 오는 길이라고 했다. 나는 샤워를 하고 샤를리와 호텔 1층에서 만나 잠시 함께 걸었다. 커피 한 잔을 마시고 나자 컨디션이 좀 회복되는 듯했다. 어제 저녁 일에 대해서 말하기 전에 우리는 먼저 편집장에게 전화를 걸었다. 그녀는 이미 신문사 사장과 부사장에게 우리의 상황을 알린 상태였다. 우리는 프랑스로 돌아간다. 그리고 끝이다. 어젯밤에 이어 또다시 뺨을 얻어맞은 기분이었다. 그녀는 지금까지 확보한 정보만으로도 충분히 기사를 쓸 수 있다고 했다. 그리고 한 달 동안의 취재가 사실 굉장한 성과를 거두었다는 말도 했다. 그렇기 때문에 여기서 위험을 무릅쓰고 취재를 더 해봤자 어차피 '옵션'이라는 것이다. 나는 편집장이 이번 취재에 만족하고 있다는 것을 알았다. 그렇지만 나는 무엇보다도 현역에 있는 그녀가 아직까지 우리에게 아무 일도 일어나지 않은 것에 대해 안도하고 있다는 느낌을 받았다. 그녀는 지금 우리의 기분이 어떨지도 잘 알고 있었다……. 나는 부모님에게 걱정하지 말라고 짧게 문자를 보낸다. 오늘 저녁에는 파리에서 잠들 것이다. 주위 사람들에게 미안했다. 잘 알지도 못했던 취재 중간에 끼어들어 고생한 샤를리에게 특히 그랬다. 그는 망친 것은 아무것도 없다고 생각하는 듯했다. 나는 그에게 모든 일에 차질이 생긴 건 순전히 내 잘못이며, 불행한 상황의 연속이라고 말했다. 기톤과 롤라, 그리고 빌렐의 거짓말······. 뭐 하나 계획대로 된 게 없었다. 나는 속으로 어제 나를 버리고 간 아드리앙을 비난했다. 그렇게 의리를 중요시하던 친구가 말이다. 나는 샤를리에게 조심스레 아드리앙에 대해서 묻는다. 그는 아드리앙이 조금 다쳤고, 우리를 걱정하고 있다고 말했다. 아드리앙이 다치다니, 왜?

"정말 생각 안 나? 어젯밤에 네가 그 경비원과 시비가 붙었을 때 아드리앙이 끼어들어 싸움을 말렸거든. 그러다 그가 대신 맞았어······."

순간 나는 침착하려고 했지만 너무나도 창피해서 눈물이 나왔다. 정말 낯이 뜨거워 얼굴을 들고 있을 수가 없었다. 쥐구멍이라도 있으면 숨고 싶은 심정이었다.

우리는 여러 차례 일정을 변경해오다가 결국 비행기 표를 취소시켰다. 아마 여행사 담당 여직원은 자기 머리를 쥐어뜯고 싶은 기분이었을 것이다. 그동안 몇 차례에 걸쳐 예약한 비행기 편을 바꾸거나 날짜를 변경하는 등 계속 귀찮게 해왔다······. 그러다가 이제 모든 걸 취소하고 오를리 공항으로 가는 다음 비행기를 예약해달라고 한 것이다. 원래 계획대로라면 우리는 오늘 다섯 시간 비행기를 타고 있어야 하지만 결국 45분으로 끝내야 했다! 공항으로 가는 길에 우리는 상사들에게서 축하와 격려 문자를 받았다. 그렇지만 우리 둘은 아무

228

것도 얻지 못하고 빈손으로 돌아가는 사기꾼이 된 것 같은 기분이었다. 이미 파리에 도착한 아드리앙도 내게 감동적인 문자를 보냈다. 그는 우리가 프랑스로 돌아갈 것이라는 사실을 아직 모르고 있는 듯했다. 그는 엊저녁 일에 대해서는 한마디도 입에 올리지 않았다. 그저 멜로디라는 짐을 지고 있는 내가 무척 안쓰러워 보였다며, 혹시 내가 국경지대로 가게 된다면 우리 셋이 함께 보낸 마지막 저녁이 나쁜 기억으로 남지 않기를 바란다고 했다. 우리 우정이 겨우 그만한 일로 깨질 정도는 아니었다. 그리고 우리 인생은 지금 이 순간에도 진행형이 아닌가. 우리 우정도 그럴 것이다.

비행기 탑승까지는 시간이 꽤 남아 있었다. 샤를리는 내 노트북으로 IS에 가입한 프랑스 전투병들의 비디오를 보고 있었다. 그는 시리아와 그 근처에서 무슨 일이 일어나고 있는지 누구보다 잘 알았다. 그렇지만 그는 이런 인터넷상의 선전활동이 이런 취재로까지 이어진 것을 알고는 놀란 듯했다. 내가 처음 이러한 사실들을 접했을 때와 마찬가지로 그는 뭐라고 해석하기 힘든 애매모호한 표정을 지어 보였다. 나는 그가 비디오를 보는 사이 담배를 피우러 갔다. 그 비디오라면 다 외울 정도로 잘 알고 있었다. 나는 흡연실에서 아버지에게 전화를 한다. 이제 모든 것이 끝났으니 아버지에게 뭔가 설명을 해줘야 할 것 같았다. 나는 최근 한 달 동안 무슨 일이 있었는지 간추려서 말해준다. 내가 몇 마디 하기도 전에 아버지는 내 말을 끊으며 늘상 하는 소리를 늘어놓았다. 그의 목소리는 낮았지만 두려움이 섞여 있었다. "안나, 너 미쳤니!" 나는 아버지에게 이제 모든 것이 끝났으니 걱정하지 말라고 한다. 그러자 그는 영국의 젊은 왕실 부부가 곧 그들의 아기인 조지에게 세례를 받게 할 것이라고 했다. 어쩌면 나도 그렇게 이름을 바꾸거나 신분을 위장할 수는 없느냐고 그가 농담을 한다. 아버지의 웃음소리를 듣는 것만으로도 기분이 좋아졌다.

나는 다시 샤를리에게 갔다. 우리는 함께 비행기에 올랐다. 그는 나를 안나라고 불렀다. 그 소리를 들으니 이제야말로 취재가 끝나는구나 하는 생각이 들었다. 우리는 어제 아침부터 저녁까지 하루 동안 모은 정보들을 다시 한번 정리한다. 그렇지만 샤를리는 곧 창문에 머리를 박고 잠이 든다. 나도 구름들 사이에서 길을 잃은 듯한 느낌이 든다. 물론 이번에는 음악이 없었다. 아무것도 생각나지 않았다. 나는 24시간 안에 열 장 분량의 기사를 쓰려면 이 많은 정보를 어떻게 정리해야 할지 생각한다. 그리고 어제 저녁 일을 떠올린다. 평생 싸움 한 번 해본 적 없는 내가 어떻게 처음 본 사람한테 그토록 맹렬하게 덤벼들었을까……. 아마도 그 경비원이 내 무의식 속에 도사리고 있던 것들을 끄집어낸 모양이다. 이를테면 빌렐과의 일에 대한 나쁜 조짐들, 실패, 그리고 억눌린 내 아바타 등이 아니었을까. 사실 나도 잘 모르겠다. 어쨌든 지금 이 순간 내게 정신분열 증세가 있다는 것만은 인정할 수밖에 없다.

파리, 일요일 오후

3시쯤 된 모양이다. 나는 마감 시간에 쫓겨 정신이 하나도 없다. 글로는 도저히 설명하기 어려운 취재 내용들 때문에 애를 먹는다. 처음 예정한 대로 기사를 내일까지 써도 된다면 아무 문제가 없었을 것이다. 그런데 공휴일이 겹치는 바람에 기사 마감이 오늘로 앞당겨져버렸다. 작성한 기사를 다시 검토할 시간도 없이 편집자에게 메일로 보낸다. 사실 이렇게 정신없을 때면 나와 편집자는 개와 고양이 관계나 다름없다…… . 그는 내 취재에 대한 절대적인 지지자이기도 하지만 어떨 때는 내 기사에 대해 사무적이고 딱딱한 어조로 메일을 보내거나 회의에서 내 기사를 폄하하기도 했다. 나는 마감 때만 되면 그를 싫어하게 된다. 그렇지만 이 박식한 남자에게 많은 것을 배우기도 한다. 나는 그에게 내가 쓴 기사를 메일로 보낼 때마다 마치 방금 성적표를 받아본 부모님을 피해 이불 속에 숨은 어린 여자아이가 된 기분이었다…… . 용기를 내서 그에게 메일을 보냈다. 그런데 이번에는 메일로 답하지 않고 직접 전화를 걸어왔다. 평소대로라면 이건 아주 좋은 징조였다. 그가 직접 전화를 거는 것은 그가 꽤 만족했다는 표시로, 매번 더할 나위 없는 어휘를 동원해 내가 쓴 글을 칭찬해주곤 했다. 나는 그가 평소보다 조금 더 흥분할 정도로 아주 만족했다는 느낌을 받았다. 그는 나에게 계속 기사를 써야 한다고 용기를 북돋워주었고, 기사가 길어져도 상관없다고 말했다. 그는 이번 취재는 기사화될 가치가 충분하다며 "악마 한 명이 기사 안에 숨어 있다"고 했 231

다. 빌렐의 정신 상태와 멜로디의 대담함에 매우 놀랐다는 말도 덧붙인다. 그는 또 독자들을 위해 좀더 세세하게 다룰 부분도 지적해주었다. 기자로서 중립을 지키면서 내가 연기했던 역할에 대해 집중할 수 있게 강약 조절을 잘하는 것이 가장 중요하다고도 말한다. 나는 흥분이 미처 가라앉지 않은 상태로 이곳에 도착하자마자 지금까지 거의 쉬지 않고 기사에 매달리고 있었다. 물론 그도 이 사실을 안다. 그는 마치 선생님처럼 내가 조금 여유를 갖고 더 멀리 보면서 기사를 써야 한다고 용기를 주었다. 마감 시간이 촉박하게 다가왔지만 자료는 충분했다. 나는 이것들을 그저 글로 써내기만 하면 되는 것이다. 나는 자신감을 가졌다. 그리고 일인칭으로 내 기사를 계속해서 써내려갔다. 편집장과 부사장, 그리고 우리 신문사의 변호사까지 나에게 문자를 보내왔다. 혹시 윤문자가 뭐라고 이야기를 했나? 아니면 내가 보낸 메일을 벌써 읽은 것일까? 그들의 말에 의하면 내가 "두 손에 폭탄을 쥐고" 있다고 했다. 그리고 기사가 나가기 전에 함께 이야기를 나눌 필요가 있다고 말했다. 나는 그들의 문자를 어떻게 해석해야 할지 몰랐다. 내가 사교성이 그리 좋은 편은 아닌데도 불구하고 이렇게 많은 문자가 오다니. 나는 내 노트북과 녹음기를 들고 집을 나섰다. 그리고 사무실을 돌아다니며 내 취재와 관련 있는 모든 상사에게 계속해서 써내려가고 있던 내 기사의 수정본을 돌렸다. 어쨌든 나는 사장실 문을 열고 들어갈 때까지도 냉정함을 잃지 않고 있었다. 지하철을 타고 오면서 미리 빈틈없이 생각해놓은 단어들을 그 앞에서 재빨리 말해버릴 작정이었다. 이를테면 '사장님이 마감 때문에 바쁘신 건 알아요. 그렇지만 제 기사의 첫머리만이라도 읽어드릴 수 있게 10분만 저에게 시간을 주세요' 하고 말이다. 그런데 그는 나를 보는 순간 미처 말도 꺼내지 못하게 내 입을 막아버렸다.

"자네가 쓴 기사 때문에 온 건가?"

그는 길게 이야기할 시간이 없다는 투로 물었다. 나는 기어들어가는 목소리로 그렇다고 대답했다. 그리고 가인쇄된 내 기사를 그의 앞에 펼쳐놓고는 곧장 내 사무실로 돌아가기 위해 발걸음을 돌렸다. 완전히 참패다. 이번 취재를 처음부터 지켜본 편집장도 나를 만나러 왔다. 그녀는 이미 기사를 읽었는데 아주 좋다고 했다. 그러면서 유감이라고도 말한다. 그녀는 이번 호에 이렇게 기사가 넘치리라고는 전혀 예상을 못 했다고 했다. 정치적인 기사가 생각보다 많았다고 했다. 처음부터 이번 취재에 많은 관심을 가졌던 그녀는 내가 쓴 이번 기사가 꼭 보도되어 독자들에게 읽히기를 얼마나 고대했는지 누구보다도 잘 알았다.

편집장이 자기 자리로 돌아가자 이번에는 부사장이 사무실로 들어왔다. 그는 조용히 사무실 문을 닫았다. 그는 이미 이번 취재에서 내가 말하고자 하는 것이 어떤 것인지에 대해서 나보다도 많이 알고 있었다. 그가 만약 내 취재에 대해 대단히 만족해한다면 그건 문제가 아니다. 그는 다에시 지도자인 알 바그다디와 가까운 관계인 빌렐 역시 대어라는 사실을 알지 못했다. 만약 빌렐이 이 사실을 알게 된다면 단순한 개인적인 위협으로 끝나지는 않을 것이다. 빌렐은 나에게 많은 지리적인 정보도 주었으며 그들 군대의 전략까지도 알려주었다. **233**

위협이 언제 닥칠지 모르며 신경을 바짝 곤두세워야 할 것이다…….
나는 인쇄소에서 신문을 인쇄하는 몇 시간을 기다리는 게 몹시도 초조했다. 우리는 잠시 생각할 시간을 갖기 위해 이번 기사를 내는 것을 일주일 미루기로 결정했다.

나는 집에 들어서자마자 그대로 쓰러졌다. 기사를 쓰는 데 추가시간이 주어졌다는 안도감이 들었지만 한편으로는 이 일을 '매듭'짓지 못했다는 생각에 화가 나기도 했다. 그러고 보니 빌렐은 뭘 하고있을까? 그에 대한 기사를 쓰고 토론하는 데 열중하느라 그의 존재는 아예 잊고 말았다! 내가 멜로디의 계정으로 로그인하지 않은 지벌써 24시간째가 되어간다. 암스테르담에서 우리가 출발할 때부터내 여러 개의 선불 폰은 이미 꺼냈다. 멜로디는 공항에서 간단한 스카이프 메시지로 어떤 '이상한' 남자가 우리들에게 뭔가를 물어보았다는 사실을 알린 게 전부였다……. 야스민과 멜로디는 그녀들이 감시당하고 있다는 느낌을 받아서 왔던 길로 되돌아갔다가 나중에 다시 오는 것이 낫다고 판단했다. 게다가 다음번에는 야스민 없이 이뤄질 것이다. 왜냐하면 야스민의 가족들이 계속해서 야스민에게 전화를 해댔기 때문이다. 빌렐의 생각이 옳았다. 멜로디는 혼자 다시 오게 될 것이다. 그렇지만 우선 지금은 남자친구와 팀을 위험에 처하게하고 싶지 않았다. 우선은 툴루즈에서 시간을 보내며 이번 일을 잊어버려야겠다. 모든 사람을 위해서 그게 좋을 것이다……. 나는 빌렐의반응을 보기 위해 내 모든 휴대전화들을 켜보기로 한다. 네덜란드휴대전화에는 수많은 문자가 들어와 있었다. 거의 다 모르는 사람들이 보내온 것이었다. 그중 '국경지대에 오는 자매들을 도와주는' 아부 오마르 툰시가 보낸 문자는 알아볼 수 있었다. 모든 사람이 움므 살라딘이 어디 있는지 물었다……. 물론 이들 중 내 남편도 있었다. 그의 말투는 전에 암스테르담에서 그가 화를 냈을 때와 흡사했다……. 그가 보낸 문자 중에서는 이런 것도 있었다. '어디냐? 이 조그마한 년이 알라신을 모독하다니!' 나는 다시 휴대전화들의 전원을 껐다. 모든 게 이제 그만 끝났으면 좋겠다고 생각했다. 이제는 정말 끝이 나야 했다. 멜로디에 너무 집중한 나머지 진짜 나인 안나가 사라질 지경이었다. 빌렐은 멜로디를 협박하려는 건가? 이제는 안나의 말투로 답장을 해야겠다고 생각했다. 멜로디의 모든 계정을 사라지게 하기 전에 나는 마지막으로 확인해보기로 한다. 스카이프에는 빌렐의 격분한 메시지[32]가 끝도 없이 이어져 있었다.

"어디야?"

"어디야??"

"어디야???"

"어디야????"

"어디야?????"

"어디야??????"

"어디냐고??????????"

"야!!!!! 젠장, 어디냐고????????????????"

---

[32] 계정에 로그인되어 있지 않을 경우 메시지를 남길 수 있다. 빌렐은 이것을 이용했다.

그의 물음표가 많아질수록 나는 그의 격해지는 감정과 분노를 느낄 수 있었다. 페이스북의 계정으로는 단 하나의 메시지가 도착해 있었다. 그렇지만 적어도 이번만큼은 그가 돌려 말하지 않고 직설적으로 말을 했다.

"**너 지금 어디냐?** 내가 이 계정은 아예 활성화시켜놓지 말라고 했지……. 이제는 너 혼자 알아서 해라. 너한테 엄청 실망했어. 너는 내가 생각했던 암사자가 아니야."

차라리 잘됐다. 그가 이런 식으로 멜로디에게 화를 내는 것이 나았다. 멜로디가 계속해서 그의 인내심을 시험했더라면 그는 아예 이 일을 포기했을 것이다. 나는 서둘러 내 아바타의 계정을 비활성화시키고, 그의 스카이프 프로필에 접근할 수만 있게 설정해놓는다. 그리고 멜로디가 갑자기 사라진 것이 절대 그를 속이려고 했던 것은 아니라는 마지막 사과의 메시지를 보낸다. 그렇지만 프랑스로 돌아와서 모든 것이 '정신없다'고도 덧붙인다. 자신의 딸이 실종되었다는 사실을 안 엄마가 경찰에 신고를 했다고 말한다. 그리고 멜로디는 자신이 잠시 사라졌던 이유를 제대로 말하지 못해서 노트북과 휴대전화 모두 압수당했다고 한다. 또 빌렐이 말해준 대로 암스테르담에서 샀던 새 선불 폰은 없애버렸다고도 덧붙인다. 어찌 되었든 현재로서는 이런 모든 연락을 하지 않는 게 나을 거라고 말한다. 이 시한폭탄과도 같은 상황은 언제 누구를 향해 폭발할지 모른다. 그녀는 다시 한번 사과한다. 그리고 그에게 다시는 연락하지 못할 것이라는 말도 덧붙인다. 마지막으로 멜로디는 이렇게 적는다.

236

"빌렐, 미안해. 절대 너를 실망시키고 싶지는 않았어. 그렇지만 나는 우리에게, 특히나 너에게 다가오게 될 위험을 느꼈기 때문에 우선 한발 뒤로 물러선 거야. 언젠가 내가 감시받지 않는 안전한 휴대전화나 컴퓨터를 갖게 되면 너랑 말할 수 있기를 바래. 너에게 키스를 보내며. 멜로디."

물론, 나는 단 1초도 이 위험한 미치광이와 다시 연락할 생각이 없었다. 그렇지만 나는 그가 분노를 멈추고 멜로디를 좋은 추억으로 간직하길 바랐다. 멜로디가 그에게 사과하고 동정어린 모습을 보여주면 빌렐도 멜로디를 잊고 다른 일에 전념할 수 있을 거라 여겼다. 어찌되었든 그에게도 멜로디 문제보다 더 급히 처리할 일이 있을 것이다. 멜로디는 그저 스무 살짜리 '숱한 여자 중 한 사람'일 뿐이다. IS는 이라크 습격을 준비하고 있었다. 두 달 후에는 다에시가 바그다드로 가기 전에 나라에서 두 번째로 큰 마을인 모술을 점령할 것이다. 이 일을 계기로 이 극단적 보수주의 조직인 IS가 벌이는 악마 같은 위협들이 국제적으로 알려지면서 사람들의 의식을 깨울 것이다. 그렇기 때문에 멜로디는 하루라도 빨리 이 일을 잊어버리고 싶었다.

그렇지만 생각처럼 되지는 않았다.

이틀 후, 편집국

편집국의 분위기는 다소 누그러진 듯했지만 여전히 긴장감이 느껴졌다. 멜로디가 더 이상 존재하지 않기 때문에 나는 이제 빌렐이 계속해서 화가 나 있는지 알 길이 없었다. 이제는 기자인 안나가 이 기사를 마무리 지을 차례다. 어제는 조금 쉴 수 있었다. 지난 한 달간의 수고에 대한 보상이랄까. 덕분에 오늘은 머릿속이 어느 정도 맑다. 그렇지만 이 이야기의 마침표를 찍기가 너무나도 힘들었다. 맨 마지막 오른쪽 줄을 쓰는 것이 특히나 그랬다. 어쨌든 내 임무는 기사를 완성하는 것이고, 나머지는 신문사가 알아서 할 것이다. 나는 지금 동료와 친구들이 있는 사무실 안에서 기사를 쓰고 있다. 그때 갑자기 06으로 시작하는 프랑스 휴대전화 번호로 전화가 걸려왔다. 전화를 받아보니 빌렐이었다. 나는 기겁해서 의자에서 벌떡 일어났다. 그리고 한적한 복도로 자리를 옮겼다. 빌렐이 어떻게 해외 전화번호가 아닌 프랑스 전화번호로, 그것도 내 개인 휴대전화로 전화를 한 거지? 물론 내가 암스테르담에서 내 전화번호를 노출하기는 했지만…… 애초에 그 전화를 사용한 게 잘못이라는 생각이 들었다. 어쩌면 이미 내 신분까지 모두 노출되었을 수도 있었다. 어쨌든 이 모든 건 내 개인적인 생각이다. 나는 이 테러리스트가 무슨 말을 하는지 알아듣기가 힘들었다. 계속해서 지직거리는 소리가 들렸다. 가만히 생각해보니 지난번 아랍어만 아는 사람과 빌렐이 스카이프에 휴대전화를 가까이 대고 통화했을 때와 음질이 비슷했다…… 나는 내가 이렇게 두려움에 떠는 게 사실 아무런 도움도 되지 않는다는 것을 안다. 빌렐이 복수하기 위해서 48시간 만에 프랑스에 왔다는 것은 불가능한 일이었다. 나는 내가 없애버렸던 멜로디를 다시 연기하기로 한다. 이것 말고는 어떻게 해야 할지 도무지 생각이 나지 않았다. 빌렐은 멜로디에게 지금 어디에 있는지, 그리고 '무엇을 했는지' 다시 한번 물었다. 멜로디는 그에게 보냈던 '이별' 메시지에서 했던 말과 비슷한 말을 반복한다. 그리고 한 가지 더 덧붙인다. 멜로디의 엄마가 연인끼리나 할 법한 대화가 담긴 우리 메시지들을 발견해서 이것을 '경찰관'들에게 의뢰했다고 한다. 그렇기 때문에 절대, 아무리 긴급한 상황이라도 이 번호로는 연락하면 안 된다고 말한다. 두번 다시는 안 된다. 이 휴대전화마저도 없애야 한다고 하자 이 테러리스트는 마치 수탉처럼 의기양양한 목소리로 말한다.

"야! 이 조그만 게 지금 나를 협박하는 거야? 웃겨 죽겠네. 자비는 나 같은 사람을 위한 게 아니라 병원 같은 곳에서나 베푸는 일이야!"

대체 무슨 소리야! 멜로디가 대답한다. 오히려 반대지! 멜로디는 빌렐을 보호하기 위해 이런 말을 하는 것이라고 말한다……. 대화는 여기서 끝났다. 나는 얼빠진 표정으로 한 손에 휴대전화를 든 채 아까 복도를 지나 들어왔던 마리의 사무실에 서 있었다. 전화를 끊자마자 나는 곧바로 상사를 만나러 나갔다. 그는 나에게 명령할 수 있는 사람으로서 이번 취재에서 나의 보호막 같은 존재였다. 가끔은 이런 비정형적인 취재 과정에서의 비밀을 털어놓을 수 있는 친구이기도 했다. 그는 곧바로 전화번호를 확인하더니 나에게 이 번호의 주인

239

을 찾을 때까지 몇 분만 기다리라고, 멀리 가지 말고 근처에 있으라고 말한다. 나는 멜로디의 스카이프 계정에 로그인하기 위해 내 노트북이 있는 곳으로 자리를 옮긴다. IP 주소를 섞는 동안 나는 혹시 빌렐이 다시 한번 협박을 했는지 알고 싶었다. 살펴보니 한두 개가 아니었다.

"말해봐, 바보 같은 게. 너 대체 누굴 믿고 그런 거야?"

"넌 나를 과소평가했어……. 나는 테러리스트 조직이라고!"

"이번 주말에 너랑 대화했던 사람들은 적어도 스파이 경력 15년인 사람들이거든. 너를 찾는 건 시간문제야……."

"넌 나를 무슨 바보로 생각했나본데, 넌 네가 저지른 일에 책임을 져야 할 거야. ㅋㅋ"

순간 단두대 앞에 선 것처럼 소름이 끼쳤다. 이제는 단순한 협박이 아닌 좀더 구체적인 복수를 선언하고 있었다. 물론 나는 이 메시지들에 답변하지 않았고, 다시 계정을 로그아웃했다. 잠시 후 내 상사가 돌아왔다. 그는 나를 사무실에서 따로 불러낸다. 그는 나에게 아까 걸려온 프랑스 번호가 사부아 주의 알베르빌에 사는 함자라는 사람의 것이라고 했다. 잠시 동안이지만 우리는 서로를 처다보았다. 나는 긴장하며 다른 이야기가 더 있나 기다렸지만 그것 말고 다른 정보는 없는 듯했다. 우리는 편집장을 만났다. 셋에서 편집장 사무실에서 머리를 맞대고 궁리를 했다. 결국 편집장이 멜로디의 엄마인 척하며 아까 걸려온 번호로 전화를 걸기로 했다. 신호는 가는데 계속 전화를 받지 않았다……. 특수 전화번호부에서 확인해보니 어떤 집

240

전화번호와 이 번호가 연결되어 있었다. 편집장은 전화번호부에 나와 있는 집 전화번호를 눌렀다. 그러자 나이 들어 보이는 목소리의 남자가 전화를 받더니 자신이 함자의 아버지라고 했다. 편집장은 그에게 그쪽 아들이 아직 스무 살밖에 되지 않은 자신의 딸에게 계속 전화를 걸어서 몹시 난처하다고 말한다. 남자는 아무런 반응이 없었다. 편집장이 '시리아'라는 단어를 말하자 남자는 몹시 당황해하며 자신과는 전혀 상관없는 일이라고 말했다. "내 아들은 이제 성인이오. 내가 이래라저래라 할 일이 아니라고요!" 그러면서 그는 이미 몇 주째 아들을 보지 못했다고 말했다. 아들이 어디에 있는지 정말 모르는 눈치였다. 멜로디의 엄마는 아버지라는 사람이 자신의 아들이 어디에 있는지도 모르는데 아무렇지도 않게 말하는 것을 보고 놀랐다. 그 남자는 마치 뭔가에 쫓기는 사람처럼 겁먹은 목소리로 허겁지겁 전화를 끊었다.

만약 기사가 완성된다면 카퍼레이드라도 벌여야 할 것이다. 다 끝났다고 생각했는데 이제 겨우 시작이라니…….

같은 날, 저녁

집에 돌아왔어도 놀란 가슴이 쉽게 진정되지 않는다. 꼼짝 않고 앉아 검은색 소파를 쳐다본다. 나는 이 소파를 싫어한다. 휴대전화 벨 소리에 정신이 번쩍 들었다. 이번에도 역시 내가 모르는 프랑스 번호였다. 나는 전화를 받은 뒤 누구냐고 물었다. 어떤 젊은 남자의 목소리였다. 그는 예의 바른 목소리로 함자의 형이라고 자신을 소개했다. 이건 또 뭐야? 나는 정말이지 비명이라도 지르고 싶었다. 나는 멜로디를 다시 살려내기도 싫었고, 그렇다고 내가 기자라는 걸 밝힐 수는 더더욱 없었다. 그는 나보다 어려 보였다. 그럼 이번에는 내가 더 나이 든 척을 해야겠다고 생각했다.

"나는 멜로디의 엄마란다!"

대답이 없다. 나는 계속해서 말한다.

"도대체 네 동생은 내 딸에게 뭘 원하는 거니?"

"어머님, 믿지 못하시겠지만 저도 정말 몰라요. 제 동생이 사라진 지 벌써 몇 주째예요. 아무런 연락도 없고요……."

"그럼 그 애가 나한테 연락이라도 했다는 거니? 더 이상 전화하지 마, 나와 내 딸을 좀 내버려둬!"

"동생이 아무한테도 연락하지 않는다는 게 이해가 안 돼요. 그렇지만 당신 딸에게는……. 혹시 뭔가 알고 계신 게 있나 해서……."

이 젊은이의 동생은 정말로 자취를 감춘 듯했다. 그의 목소리는 떨리고 말에 두서가 없었다. 나는 그가 의심하고 있다는 사실을, 또

242

그도 사실은 함자가 어디에 있는지 알지 못한다는 사실을 알아차린다. 하지만 멜로디는 지금까지 많은 사람에게 노출되어왔다. 그녀의 엄마까지 그렇게 되어서는 안 된다. 나는 마치 암탉처럼 굵고 날카로운 목소리로 쏘아붙였다.

"잘 들어. 처음에는 네 동생한테 전화가 오더니 그다음에는 네 아버지였어. 그런데 이제는 너까지 이렇게 개인 휴대전화에 전화를 해댄단 말이야. 랄라스! 경고하는데 너희 가족이 훗날 아들딸 많이 낳고 잘 살고 싶거든 네가 어떻게 해서든 네 동생이 내일 아침까지 나한테 전화하게 만들어……. 아니면 알베르빌에 중앙정보국 사람들을 보내주지. 아니 내 형제들까지 모두 보낼 거야. 미리 말해두는데, 그들은 한두 명이 아냐!"

나는 전화를 끊어버렸다. 입가에 미소가 번졌다. 더 이상 겁 많고 순종적인 멜로디가 아니어서 기분이 좋았다……. 다음 날 아침, 나는 상사로부터 함자의 가족들이 전화번호부에서 이름을 삭제했다는 말을 들었다……. 함자는 사실 '실종'된 거나 마찬가지였다. 왜냐하면 그는 벌써 3주 동안 프랑스에서 행적이 발견되지 않았다. 마지막으로 함자가 발견된 곳은 터키였다. 그 뒤부터는 마치 유령과 술래잡기를 하는 것 같았다. 함자의 마지막 행보는 우리를 안심시키지 못했다. 어쩌면 함자는 시리아에 있을 수도 있고 아니면 프랑스에 있을 수도 있다. 혹시 파리에 있을 수도 있는 일이었다. 시리아와 터키에서 +591, +886 아니면 +216 등으로 시작되는 번호로 계속 전화가 걸려왔다. 나는 받지 않는다.

그리고 약 24시간 후에 거의 모든 뉴스에서는 '알베르빌에 거주하는 스무 살에서 서른여덟 살 사이의 남자 여섯 명이 지하디스트가 되기 위해 시리아로 떠나려다가 붙잡혔다'는 기사를 특보로 방영했다. 이제 5월 1일이었다. 그리고 나는 이것이 뒤늦은 만우절 행사였으면 하고 바랐다. 이때까지만 해도 나는 '내 모든 전화'가 도청당하고 있다는 사실을 모르고 있었다. 3주 뒤에나 경찰이 보여준 많은 사법서류 사이에 내 이름이 적혀 있는 것을 보고 나서 알게 된 것이다. 많은 서류 중에는 동방으로 떠난 사람들의 목록도 포함되어 있었는데, 거기에는 바네사도 끼어 있었다. 자신이 임신 6개월째라고 하던 젊은 여자 말이다……. 내가 그녀와 문자를 주고받은 뒤로 빌렐은 멜로디에게 더 이상 바네사를 믿으면 안 된다고 했었다. 왜냐하면 그녀가 '겁을 먹었기' 때문이라고 했다. 게다가 바네사와는 더 이상 연락이 닿지 않았다. 그녀의 휴대폰이나 스카이프 모두 불통이었다. 그렇게 시리아에서 아기를 낳겠다며 서둘렀던 여잔데……. 나와 연락한 것 때문에 그녀는 경찰들에게 노출되었고, 시리아로 떠나기 전에 붙잡혔다. 그것을 시작으로 젊은 여자들을 모집하던 사람들을 일망타진할 수 있었다.

알게 모르게 멜로디에게는 적이 생겼다. 알베르빌 사건이 보도되자 모두들 나에게 혹시 이것도 내 취재와 관련이 있는지 물었다. 나는 이 모든 일이 처음부터 계획된 것인지 아니면 우연인지 분간할 수가 없었다. 기자 같은 직업을 갖고 있다보면 사실 우연이라는 것은 존재하지 않는다고 생각하기 마련이다. 빌렐이 협박한 데 이어 이해할 수 없는 함자의 이야기에 이제는 신문사에서 나에게 이사를 하고 최대한 빨리 전화번호를 바꾸라고까지 한다. 나는 떠나야 했다. 그것도 지금 당장. 만약 다에시가 멜로디와 기자의 관계를 알게 된다면, 그리고 나를 납치하기라도 한다면 내 인생은 끝이다. 그럴 리야 없다는 생각은 하지만. 지금까지 녹음한 자료가 사법경찰을 도와줄 수도 있을 것이다. '내'가 바로 IS 대원 모집에 자원하려 했던 여자라고 하면서 도움을 청할 수도 있지 않을까……. 어찌되었든 모든 것을 조심해야 할 것이다. 일단은 작은 가방에 당장 필요한 것들만 챙겨 부모님 집으로 피신하기로 했다. 어린 시절 내가 살던 방에서 한두 밤 자고 나면 조금이나마 괜찮아질 것 같았다. 그로부터 6개월이 지난 지금도 나는 가끔 부모님 집에 가 어릴 적 쓰던 방에서 잠을 자기도 한다.

닷새 후

결국 결전의 날까지도 나는 부모님 집에 있었다. 오늘 아침 드디어 법적으로도 세세히 검토된 내 기사가 마무리되었다. 그 시각, 나는 샤를리와 함께 나이지리아 대사관을 향해 뛰고 있었다. 최대한 빨리 비자를 얻기 위해서였다. 200명이 넘는 어린 여학생들이 나이지리아 서쪽에 있는 작은 마을인 치복에서 이슬람 극단주의 테러리스트 단체인 보코 하람에 의해 단체로 납치를 당한 사건이 터졌다. 이 사건은 국제적으로 큰 충격을 주었다. 꼭 현장에 가서 봐야겠다는 생각이 들었다. 그렇지만 샤를리와 나는 갈 수 없으리라는 걸 이미 짐작했다. 취재 비자가 나오려면 적어도 한 달은 걸리기 때문이다……. 게다가 전에 내 취재를 허락해주었던 신문사 사장이 이번에도 이런 위험한 곳에 나를 또다시 보낼 수는 없다고 못을 박았다……. 나는 실망감을 삼키며 다음 기회를 엿볼 수밖에 없다고 생각했다. 저녁 7시쯤 루가 나와 함께 오후를 보내기 위해 와주었다. 날씨는 좋았고 바람은 따듯했다. 우리는 햇살 아래서 노닥거리며 오후를 보냈다. 그러고 나니 한결 가뿐했다. 모두 다 잘될 것이다. 알 수 없는 국제전화 번호로부터 끊임없이 전화가 걸려왔다. 그렇지만 그게 전부였다. 이제 더 이상 멜로디의 계정에 들어가지 않기로 했기 때문에 나로서는 모든 것이 휴면 상태였다. 나는 지난 일에 대해서는 더 이상 아무것도 알고 싶지 않았고 그런대로 마음이 차분해지는 듯했다. 모레면 드디어 내 기사가 나갈 것이다. 그러고 나서 별다른 일이 없다면 나는 다

246

시 내 집으로 돌아갈 수 있게 될 것이다. 다시금 평범한 사회생활을 할 수 있을 것이다. 적어도 축하주는 한잔 해야 하지 않을까 싶었다. 빡빡한 일정을 확인한 루가 나와 마찬가지로 한숨을 쉬었다. 그리고 우리는 웃었다. 바로 그때 편집장에게서 전화가 왔다. 나는 전화를 받는다. 그녀는 마치 나에게 무슨 일이라도 생긴 줄 알고 걱정한 사람처럼 내 이름을 자꾸만 불러댔다. 그러더니 잘 들으라고 했다.

"안나, 빌렐이 죽었어."

그녀는 말을 끊었다가 한참 만에 다시 입을 열었다.

"빌렐이 죽었다고! 무슨 말인지 알아듣겠냐고!"

아니. 사실 잘 모르겠다. 편집장의 이 말을 듣는 순간 나는 며칠 동안 머물렀던 이 아늑한 공간이 와르르 무너지는 듯한 느낌을 받았다. 마치 거센 회오리바람이 내 머리와 몸을 흔들어대는 것 같았다. 나는 몸을 일으켜 무작정 걸음을 떼어놓는다. 나는 그녀가 하는 말에 귀를 기울인다. RFI의 아주 믿을 만한 기자이자 작가이며 보수 종교 전문가이기도 한 다비드 톰슨이 방금 전 자신의 트위터에 아부 빌렐 알 피란지의 죽음을 알렸다. 그는 빌렐이 살아 있던 시절의 사진을 함께 올렸다. 물론 내가 아는 사진이었다. 다비드 톰슨의 정보는 틀린 적이 거의 없었다. 내 상사는 어쨌든 다행이라며 이제야 마음이 놓인다고 말한다. 그녀에게도 한 남자의 죽음은, 설령 그가 살인자일지라도 그리 즐거운 일은 아니었던 모양이다. 그렇지만 그녀는 내 걱정을 해준 것이었다. 그리고 이 새로운 정보는 내가 이제 위험한 상황에서 벗어나게 되었다는 사실을 말해주었다. 그녀의 안도와 연

247

민 섞인 목소리는 어느덧 흥분된 어조로 바뀌었다. 나는 묵묵히 듣고만 있었다. 그녀도 내가 불편해하는 기색을 눈치 챘는지 부드러운 목소리로 괜찮냐고 물었다. 나는 괜찮다고 말하며 약간 당황했을 뿐이라고 덧붙인다. 그렇지만 금방 괜찮아질 것이다. 나는 혹시 멜로디를 아는 가상의 친구들이 빌렐의 이야기를 하는지 확인해보고 말해주겠다고도 한다. 그리고 아파트로 돌아가면서 도대체 언제쯤 이 모든 일이 끝나게 될까 하고 생각해본다.

루도 이 사실을 알고는 나와 함께 부엌에서 인터넷에 접속해보기로 한다. 그녀는 사실 내가 인터넷을 하려는 걸 말렸지만 나는 도저히 그대로 있을 수가 없었다. 내 오른손은 마치 종잇장처럼 떨고 있었다. 루는 그런 나를 안아주었다. 그리고 나는 이 취재를 시작하고 나서 처음으로 무너졌다. 루는 내가 빌렐에게 아무런 감정도 없는 줄 알았다면서 그의 죽음에 충격을 받았는지 묻는다. 루의 말에 나는 어린아이처럼 엉엉 울고 말았다. 눈물이 두 뺨을 타고 흘렀다. 빌렐이 죽었다는 사실이 중요한 게 아니다. 어쩔 수 없지……. 그렇지만 왜 죽었는지는 내게 중요했다. 그의 갑작스런 죽음은 그동안의 취재에서 내가 했던 역할과는 아무런 연관이 없다. 그는 위험한 살인자였고 나는 아니었다. 빌렐이나 그 어떤 누구의 죽음도 나와는 아무 연관이 없기를 바랄 뿐이다……. 순간 나로 인해 그에게 사형 선고가 내려진 것 같은 느낌을 받았다. 멜로디였다가 움므 살라딘이었다가 그 다음에는 또 멜로디의 엄마였다가. 나는 마치 남을 괴롭히는 사람의 내면에 들어가서 절대 자신의 역할을 찾지 않은 듯한 기분이 들었다.

혹시 그의 조직이 내가 그를 함정에 빠뜨렸고 정보를 빼내간 것을 알고 그를 벌한 거라면……. 빌렐은 내게 공포가 무엇인지 가르쳐주었다. 그렇기 때문에 지금 그의 죽음은 나를 충격에 빠뜨리기에 충분했다. 물론 내가 애도의 문자들을 바란 것은 아니지만 빌렐이 죽었다는 사실이 퍼지면서 많은 사람이 보낸 내 '남편'의 죽음을 축하하는 문자들이 쏟아졌다. 나에게 문자를 보낸 사람들은 절대 죽음을 가지고 농담을 할 사람들은 아니었다. 그들은 단어 하나하나도 신중하게 고르는 사람들이다. 그렇지만 나는 뭐라고 답변을 해야 할지 몰랐다. 나는 내가 흘리는 눈물의 의미를 이해할 수가 없었지만, 그동안 뱃속을 무겁게 짓누르던 돌덩이 같은 것이 사라진 기분이었다.

마음이 조금 가라앉자 나는 내 페이스북 계정에 로그인했다. 물론 이 계정으로도 몇몇 IS 대원과 접촉을 했었다. 나는 빌렐이 죽었다는 것을 내 눈으로 직접 확인하지 않고서는 마음을 놓을 수 없었다. 그가 어떻게 해서 죽었는지 알게 되면 내가 거기에 관련이 있는지 없는지도 금세 알 수 있을 것이다. 만약 그의 죽음이 나 때문이 아니라면 내가 어떤 감정을 가져야 할 이유가 없다. 내 주변 사람들처럼 나도 안도의 한숨을 내쉬게 되겠지……. 나는 두 시간쯤 다에시에 소속된 여러 무자히딘의 개인 홈페이지들을 훑어보았다. 많은 사람이 '열다섯 살 때부터 많은 곳에서 알라의 이름을 널리 알려왔고, 아부 바크르 알 바그다디와 가장 가까웠던 프랑스인 아부 빌렐 알 프란지'에게 경의를 표했다. 그리고 시리아에 있는 다에시의 상징적인 프랑스인으로, 이미 여러 번 스카이프를 통해 기자들과 인터뷰한 적이 있는 아

249

부 샤히드의 사진도 있었다. 사진에서 그는 총으로 목표물을 겨누고 있었다. 사진 밑에는 '총은 중앙정보국을 겨누고 있다'라고 적혀 있었다. 아부 샤히드는 프랑스 지하디스트들에게 많은 영감을 주는 지도자였고 오래전부터 명성이 자자했다. 몇 달 전 그는 자신의 모든 인터넷 계정들을 비활성화시켜버렸다. 그는 인터넷과 신앙은 융합될 수 없다고 했다. 그리고 바로 오늘 그는 가까운 친구의 죽음을 알리기 위해 다시금 계정을 활성화했다.

'나는 나와 둘도 없이 가까운 형제였던 사람과의 의리를 위해 다시 인터넷에 접속했다……. 알라를 위해 모든 것을 바친 우리의 소중한 아부 빌렐 알 피란지가 우리 곁을 떠난 데 대해 나는 애석한 마음을 금할 수가 없다. 그는 알 누스라와의 평화 협상을 위해서 이라크 근처로 떠났었지만 이교도들의 함정에 빠졌다. 그는 아부 바크르 알 바그다디와 가장 가까운 프랑스인이었다. 그렇지만 이제 그는 항상 그가 기다려왔던 알라 곁에서 행복할 것이다. 우리는 그를 자랑스러워해야 한다……. 지금 이 글을 읽고 있는 당신들의 생각을 그의 부인에게 말해주길 바란다. 특히 그의 아이들에게 그의 아버지가 어떤 사람이었는지 말해주길 바란다.'

빌렐이 "평화 협상"을 한다고? 그가 평화의 인간이라고? 이건 뭐 그를 넬슨 만델라 바로 옆에 묻어주고 그의 묘비명에나 써줘야 될 것 같은 문구였다. 시간이 지날수록 뭔가 깊은 구렁에 빠지는 느낌이었다. 나는 유튜브나 전문 사이트들에서 엄청난 폭발 장면을 담은 비디오들을 발견했는데 아부 빌렐의 죽음에 관한 내용이었다. 비디오에

나오는 장면을 보니 정말 땅이 솟아오르는 것 같았다. 무척이나 놀라운 광경이었다. 이 폭발은 알 누스라 전방부대에 의해 일어났다고 한다. 분명히 시리아에서 이라크로 넘어가는 지하 터널 안에 미리 폭탄을 설치한 것으로 보였다. 빌렐은 "비밀리에 협정을 체결하러 갔던 것이다 (…) 사실은 그것이 함정이었다." 이 폭발로 인해 그 지역 근처의 많은 주민도 함께 죽었다. 비디오는 약 60초 동안 한 장면에서 멈췄다. 그리고 두 명의 목소리가 프랑스어로 이 작전이 성공한 것을 축하했다. 실제로 충분히 일어날 수 있는 일이었다. 빌렐은 자주 '중요한 사람들을 만나기 위해' 이라크로 가려고 만든 이 비밀 지하 터널을 언급했었다. 그렇지만 이 동영상은 단지 폭발의 잔혹한 장면을 보여주는 것에 불과했다. 이 동영상에는 죽이려는 사람과 죽은 사람에 대해서는 아무것도 나와 있지 않았다. 이것만으로는 빌렐이 죽은 게 과연 사실인지 확인하는 것은 불가능했다. 단 두 가지 가능성은 점쳐볼 수 있다. 빌렐이 정말로 죽었거나, 아니면 이 모든 것이 사실은 눈속임에 불과하거나. 나는 빌렐과 아부 샤히드, 두 남자가 얼마나 가까운 사이였는지에 대해선 관심이 없다. 그렇지만 그가 계속해서 그와 빌렐과의 의리를 강조하거나 빌렐을 "알 바그다디와 가장 가까웠던 프랑스인"이라고 소개하는 것을 보고 놀랐다.

전에도 이미 말했지만, 다에시는 조직원이 죽으면 그들의 모습을 '가장 좋은 각도에서' 카메라에 담았다. 그것은 바로 새로운 순교자가 '드디어 평화를 찾았다'는 것을 보여주기 위해서였다. 그런데 이번에는 많은 사람이 빌렐에 대해서 말하지만 정작 그의 마지막 모습을

251

보여주지는 않았다. 지금까지 해온 것과는 뭔가 달랐다……. 하물며 그에게는 영광의 시간이었을, 그가 전투복을 입고 지낸 몇 년간의 모습도 전혀 나오지 않았다. 인터넷상에 유일하게 돌고 있는 사진도 그가 자신의 사륜구동 자동차 안에 있는 모습을 담은 것으로, 이제는 너무나도 유명해져버린 비디오에서 캡처한 게 전부였다. 이상했다. 빌렐이 자신의 죽음을 가지고 장난을 치고 있는 것인지 아니면 그가 여기저기 너무 많은 이야기를 하고 다니다가 자기 편 사람들에 의해 처형을 당한 것인지 알 길이 없었다. 만약 두 번째에 해당된다면 나 역시 문제가 심각해질 것이다. 멜로디가 가상의 인물임을 그들이 알게 되었다면 그 배후가 기자라는 것도 이미 눈치 챘을 것이다. 기사는 모레 나가게 될 것이다……. 지금쯤 인쇄소에서는 내 기사가 실린 신문을 찍어내고 있을 것이다. 아니야! 지금 내가 쓸데없는 상상을 하고 있는 거야! '만약'이라는 가정 하에는 모든 일이 일어날 수 있다. 나는 침착해지려고 애쓴다. 빌렐은 나에게 많은 위험한 정보를 폭로했지만 그렇다고 해서 국가 기밀을 말해준 적은 없었다. 그리고 그가 희열에 찬 표정으로 들려준 잔인한 짓들이나 그들의 세세한 영향력 같은 것은 이미 모든 사람이 다 알고 있는 부분이었다. 나는 루의 말에 따라 그만 노트북을 덮는다. 루도 무척 혼란스러운 얼굴이다. 우리는 함께 내 방으로 들어갔다. 어릴 적 살았던 공간에 와 있다보니 마치 과거로 돌아간 듯한 묘한 기분이 들었다. 내 인생의 좋고 나쁜 모든 기억이 남아 있는 이 공간에 있다는 사실이 나를 동요시켰다. 내가 살아온 지난 몇 년간이 마치 없었던 일처럼 느껴졌다.

나는 속으로 자꾸만 같은 말을 되뇌었다. '도대체 무슨 일이 일어나고 있는 거지?'

휴대폰이 5분 간격으로 계속해서 울려댔다. 물론 기분 탓이겠지만, 오늘 오후에 일어난 많은 일 가운데 이상하게 빌렐의 일은 생각할수록 기분을 불쾌하게 했다. 게다가 아직 확실히 끝난 것도 아니었다. 내가 전화를 받지 않자 결국 옆에 있던 루에게 불똥이 떨어졌다. 편집장의 전화를 받은 루는 몹시 불안해하며 나에게 전화를 바꿔주었다. 전화를 받으니 그녀는 빌렐이 죽은 게 사실이 아니라고 말한다.

갑자기 현기증이 밀려온다.

다비드 톰슨은 자신의 트윗을 삭제했다고 했다. 나는 사실을 알기 위해 그에게 직접 연락을 해봐야겠다고 생각한다. 편집장은 그 부분은 자신이 알아볼 테니 나에게는 인터넷을 뒤져 어떤 게 진실이고 거짓인지 알아보라고 한다. 이렇게 저녁 시간이 흘러갔다. 이 아파트에서 유일하게 인터넷이 잡히는 내 옛날 방과 부엌을 왔다 갔다 하며 분주하게 움직였다. 그러고 나서는 인터넷과 통신문들을 검색한다. 아주 친절하게도 이미 '나의 상황'을 알고 있는 다비드 톰슨이 전화를 걸어왔다. 그가 트윗을 삭제한 이유는 빌렐의 부모가 부탁해서였다고 했다. 다비드는 그 사람들이 그의 트위터를 주시하고 있을 것이라고는 생각도 못 했다고 한다. 그는 빌렐 부모의 의견을 존중하여 그들의 부탁을 받아들였다고 했다. 그는 어쨌든 이 지하디스트의 죽음이 명백한 사실이라고 말했다. 그 정보는 폭발 사건 현장에 있었던 사람에게서 직접 들은 것이며 그는 지금까지 단 한 번도 거짓을 보고

253

한 적이 없다는 것도 덧붙였다. 그래…… 그렇다면 나는 이제 뭘 해야 하는 거지?

루는 밤늦은 시각에 집으로 돌아갔다. 이런 혼란 속에 나를 혼자 두고 가는 것이 영 마음에 걸리는 눈치였다. 나는 모레 하루가 절대 끝나지 않을 듯 느껴질 것 같았다. 그날 저녁 나와 대화를 나눈 이들의 각기 다른 가정과 추측들이 머릿속에서 서로 충돌했다. 나는 머리가 터질 것 같아 아무런 생각도 할 수 없었다. 이 긴 하루를 마감하기 위해 나는 수면제 한 알을 집어삼킨다.

화요일

전화벨 소리에 일찍 잠에서 깼다. 전화는 계속해서 걸려왔고, 전화를 받으면 대부분 비슷비슷한 질문을 퍼붓는다. "그래서 그 인간이 죽었다는 거야, 살았다는 거야?"라든가 "넌 그 인간한테 부인이랑 애들까지 있었다는데 열 받지 않아?" 등등. 사실 이것은 중요한 게 아니었다. 나는 대충 얼버무린다. 나는 그에게 부인과 애들이 있다는 걸 이미 알고 있었으니까.

2주쯤 전에 페이스북으로 어떤 여자가 멜로디에게 말을 걸어왔다. 인터넷상으로 나와 이 여자의 관계는 '친구'가 아니었다. 그런데 그런 사람이 나에게 비밀 메시지를 보내온 것이었다. 페이스북에서는 자신의 친구 리스트에 없는 사람에게 연락을 하고 싶어도 메일이 자동으로 걸러져 스팸으로 분류되기 때문에 상대방이 읽지 못하게 된다. 자신의 친구 목록에 없는 사람에게 비밀 메시지를 보낼 수 있는 유일한 사람은 페이스북 직원이거나 아니면 국가를 위해 사람들의 계정을 조사하는 일을 하는 사람들이 전부였다. 멜로디가 이 메시지를 받는 순간 카즈뇌브베르나르 카즈뇌브. 프랑스 내무장관으로 지하디스트에 대한 모든 사건을 담당하고 있다 작전이 시작되는 것이었다. 그 무렵은 멜로디가 '샴'에 대한 포스트를 늘려가고 있을 때였다. 자신을 파티마라고 소개한 이 여자는 멜로디에게 이상한 질문들을 했었다……. 게다가 그녀는 빌렐이 멜로디와 대화할 때처럼 철자법이 엉망이었다. 그런데 이상한 것은 까다로운 문법에 대해서는 오히려 정확히 구사한다는 점이었다. 그녀는 멜로디를 "내 자매"라고 부르며 튀니지에 와서 살라고 말했다. 그녀는 스물여덟 살이었다. 나는 그녀가 도대체 멜로디에게 무엇을 원하는지 궁금했다. 그런데 그녀가 빌렐에 관한 이야기를 꺼냈다. 이거 봐라……. 역시 세상은 아주 좁았다……. 어쩌면 잘된 일인지도 모른다. 빌렐 역시 오후 한창 내내 멜로디에게 하트 모양 이모티콘을 보내고 있었다. "왜 나한테 빌렐의 이야기를 하는 건데?" 멜로디가 파티마에게 물었다. 그녀는 원래 시리아로 떠날 생각이었는데, 그녀가 빌렐의 두 번째 선택이 될 것이라는 사실에 망설이고 있다고 했다. 빌렐은 먼저 멜로디와 결혼하고 그다음으로 파티마와 결혼할 것이라고 했다. 일부다처제는 생각만 해도 혐오스럽다. 그녀는 지나가는 말처럼 "참 유감스러운 일이야. 왜냐하면 그는 정말 잘생겼거든! 게다가 그도 그 사실을 알고는 너무 자만하는 게 문제지"라고 말했다. 멜로디는 기분이 나쁘기보다는 화가 났다. 그녀는 빌렐에게 "파티마가 누군데 네 미래의 부인이라고 하는 거야?" 하고 묻자 그는 그저 "ㅋㅋ"으로 답변했다. 그러면서 그는 "질투하는 자매들"은 신경 쓰지 말라고 덧붙였다. 나는 파티마와 대화를 계속했다. 그리고 그녀에게 어떻게 이 사실을 알았으며, 내게 이런 이야기를 하는 이유가 뭔지 물었다. 파티마는 갑자기 횡설수설했다. 자신은 몸이 아프다면서 그래서 그의 지하디스트가 될 수 있을지 모르겠고, 게다가 그곳까지 가는 것은 너무 위험하다고 말했다. 그녀는 처음에는 조금 어눌해 보였으나 자신의 생각을 점점 더 잘 표현했다. 그녀는 빌렐이 위험한 사람이며, 자신은 시리아에 가는 것과 그의 지하디스트가 되는 것을

256

포기했다고 말했다. 그리고 나 역시 그렇게 해야 한다고 했다. 그 일을 하는 동안 멜로디에게 시리아에 대해 있는 그대로 말해준 사람은 이 여자가 처음이었다. 멜로디는 그녀에게 그렇게 말하는 이유가 뭔지 묻는다. 왜냐하면 20분 전까지만 해도 그녀는 빌렐과 결혼하기 위해 그를 찾아 떠날 생각까지 했던 사람이기 때문이다. 그런데 느닷없이 목표를 바꾼 것이었다. 파티마는 나에게 스카이프를 할 수 있느냐고 물었다. 그러면 대답해주겠다면서. 그녀는 나를 걱정하는 것 같았고 계속해서 내 이름을 불렀다. 그리고 내게 "이런 지옥"에 빠지지 말라는 충고도 했다. 그녀와 스카이프를 하기 전에 나는 내 방식대로 빌렐을 '고문'하고 싶은 마음이 생겼다. 멜로디가 처음으로 그에게 사랑싸움을 걸 것이다…… 사랑싸움은 이야기에 양념을 더하는 것과 같다. 멜로디는 일부러 딱딱한 말투로 그에게 실망했다고 말한다. 그 사이 튀니지의 자매는 계속해서 내게 빌렐의 잔인함에 대해 늘어놓았다……

"ㅋㅋㅋㅋ 아마 루베의 자매 같은데, 네 자리가 탐나서 너를 혼란스럽게 하려는 거야……. 너는 아부 빌렐 알 피란지의 첫째 부인이 될 거야……."

루베? 나는 지금까지 빌렐이―라시드가―파리에서 태어났을 거라고 생각하고 있었다. 이거 봐라……. 나는 다시 파티마와 대화를 이어간다. 멜로디는 그녀에게 스카이프를 하자고 하면서 먼저 한 가지 알고 싶은 것이 있다고 한다. 빌렐은 어디서 태어난 거야? 파티마도 그건 모르는 듯했다. 그녀의 말에 따르면 그는 수배 중이며, 벌써 **257**

세 명의 부인이 있었다. 두 명은 개종했는데 그중 한 명은 스무 살이고, 그의 첫째 프랑스인 부인은 이슬람교도이며 서른아홉 살이라고 했다……. 와우! 이 많은 사실을 알게 되자 아주 멋진 하루였다는 생각이 들었다. 나는 이런 사실을 전혀 모르고 있을 빌렐을 조금 더 괴롭히기로 한다. 빌렐의 아바타 같은 존재인 라시드는 후에 나와 모든 사람에게 매우 유용한 정보 중 하나가 될 것이다. 빌렐은 계속해서 그에게 부인이 없다고 주장했다. 지금까지 단 한 번도 '결혼한 적이 없다'는 것이다! 나는 그때 신문사에 있었기 때문에 서둘러 집으로 갔다. 파티마와 스카이프로 직접 대화를 해보고 싶었는데, 하필 베일을 가지고 나오지 않았기 때문이었다. 나는 그녀의 진짜 정체를 알고 싶었다. 어쨌든 나를 최대한 드러내지 않도록 조심하는 게 좋을 것이다. 45분 뒤 집에 도착해서 멜로디로 분장을 마쳤을 때, 페이스북에서 파티마의 계정이 사라졌다. 그녀의 이름 대신 '찾을 수 없는 이용자'라는 문구가 떴다……. 나는 그 후로 그녀의 이야기를 들은 적이 없다. 그녀의 계획이 틀어진 걸까? 아니면 그녀는 그저 카즈너브 계획 중 일부였던 것이었을까? 나는 끝내 답을 찾지 못했다.

오전 내내 계속해서 전화가 울렸다. 그중에는 신문사에서 걸려온 것도 있었다. 나는 개를 데리고 산책하면서 거의 모든 전화를 받지 않았다. 정오에는 편집장에게서 다시 전화가 왔다. 그녀는 내 기사가 보도되는 순간 내가 파리에 없었으면 했다……. 몇 시간 후 나는 그녀 옆자리에 앉아 창문에 코를 박고 구름을 내다보며 여행을 떠나고 있었다. 나는 그녀가 '아주 잘' 아는 사람의 집에서 며칠간 지내게 되었다. 정말 숨 막힐 정도로 아름다운 곳이었다. 푸르게 펼쳐진 올리브나무와 소나무 숲을 보며 나는 불안감에서 잠시 해방되었다. 비로소 숨통이 트이는 기분이었다……. 눈앞에 보이는 모든 것이 내게는 비현실 속의 세상 같았다. 집 안팎의 모든 것이 너무나도 웅장하고 컸다. 다들 처음 보는 사람들인데도 내게 무척 친절하고 다정하게 대해주었다……. 나는 자유롭게 돌아다니는 닭들과 당나귀, 말들 사이에서 산책을 했다. 다섯 살쯤으로 보이는 금발의 곱슬머리 소녀와 개들의 에스코트를 받으면서. 이곳 사람들에게 걱정 따위는 전혀 없어 보였다. 정말 날아갈 듯한 기분이었다. 아침만 되면 금발의 소녀가 오로라를 보러 가자고 나를 깨웠다. 나는 그 몇 시간 전에 겨우 잠들었는데 말이다. 눈을 뜨면 소녀의 호기심 가득한 눈이 나를 바라보고 있다. 그 눈은 순진하고 티 없이 맑아 보였다. 거기에는 지난 한 달간 내가 겪은 세상과는 완전히 다른 세상이 담겨 있었다. 그렇지만 나는 이런 천국 안에서도 누군가가 계속 나를 내려다보고 있는 것 같은 느낌이 들었다. 마치 내 몸과 정신이 분리된 듯한 기분이었다. 그래도 나를 친절하게 맞아준 이곳 사람들에게 내가 하늘에서 떨어지기라도 한 것처럼 갑자기 이곳에 오게 되었는지 어느 정도는 설명이 필요할 것 같았다. 나는 그들에게 솔직하게 이야기했다. 그런 다음 나는 인터넷으로 작은 증거라도 다시 찾아보기 전에 말 먹이를 주기 위해 밖으로 나갔다. 말에게 먹이를 주고 나서는 닭들을 보러 갔다. 나는 스스로에게 여러 질문을 던졌다. 죽음과 빌렐, 미래, 현재, 이사, 천진난만한 소녀, 동물들, 내가 방금 만나게 된 수호천사들, 멀리 있는 가

259

족과 친구 등 모든 것이 내 머릿속에서 소용돌이 쳤다. 그것들은 서로 아무런 공통점이 없다. 그 어떤 것도 현실과 닮아 있지 않았다. 나는 빠르게 돌아가는 회전목마를 타고 있는 기분이었다. 물론 나는 이 나무로 만들어진 말에서 뛰어내려 현기증을 멈추게 할 수도 있다. 그렇지만 나는 온몸이 굳어버린 것처럼 꼼짝할 수가 없었다. 어쩌면 눈에 보이지 않는 누군가가 나를 저지하는 것인지도 모르겠다.

8개월 후

나는 이 이야기에 하나의 교훈을 부여하고 싶었다……. 하지만 이이야기가 언제 끝날지 모르는데, 어디서 어떻게 교훈을 끌어내야 하는걸까? 다모클레스의 검이 내 머리 위에 있다. 보이지 않고 예측할 수없는 위협이 나를 둘러싸고 있다. 어쩌면 아무것도 아닐 수 있다. 나는 항상 나에게 질문을 던지지만 기실 답을 찾는 것은 몇 가지 없다. 만약 요약하기 위해 몇 가지 단어를 고를 수 있다면 나는 프랭클린루스벨트의 말을 인용할 것이다. "만약 내게 인류의 불행을 고를 능력이 있다면 나는 이 순서대로 정할 것이다. 질병, 죽음, 의심." 독일의철학자 니체는 사람을 죽이는 것은 의심이 아니라 확신이라는 말을했다. 내 경우는 그와 반대다. 나는 나의 불확실함과 내 행동으로 말미암아 스스로를 정신의 감옥에 가둔다. 그렇기 때문에 부정할 수 없는 확신으로 둘러싸인 현실이야말로 나를 자유롭게 할 수 있다. 8개월 전인 2014년 5월 5일부터 나는 계속 같은 자리를 맴돌고 있다. 그동안 내가 얼마나 많은 경찰관 앞에서 진술했는지는 손으로 다 꼽을수조차 없다. 그들은 나에게 같은 말을 계속 반복하게 했다. 그렇지만 나는 그들을 결코 자극하지 않았고, 그들을 내 편으로 만들었다. 사법 서류들에 내가 하도 자주 등장하다보니 사법경찰과 재판관도결국에는 내 진짜 신분에 관해 알게 되었다.

멜로디는 자신과 닮은 영혼들을 도와주려고 했었다. 그리고 오늘날 안나는 그에 따른 대가를 치르고 있었다. 나는 IS가 내 뒤를 추적

261

할 것을 염려하는 당국의 지시로 두 번이나 전화번호를 바꿔야만 했고, 더 이상 내 집에서도 살지 못하게 되었다. 게다가 내가 지금까지 일해왔던 신문사들은 '나의 안전을 위해서' IS에 관련되거나 지난번 취재와 비슷한 주제의 기사를 쓰지 못하게 했다. 그리고 전신 부르카를 착용한 한 낯선 젊은 여자가 그녀보다 훨씬 나이가 많은 남자와 함께 로비에서 이상한 질문들을 하는 것이 목격된 후로 내가 일하는 곳의 경비가 한층 더 강화되었다. 늘 위협이 도사리고 있었다. 페이스북의 멜로디 계정을 다 지웠기 때문에 나는 이제 스카이프로만 접속할 수 있었다. 당국에서는 혹시 모를 다른 취재들이나 지하 디스트들이 협박을 시도할 때를 대비해서 스카이프 계정은 보존하라고 했다. 물론 나는 아주 가끔만 접속한다. 접속할 때마다 두려움이 엄습한다. 올여름 남아메리카로 취재를 간 적이 있는데, 바로 그때 어떤 여자가 빌렐의 계정으로 자신이 빌렐의 부인이라고 하면서 길고 잔인한 장광설과 함께 온통 비난하는 글을 남겼었다. 그 여자는 끊임없이 "나쁜 년, 너한테 빠진 테러리스트에 대한 취재를 하니까 기분이 어떻냐"라는 식의 말을 남겼다. 참 재미있는 해석이었다. 그건 그렇고 그 여자는 진짜 빌렐의 부인일까? 빌렐의 정신적인 고문까지도 이겨낸 여자일까? 나는 뭐라고 대답을 해야 하는 걸까? 사실 잘 모르겠다.

경찰은 라시드 X. 아부 빌렐 알 피란지 파일을 '생존'에 분류했다. 경찰에서는 그의 죽음을 뒷받침해줄 만한 증거를 하나도 찾지 못했다. 그렇지만 그에게 아주 긴 전과가 추가되었다. 처음에는 경찰에서도 그의 신분을 확인하기가 어려웠다. 하지만 내가 루베를 말하자 그들은 바로 전과자들을 탐색하기 시작했다. 시리아로 떠나기 전까지 그의 행방은 묘연했다. 조사 결과 그는 시리아로 떠나기 전에 절도 및 무장 습격 전과가 수도 없이 많았다. 그는 이미 여러 차례 재판을 받았다. 그리고 그는 2003년부터 이라크를 공격하는 미국인들에 반대하는 단체에 들어가 활발한 활동을 펼쳤다. 바로 여기서 그는 아부 바크르 알 바그다디를 만나게 된다. 그 후 2009년부터 2013년까지 그는 아프가니스탄에 머물며 게릴라 기술을 완벽하게 습득했다. 그리고 파키스탄을 거쳐 마침내 카다피가 추락하는 시점에 리비아에 도착했다. 그는 아무도 모르게 루베에 있는 그의 집으로 돌아갔다……. 그가 오랜 공백을 깨고 다시 나타난 것은 2013년이 끝나갈 무렵 터키에서였다. 그는 실제로 세 명의 부인이 있었다. 이들의 나이는 각각 스물, 스물여덟, 서른아홉이었다. 그녀들은 모두 그의 곁을 지켰다. 그는 적어도 세 남자아이의 아버지였다. 가장 어린 아이는 열세 살이 채 안 되었고, 손위의 두 형제는 이미 시리아의 국경에 나가 있었다. 그는 알 바그바디와 긴밀한 관계였으며, 스쿠터 살인자의 누나인 메라와도 가까운 사이였다.

나는 두번 다시 빌렐과 직접적으로 접촉하지 않았다. 얼마 전 취재 때문에 프랑스의 지구 반대편까지 간 적이 있는데, 그때 한 친구가 내게 전화를 걸어왔다. 그는 "정말 100퍼센트 믿을 만한 정보"라면서 나에게 파트와[33]가 내려졌다고 했다. 이미 모든 사람이 내게 열 번도 넘게 말해준 사실이었다. 나는 때때로 겁이 났지만 그렇다고 해서 누군가가 내 뒤를 밟거나 감시하는 기미는 없었다. 그 친구는 나에게 그런 얘기를 안 하는 편이 나았을 것이다. 잠시 바쁜 일손을 멈추고 몇 시간 동안 인터넷을 뒤진다. 나는 결국 내가 관련된 동영상을 찾는 데 성공한다. 동영상에서 나는 소파에 앉아 얼굴에는 베일을 뒤집어쓰고 있었다. 내 생각에는 아마 빌렐이 모니터를 캡처해서 만든 것 같았다……. 소리는 따로 나오지 않았다. 어떤 악마가 아랍어로 말하고 프랑스어로 자막이 나오는 단순한 애니메이션 같았다. 나는 이 동영상을 딱 한 번 보았다. 두번 다시 보고 싶지 않았다. 그렇지만 동영상의 자막은 단어 하나하나까지 기억한다.

세계에 있는 우리 형제들이여, 전능하신 신을 모욕하는 불순한 이에게 파트와를 내린다. 혹시 세상 어디에서 그녀를 만난다면 이슬람법에 따라 그녀를 죽여라. 물론 죽음에 대한 공포를 최대한 천천히 느끼게 한다는 전제하에. 이슬람을 비웃는 사람들은 자신들의 피로 대가를 치르게 될 것이다. 그녀들의 불순함은 개보다도 못하니 그녀를 강간하고, 돌로 때려죽이고, 숨을 끊어버려라. 인샬라.

그렇다면 의심과 확신 중에 어느 것이 더 나쁜 것일까?

---

33 무프티라는 공식 권위자가 내놓은 종교상의 교리인 파트와는 어떤 사안이 이슬람법에 저촉되는지를 해석하는 권위 있는 이슬람 판결이다. 표현이 개방적으로 변했으며 흔히 이슬람 수니파가 어떤 특정한 인물이나 여러 사람에게 복수하는 것을 뜻한다.

2014년 6월 6일, 다에시는 아부 바크르 알 바그다디의 주도하에 공식적으로는 처음으로 이라크에서 두 번째로 큰 마을인 모술을 공격한다. 긴장감이 감도는 나흘간의 접전 끝에 테러리스트 조직은 모든 것을 점령한다.

6월 29일, 아부 바크르 알 바그다디가 자신을 IS의 최고 지도자인 칼리프로 자칭한다. 그리고 이슬람의 다섯 예언자 중 가장 중요한 이브라힘이 되기 위해서 이름을 새로 바꾼다. 그가 세계의 이슬람 수니파 무장 단체 지도자가 되면서 다른 테러리스트들도 그에게 충성을 바치기 위해 몰려들었다. 전 세계의 많은 이슬람 권력자도 그가 누구인지 정확히 알지 못한디.

8월 8일, 버락 오바마가 처음으로 이라크 공중 폭격을 허가한다.

9월 24일 이후, 미국의 주도하에 적어도 22개국이 모여 국제 연합

이 만들어졌다. 이들은 IS를 반대하고 이라크와 최근에는 시라아에 까지 공중 공격을 가했다.

2010년부터 지금까지 다에시 전투병 가운데 외국인 수는 1만 500**34**명이 넘는다.

약 80개국에서 온 사람들 중 공식적으로는 1089명의 프랑스인이 87개 구역에 배치되어 활동하고 있다.

그중 120명은 돌아왔고, 40명은 현지에서 죽은 채 발견되었다.

공식적으로, IS 조직은 2만5000명에서 3만5000명의 전투병을 보유하고 있으며 특히 프랑스인은 정부가 공식 발표한 숫자보다 적어도 두 배는 많다.

롤라는 그녀가 살아 있다는 그 어떤 연락도 주지 않았다.

바네사는 지금 그녀가 살고 있는 프랑스에서 출산을 했다.

샤키르 마루피, 아부 샤이드라고도 불린다. 그는 6월 1일 시리아의 데이르에조르 전투에서 죽었다.

아부 압달라 기톤, 기톤이라고도 불린다. 그는 7월 25일 다에시의 사령부인 라카에서 북쪽으로 조금 떨어진 곳에서 살해당했다.

함자와 그의 가족은 두번 다시 멜로디나 그의 주변 사람들에게 연락하지 않았다.

아부 빌렐과 가까운 사이였던 아부 무스타파는 멜로디의 계정을 차단했다.

---

34 2014년 11월 『가디언』 지에 실린 가장 최근의 자료다.

라시드 X. 아부 빌렐 알 피란지 파일은 프랑스 보안국에 의해 여전히 '생존'으로 분류되어 있다.

이 책은 프랑스의 중동 보도 전문 여기자인 서른 살의 안나 에렐이 인터넷을 통해 직접 수니파 무장단체 이슬람국가IS의 지하디스트와 접촉하면서 겪은 생생한 체험기를 담고 있다.

안나 에렐이 이 같은 잠입 취재를 결심하게 된 계기는 도대체 왜 그토록 많은 프랑스 젊은이가 IS의 유혹에 넘어가 테러 단체에 가담하게 되는지 알고 싶어서였다. 인터넷 시대가 열리면서 테러 단체들도 인터넷 전략을 강화하는 추세다. 이들은 초기에 블로그나 포럼과 같은 인터넷 매체를 이용했지만 최근에는 트위터나 페이스북 등 소셜 네트워크에까지 손을 뻗치고 있다. 그중에서도 IS는 SNS를 이용한 선동과 포섭에 단연 앞선다는 평가를 받는다. 그런 사실을 이용해 안나 에렐은 페이스북에 이슬람으로 개종한 스무 살 여자인 멜로디로 가상 인물의 계정을 만들고, 여러 IS 대원과 친구 맺기를 했다.

그중에서 아부 빌렐이라는 지하디스트를 알게 되었는데, 그는 멜로디에게 청혼하면서 시리아로 오면 좋은 곳에서 살게 해주고, 돈도 많이 벌 수 있게 해주겠다며 그녀를 유혹한다. 그렇게 한동안 인터넷 잠입 취재를 하면서 안나 에렐은 갈수록 드러나는 아부 빌렐의 극단주의 성향과 IS의 선전술을 낱낱이 기록했다.

이 책은 유럽사회 전역에 큰 충격을 주었다. 우리나라도 물론 예외일 수 없다. 얼마 전 검정고시를 준비하던 열여덟 살 소년인 김군이 '이 나라와 가족을 떠나 새로운 삶을 살고 싶다'는 글을 남기고 터키로 떠난 일이 있었다. 김군의 행적을 추적한 결과 그는 IS에 합류했고 현재 시리아나 이라크 어디에선가 군사 훈련을 받고 있다는 사실이 드러났다. 그는 IS에 가담한 첫 번째 한국인이었다. 이제 IS는 결코 먼 나라 이야기가 아니다. 제2의 김군을 끌어들이려는 IS 트위터 계정만 해도 전 세계에 최소 4만6000개에 달한다. 트위터가 직접 2000여 개의 계정을 폐쇄했지만 여전히 김군과 같은 지하드 전사와 IS에 시집가는 지하드 신부를 막기에는 역부족이다.

지금 전 세계 공항에서는 IS에 가담하려는 젊은이와 이들을 저지하려는 당국 간의 숨바꼭질이 치열하게 벌어지고 있다. 젊은이들이 IS에 가담하는 것보다 더 위험한 것은 그들이 이후 자국으로 다시 귀국할 경우 지하디스트로서 각종 테러활동을 이어갈 위험이 높다는 사실이다. 하지만 IS 가담자들의 시리아행이 점차 교묘해지고 있기 때문에 그들을 차단하려는 노력이 뚜렷한 성과를 내지 못하고 있다.

이 책은 이러한 현실을 비판이라도 하듯 지하드의 심각성과 IS에 노출되어 있는 젊은이들을 적나라하게 보여주고 있다. 현재 안나 에렐은 전화번호와 이름을 바꾸고, 경찰의 보호하에 계속 이사를 다니며 살고 있다. 그녀는 텔레비전 방송에 출연해 살해 위협을 받고 있지만 IS의 실체를 증언하기 위한 자신의 선택에 대해서는 후회가 없다고 밝혔다.

지하드 여전사가 되어

초판 인쇄	2015년 4월 20일
초판 발행	2015년 4월 27일

지은이	안나 에렐
옮긴이	박상은
펴낸이	강성민
편집	이은혜 박민수 이두루 곽우정
편집보조	이정미 차소영
마케팅	정민호 이연실 정현민 지문희 김주원
홍보	김희숙 김상만 한수진 이천희

펴낸곳	(주)글항아리	출판등록 2009년 1월 19일 제406-2009-000002호
주소	413-120 경기도 파주시 회동길 210
전자우편	bookpot@hanmail.net
전화번호	031-955-8897(편집부) 031-955-8891(마케팅)
팩스	031-955-2557

ISBN	978-89-6735-204-2 03900

글항아리는 (주)문학동네의 계열사입니다.

이 도서의 국립중앙도서관 출판예정도서목록(CIP)은 서지정보유통지원시스템 홈페이지
(http://seoji.nl.go.kr)와 국가자료공동목록시스템(http://www.nl.go.kr/kolisnet)에서
이용하실 수 있습니다. (CIP제어번호 : CIP2015010407)